博雅撷英―王笛作品集

博雅撷英 | 王笛作品集

Violence and Order on the Chengdu Plain

The Story of a Secret Brotherhood in Rural China, 1939-1949

袍哥

1940年代川西乡村的暴力与秩序

王笛 著

北京大学出版社
PEKING UNIVERSITY PRESS

图书在版编目（CIP）数据

袍哥：1940年代川西乡村的暴力与秩序 / 王笛著. —北京：北京大学出版社，2018.11
（博雅撷英）
ISBN 978-7-301-29463-5

Ⅰ.①袍… Ⅱ.①王… Ⅲ.①哥老会—史料—四川 Ⅳ.① K254.420.6

中国版本图书馆 CIP 数据核字（2018）第 078084 号

书　　　名	袍哥：1940 年代川西乡村的暴力与秩序 PAOGE: 1940 NIANDAI CHUANXI XIANGCUN DE BAOLI YU ZHIXU
著作责任者	王　笛 著
责 任 编 辑	陈　甜
标 准 书 号	ISBN 978-7-301-29463-5
出 版 发 行	北京大学出版社
地　　　址	北京市海淀区成府路 205 号　100871
网　　　址	http://www.pup.cn　新浪微博 @ 北京大学出版社
电 子 邮 箱	编辑部 wsz@pup.cn　总编室 zpup@pup.cn
电　　　话	邮购部 010-62752015　发行部 010-62750672 编辑部 010-62750577
印 刷 者	北京中科印刷有限公司
经 销 者	新华书店
	650 毫米 ×980 毫米　32 开　12.25 印张　279 千字 2018 年 11 月第 1 版　2024 年 6 月第 12 次印刷
定　　　价	69.00 元

未经许可，不得以任何方式复制或抄袭本书之部分或全部内容。
版权所有，侵权必究
举报电话：010-62752024　电子邮箱：fd@pup.cn
图书如有印装质量问题，请与出版部联系，电话：010-62756370

本书根据 Di Wang, *Violence and Order on the Chengdu Plain: The Story of a Secret Brotherhood in Rural China, 1939-1949*（Stanford University Press, 2018）翻译，文字和图像皆受版权保护。

目　录

序　言...001

第一部分　暴力团伙...001

 第一章　杀死亲生女...003

 第二章　川西的乡村...019

 第三章　袍哥的网络...035

 第四章　调查的开始...057

 第五章　佃户"舵把子"...069

第二部分　地方秩序...089

 第六章　精神的世界...091

 第七章　神秘的语言...103

 第八章　在茶馆"讲理"...116

 第九章　仪式与规范...125

第三部分　大势已去 149

第十章　女人的命运 151
第十一章　权势的衰弱 161
第十二章　雷家的末路 172

第四部分　寻找真相 185

第十三章　讲故事的人 187
第十四章　"农村工作者" 201
第十五章　何处是"望镇"？ 214
第十六章　袍哥的覆没 230

第五部分　事件重构 243

第十七章　叙事与文本 245
第十八章　历史的记忆 258

注　释 274

附　录 307

　　附录1　袍哥等级名称表 309
　　附录2　雷氏家庭关系图 310
　　附录3　沈宝媛：《一个农村社团家庭》 311

征引资料目录 352

后　记 374

序　言

　　本书是一部微观历史，在以雷明远为中心的故事中，我力图也向读者展示川西平原的风土、社会、组织、管理、经济、政治，等等。可以负责任地对读者说，虽然我在本书中注入了文学式的深描，但是所有的故事和描写，都是有出处的。对自然生态的描述，更多来自我自己亲身的体验。成都周围的许多乡场，我在少年和青年时代都去过，而且在"文化大革命"中，我作为"上山下乡"的知识青年，也在成都平原的乡村安家落户，在竹林下的茅屋中，在煤油灯下，度过了许多日日夜夜。没有想到，这些亲身的经验，在几十年后，居然成为我撰写本书的第一手资料。

　　在本书中，我尝试把文学式的描写和严谨的历史研究结合起来，并力图在两者间寻求一个平衡点。在讲述故事的来龙去脉的同时，我尽量详细地给出资料的来源。读者朋友从本书的注释中，不但可以找到资料出处，也可以看到一些相关的阅读书目或知识背景。

　　历史的研究，需要具有宏观和微观（甚至更细的划分，例如中观）的视野。有一句英语俗语："魔鬼在细节之中"（The devil is in the detail)。在研究历史的时候,细节经常可以给我们展示不同的面相。犹如观察一个生命体,从外观看大局固然是必须,但是对内部机体的认识、细胞的分析,也不可或缺。甚至经常表面上我们看到的是正常的机体,但是通过对血液的解析、显微镜下对细胞的观察,却能看到完全不同的面貌。例如,过去我们讨论 1949 年"大转折"的时候,基本都局限在解放军对大城市的接管,对新政权怎样控制乡村并不清楚。袍哥在新政权来到四川之前,几乎控制了农村社会,本书从袍哥的覆灭展示了共产党如何深入乡村的过程。

我对袍哥的兴趣,开始于 1980 年代,并持之以恒地收集有关的记载。在 1993 年出版的关于长江上游的社会史《跨出封闭的世界》中,我对这个组织有一个比较初步的描述,后来在《街头文化》一书中,我讨论了袍哥和街头政治的关系,在《茶馆》的研究中,我分析了袍哥"吃讲茶"在地方权力和控制中的作用。①

本书所使用的最核心的资料,是燕京大学社会学系学生沈宝媛 1945 年在成都郊区一个叫"望镇"的地方所做的田野调查报告(见附录 3)。沈宝媛的这篇报告在 1946 年作为她的毕业论文完成以后,

---

① 即《街头文化:成都公共空间、下层民众与地方政治(1870—1930)》(*Street Culture in Chengdu: Public Space, Urban Commoners, and Local Politics, 1870-1930*, Stanford University Press, 2003;中国人民大学出版社,2006 年;商务印书馆,2013 年);《茶馆:成都的公共生活和微观世界(1900—1950)》(*The Teahouse: Small Business, Everyday Culture, and Public Politics in Chengdu, 1900-1950*, Stanford University Press, 2008;社会科学文献出版社,2010 年、2015 年)。

虽然一直列在燕京大学社会学系毕业论文的目录中，但再也没有人提到过。[①]直到大约十年前四川大学李德英教授在北京大学查阅资料时，看到这篇论文，她知道我一直关注袍哥的文献，便给我复印了一份。当时我正集中精力进行20世纪成都茶馆和公共生活的研究，虽然觉得这份资料非常有用，但究竟应该怎么使用也没有进行认真思考。这样，这份资料在我的书架上搁置了近十年之久。

2014年初夏，在我第二本关于茶馆的英文书稿交给出版社以后，[②]我全力以赴地投入袍哥的课题，认真阅读从1980年代以来我收集的关于袍哥的各种资料，包括沈宝媛的这篇调查报告，并开始起草论文《乡村秘密社会的多种叙事——1940年代四川袍哥的文本解读》，准备参加该年10月在四川大学召开的"地方的近代史：州县士庶的思想与生活"学术讨论会。在这篇论文中，我是把沈宝媛的报告作为五种关于袍哥的文本——档案、社会学调查、小说、回忆录和文史资料——之一，来考察和使用的。[③]

这年夏天，我作为华东师范大学的紫江讲座教授，给思勉人文高等研究院讲授"新文化史"的讨论课，课上指导学生阅读了《屠猫记》

[①] 李文海主编的《民国时期社会调查丛编·婚姻家庭卷》（福建教育出版社，2005年），500多页，66万字；《社会组织卷》，560多页，76万字；第二编《乡村社会卷》（福建教育出版社，2009年），上中下三册，3000多页，都没有收入这篇论文。

[②] 即《茶馆：成都公共生活的衰落与复兴（1950—2000）》（*The Teahouse under Socialism: The Decline and Renewal of Public Life in Chengdu, 1950-2000*, Ithaca: Cornell University Press, 2018；中文版即将由北京大学出版社出版）。

[③] 这篇论文后来发表在《四川大学学报》2015年第3期上。

《马丁·盖尔归来》等新文化史的代表性著作。[①] 在指导研究生阅读这些经典著作的时候,我一直在思考为什么微观历史在中国研究中还没有任何作品问世的问题。或许有几本书可以算是初具微观史的研究取向,罗威廉(William Rowe)的《红雨》从一个县的角度,写 700 年湖北麻城的暴力史;而沈艾娣(Henrietta Harrison)以山西乡绅刘大鹏的日记作为基本资料,勾画他作为儒生、孝子、商人、议政者、农民各种身份的生活。另外,史景迁(Jonathan Spence)的《王氏之死》,可以算开微观眼光研究中国历史之先河。该书写于 1970 年代。微观史在西方还没有兴起,虽然在意大利和法国已有这方面的研究著作,但也都还没有译成英文。史景迁的写作方法非常接近今天微观史学的方法。这本书从写地震开始,从中我们可以看到自然灾害怎样影响到人们的生活以及生态的变化,妇女的生活,寡妇如何生存,如何教育子女,还有家庭的暴力,等等。但是限于资料,史景迁到最后一章才写到王氏。从严格意义上说来,它还不算真正的微观史。[②]

微观历史在中国之所以没有得到发展,一是方法论的问题,正如我在一篇讨论"碎片化"的文章中所说的,中国的史学传统过于讲究宏大叙事,历史学家认为要讨论关系国计民生的大题目,研究才有意

[①] Robert Darnton, *The Great Cat Massacre and Other Episodes in French Cultural History* (New York: Vintage Books, 1985); Natalie Zemon Davis, *The Return of Martin Guerre* (Cambridge, MA: Harvard University Press, 1984).

[②] 见 William T. Rowe, *Crimson Rain: Seven Centuries of Violence in a Chinese County* (Stanford: Stanford University Press, 2007); Henrietta Harrison, *The Man Awakened from Dreams: One Man's Life in a North China Village, 1857-1942* (Stanford: Stanford University Press, 2005); Jonathan Spence, *Death of Woman Wang* (New York: Viking Press, 1978).

义。① 二是资料的缺乏，中国没有像欧洲宗教裁判所那样的系统资料，再加上战乱，关于地方社会和社会生活的详细资料非常之少。三是中国的史学传统注重国家、帝王和精英的记录，一般民众往往被忽略了。因此，我们今天试图重建过去的基层社会和生活，面临着相当的困难。

当我反复阅读和分析沈宝媛的调查报告的时候，特别是接触到我们对袍哥所知甚少的那些细节的时候，我开始逐步感觉到，我可以以这个报告为基础，参阅其他档案、个人回忆、官方文件、私人记录、报刊资料等，写一本微观历史的著作。因此，我决定把开展多年的关于袍哥研究的一个比较宏大的题目《袍哥：一个秘密社会的历史与文化》暂时搁置下来，先完成这本规模较小的著作，这便是目前这本《袍哥：1940年代川西乡村的暴力与秩序》。由于袍哥问题已经在我心里面酝酿了30多年，因此这个微观史的计划进展非常顺利。英文书稿给斯坦福大学出版社后，首轮便通过了外审，几乎不需要任何大的修改，这是我所出版的英文著作中最顺利的一本。

* * *

为了更有效地将沈宝媛的报告作为历史资料来使用，我希望对调查者和所调查的地方有更多了解，特别是她文中的"望镇"实际是什么地方，是我最关切的问题。如果能够找到她本人，这个问题可以说是迎刃而解，说不定还可以了解到没有写入报告的关于雷明远及其家庭的细节。不过我对此也并不抱太大希望，毕竟已经是七十年前的事了。

---

① 王笛：《不必担忧"碎片化"》，《近代史研究》2012年第4期，第30—33页。

2014年夏天,我开始了寻找沈宝媛的努力。当然,搜寻是从互联网开始的,令人欣慰的是,在网络新闻报道中,我发现她竟然是中国图书馆学奠基人沈祖荣先生的女儿,她的家族还在中山大学设立了奖学金。媒体报道中沈宝媛最后的露面是2012年出席奖学金的颁奖仪式。后来,我从中山大学图书馆馆长、沈祖荣先生传记的作者程焕文教授的博客里,了解到他和沈宝媛有联系,还在2001年访问过沈祖荣的故居。通过程教授博客上留下的地址,我给程教授前后发了两封电邮,但是两个星期没有回音。我心里面有一种紧迫感,按年龄算,沈宝媛应该至少90岁了,我觉得不能消极等待。

我立刻与中山大学人类学系的朋友麻国庆教授联系,希望他帮助联系程教授,很快就收到了麻教授的肯定答复。7月27日,程教授发来电邮,告诉我沈老太太家里的电话号码。又经历一番周折,得知沈老太太已移居东莞,并从她女儿那里拿到了电话号码。7月28日上午9点左右,我打电话到东莞,终于能够有机会和沈女士直接交谈,我怀着很大的期盼,也有一点紧张。但结果令人失望,整个通话时间可能最多两三分钟,在我表明致电的意图后,从口气上看,老人并不愿意就此事被打扰:"我现在年老体弱,记忆力急剧衰退,已经完全记不得过去的事情了,就不要耽误你的时间了,好吧?"既然如此,我不好强求。对此我感到深深的遗憾:如果我在十年前开始撰写本书,情况将完全不同,我将有可能直接听到沈老太太对往事的回忆,无疑将使这本书更全面、丰满,收集到更多的信息,为本书赋予更鲜活的色彩。

当然,我也没有完全死心。8月13日,我又打电话给沈宝媛的女儿,希望了解她的妈妈是否讲过当年考察的故事,如果能够有所斩获,也多少能弥补沈老太太记忆力衰退的遗憾。但唯一的收获仅仅是得知沈宝媛生于1924年2月。也就是说,1945年夏天,她到"望镇"考察的时候才21岁。我又请她帮忙向沈老太太请教:一,是否记得进行调查的真实地点?二,是否记得雷明远的真实姓名?三,是否知道雷明远在1949年以后的情况?另外,关于这次调查的任何其他资料或事情我都有兴趣。但均无下文。

看来,无法通过沈宝媛及其家属得到多少信息了。其实,我对这个结果还是有一定准备的。不要说90岁的老人,就是我自己这个年龄,对几十年前的人和事,很多已经印象模糊了。只能寄望于从文本——也就是沈宝媛于七十年前写下的报告——出发,展开对雷明远其人、他的家庭和1940年代川西袍哥组织的考察。

本研究得到了美国王安汉学研究基金、美国富布莱特基金资深学者计划,以及澳门大学讲座教授研究基金(CPG)的支持和资助。在此对这些基金和机构表示感谢。

本书得以完成,首先要感谢李德英教授。可以说,如果不是她多年前给我这份调查报告,就不会有这本书。感谢崔蓉将沈宝媛的调查报告录入电脑,使我能够顺利开始本书的写作。感谢罗威廉、曾小萍(Madeleine Zelin)、包筠雅(Cynthia Brokaw)推荐申请有关研究基金。感谢王大卫(David Ownby)和李怀印作为斯坦福大学出版社评审人对英文版提出的建设性意见。感谢孙江教授提供关于秘密会社的部分日文和英文资料。感谢徐鹏帮助我找到沈宝媛报告封面和目录的高质量图像(收于书中)。感谢安劭凡和焦洋帮助我检查文中可能出现的错误。感谢英国剑桥大学李约瑟研究所（Needham Research Institute）惠允使用李约瑟教授在1940年代所拍摄的四川农村的若干照片，感谢美国杜克大学D.M.鲁宾斯坦珍稀图书和手稿图书馆（David M. Rubenstein Rare Book & Manuscript Library, Duke University）惠允使用甘博（Sidney D. Gamble, 1890—1968）在1917—1919年间在四川所拍摄的照片，感谢格蒂研究所（Getty Research Institute）将《生活》（*Life*）杂志摄影记者C.麦丹斯（Carl Mydans）1941年在龙泉驿所拍摄的一组照片放在网上，提供给研究者使用。

最后，我想特别感谢本书的责任编辑陈甜，是她的热忱约稿，使我有缘和北京大学出版社建立了长期合作，决定把本书以及其他著作整理成作品集出版，她仔细认真的校读，使本书避免了许多不必要的差错，行文也更加顺畅，她的工作态度和专业经验令我十分钦佩。

需要说明的是，如果读者仔细对照中英文版，就会发现两者有明显的不同，并非逐字逐句的翻译。英文版有12章，中文版有18章，总的来讲，中文版资料更丰富。我在翻译本书的时候，根据自己的感觉，把英文版中意犹未尽的内容，做了一些补充，资料的引用也全面得多。

本书最后把沈宝媛的《一个农村社团家庭》作为附录，以为读者做参考。

王 笛

2017年10月9日

于澳门大学

第一部分

暴力团伙

第一章　杀死亲生女

那是在1939年发生的悲剧。哪怕已经过去了许多年，乡民们仍然记得那个残酷的画面：父亲在河滩上对女儿当众执行死刑。"即使是在现在，思想还不甚开通的乡人看来，那做父亲的心，也未免过于狠毒了。"[1]

故事发生在成都附近的"望镇"，一个不起眼却又十分典型的川西平原小乡场[2]（图1-1，地图1）。那里住着一户雷姓人家。男主人叫雷明远，虽然只是一个佃户，但他另一个身份是当地袍哥的副首领，或者叫"副舵把子"，并非等闲之辈。这时，他的女儿淑清已经出落成少女了。在念完私塾以后，没机会接受更高的教育，就一直在家做女红。做女红是对传统中国妇女最基本的要求，哪怕已经快到1940年代了，父亲仍觉得，读书对她来说并不重要。

那年，家里请来了一个年轻裁缝做衣服，两人在一个屋檐下朝夕相对，裁缝边干活，边和淑清闲聊。时间一久，关系越来越密切。我们今天无从得知他们的关系究竟发展到什么地步，反正流言开始在"望镇"传播，"有人甚至还在传说着他们曾干过不名誉的事"。流

图 1-1　成都东北郊青龙场赶场天的情景。青龙场离"望镇"不过 20 余里。照片由美国传教士那爱德（Luther Knight）1910 年摄。

资料来源：《回眸历史——二十世纪初一个美国人镜头中的成都》，中国旅游出版社，2002 年，第 6—7 页。

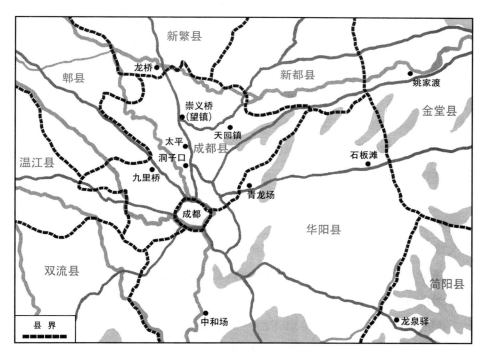

地图1 成都、成都县、崇义桥("望镇")及周边地区

言传到雷明远耳中，他暴跳如雷，发誓要将这对恋人活捉严惩。雷的妻子——我们不知道她的本名，就按照资料记载的说法，叫她雷大娘——知道事情不妙，偷偷将淑清放走。其实淑清并不是雷大娘的亲生女儿，而是雷明远的原配黄氏所生。黄氏不住在"望镇"，而是在相距不远的另一个叫"全店"的小乡场，侍奉雷明远的父亲。

这对年轻人逃到成都，躲在小裁缝父母家中。雷明远带着他的袍哥小兄弟们，气势汹汹地赶到城里，闯进小裁缝父母家，强行将二人押解回乡（图1-2）。[3] 他们被绑回"望镇"，并被枪逼着走向河边。雷明远铁青着脸，虽然恐惧让女儿的脸变为青白色，那个年轻裁缝也直哆嗦，但是他们"依然倔强的沉默，未替自己作丝毫的辩护"。可能他们了解雷明远的脾气，知道无论怎么辩解和求情，也不能挽救自己；也可能他们完全被恐惧笼罩，已经无力申辩。

乡民也都看到了这个"押赴杀场的行列"，父亲要杀死亲生女儿，很多人不敢出来看"这一幅悲痛的场面"。有人在家中偷偷地哭泣，默默地祈祷；也有胆子大的好心人赶来，试图拦阻这杀气腾腾的父亲。然而他却怒吼道："妈的，那〔哪〕个要劝老子就连他也一齐开刀，我的手枪是不认人的啊！"就这样，人们无能为力，只能干着急。尽管很多人对他这个非理智的行为气愤不已，但也不敢再言语。他们唯有静静地在河边看着一场杀戮开始，"因为大爷凶狠的脾气是街坊们常常亲身领受到的"。[4]

人们远远地目送着那一队人，一男一女被绳子绑着一步步迈向河边，步履沉重，死神就在眼前。逼着他们走向死亡的，就是紧跟其后，提着枪的父亲。雷大娘也跟在后面，一边拿着蜡烛和纸钱，一边哭泣着。性情泼辣的雷大娘，此时似乎也束手无策，眼睁睁看着继女

图 1-2 农民从北门进入成都。甘博（Sidney D. Gamble）拍摄于 1917—1919 年间。
资料来源：美国杜克大学 D. M. 鲁宾斯坦珍稀图书和手稿图书馆（David M. Rubenstein Rare Book & Manuscript Library, Duke University）。

就要被自己的丈夫、被女儿的亲爹处死。雷大娘停止了反抗，在暴虐的丈夫面前，失掉了抗争的勇气，承认继女的死已是无可挽回。此时雷明远的小兄弟们跟在雷大娘后面，时刻准备听从大爷的命令。[5]

临刑之前，父亲告诉女儿：

"大女，没事就不要回来啊！"

"是。"女儿回答。

父亲又说：

"不要回来把屋头弄得乒乒乓乓的呵！"

"是。"

"你要报仇就去找那个害你的，不要找我！"

"是呵。"年轻的女儿依然埋着头硬声回答。

看来这残忍的父亲还是怕女儿的魂灵回来找他算账。过去人们总是相信，一个人的灵魂可与躯体分离，死人的魂灵会回到原来的家，躯体死亡、毁灭了，灵魂还存在，生者和死者的交流可以通过魂游来实现。[6]杀人不眨眼的雷明远还是害怕女儿的鬼魂回来骚扰他。但是这种迷信，并不能改变他要杀死女儿的决心。

显然，女儿在这个时刻已经不抱生存的希望。她了解自己的父亲，知道他不会因为骨肉之情而改变主意。维护面子、名声与权威，比女儿的生命更重要。此时，她没有祈求，等候着最后那一刻的来临。也可能现在的她，也想一死了之。因为她知道，如果不死，余下的生活又将怎么过？怎么每天面对这个暴虐的父亲？怎么面对乡民们异样的眼神？怎么面对那些风言风语？如果她真的爱那个年轻人，他死了，她活着还有什么意义？她何尝没有想过，死也可能就是一种解脱呢？俗话说，"哀莫大于心死"。现在，沉默，可能就是她所能做的无言的反抗。这样的私刑，她也并不是闻所未闻，在宗法制度严格的传统中国，类似的悲剧在乡村社会中不是反反复复地上演吗？

众目睽睽之下，"砰"的一声，枪响了，小裁缝首先被击中，倒在浪花里，鲜血在水里扩散开来。紧接着第二声枪响，女子应声倒下，也一头栽在了河里。有好心的街坊邻居着急地呼叫："能救起人来的，我愿意给钱，我愿意给钱！"央求雷明远的小兄弟们做做好事，赶快将这对年轻人救上来。

然而，随即发生的事情让人们目瞪口呆：两个袍哥弟兄一跃跳入奔腾的河水中，"反而把女孩的头更死命的往水底压着"。[7]女孩挣扎着，不一会儿便没有了动静，他们松开手，尸体很快随着波浪漂走，消失得无影无踪。河滩上的死刑就这样执行完毕。女儿的死，似乎仍然不能消除他心中的怒气，雷明远第一个愤愤地离开，留下悲伤的雷大娘痛哭流涕地为不幸的继女烧纸钱。村民们也怀着沉痛的心情陆续回家了。河滩恢复了原来的平静，只有河水哗哗地流着，带着浪花滚滚而去，一切就像从来没有发生过一样。

在几里外的老家，淑清的亲生母亲、雷明远的原配黄氏听到噩耗，悲痛欲绝，她绝对没有想到，女儿会被她的父亲亲手杀死，她的心被撕裂，淌着血。但是，就是在这种情况下，她也无法公开地表达自己的伤心和悲愤，还必须维护所谓"家庭体面"和"丈夫威望"，她甚至不敢放声大哭，只能偷偷抽泣，把"无限的痛苦及无穷的辛酸都埋葬在自己的内心"。[8]她甚至不敢袒护自己的女儿，不敢为女儿洗刷冤屈，只有默默承受着深深的痛苦。小裁缝的父母屈从于雷明远的威风，也不敢为儿子抗争申冤，只能将他的尸体从河里打捞出来，痛不欲生地把他掩埋。在当时的情况下，可能小裁缝的父母也自觉理亏，他们不清楚儿子到底做了什么,但是流言蜚语已经让他们失去了辩解的勇气。他们可能以为儿子确实做了错事,所以竟然不敢去质问杀死儿子的凶手,或者是把他告上官府。

* * *

令人惊奇的是,这不是隐蔽的谋杀,而是公开的行刑,但雷明远却没有在法律上遇到任何麻烦。唯一的解释就是,当时实施私刑在某种程度上是被认可的。袍哥中的人也并"没有感觉到这事的过份严重,他们觉得这种处置是不容非议的"。[9] 也没有听说有任何乡民把这桩杀人案上报官府,他们中居然没有人想到雷明远是犯了杀人罪。

其实,在民国的法律中,对杀人包括杀死亲人该怎样惩罚有着明确的规定。1935年颁布的刑法第22章"杀人罪"条下,有这样的条文:

第二百七十一条

杀人者,处死刑、无期徒刑或十年以上有期徒刑。

前项之未遂犯罚之。

预备犯第一项之罪者,处二年以下有期徒刑。

第二百七十二条

杀直系血亲尊亲属者,处死刑或无期徒刑。

前项之未遂犯罚之。

预备犯第一项之罪者,处三年以下有期徒刑。[10]

从中华民国刑法看，雷明远杀死女儿的行为，根据第271和272条，都是死罪或无期徒刑。但是在1939年的成都郊区"望镇"，却什么事情都没有发生，他甚至并没有因此吃官司。人们默认家族和袍哥的首领有生杀大权。这个例子告诉我们1930和1940年代中国的社会现实：在乡村，哪怕是靠近省城的郊区，一个社团的首领、一个父亲，可以任意判决和执行死刑。中国在20世纪初就开始介绍西方现代法律，并且逐步建立了现代地方司法系统。但是这个例子却告诉我们，在地方社会，现代司法观念还远远没有深入人心，法律也没有得到认真实施，有着巨大的法律空白。

人们没有料到，这场公开的杀戮，还留下了另外的"后遗症"。当地小学校长的妻子李姆姆始终不能从这桩惨案中解脱出来。她有着善良的心，为淑清的死深深地悲哀，对雷明远处理尸体的方法——在捞出的地方草草掩埋——也难以释怀。从此李姆姆的头脑再也得不到安宁，总是怪罪自己没能救下这孩子。她的精神渐渐不正常了，常常呆呆地坐着，或冥思苦想，或哭泣，或神经质地自言自语。一个天气暖和的早上，她来到附近的一座庙替死者烧香，回来后自称在镜中看见了淑清的影子。以后的日子，她更显疯狂。丈夫李校长则嗜牌如命，对她不闻不问，加上家境贫困，女儿得了肺痨。这一切使她最后崩溃。在淑清死后六个月，她投河自尽。[11]

虽然李姆姆的死再次勾起半年前雷明远杀女的悲剧记忆，但人们最多议论几天而已，一切还是归于风平浪静。中国的事情最令人悲哀之处在于，就算有天大的事情发生，时间总是很快把一切抹平，人们只要看不到表面的创伤，便自欺欺人地相信一切如常，天下太平。

* * *

　　这一切可以说是那时中国农村社会的一个缩影。偌大的中国,类似的悲剧时时刻刻都在上演,不是这里,就在那方;不在乡村,就在城市。虽然帝国早已不复存在,现代化运动也推进了半个多世纪,从新文化运动(1910—1920年代)、乡村建设运动(1920—1930年代)到新生活运动(1930—1940年代),中国的乡村似乎发生了剧变,但有时候,又让人感觉似乎什么都没有改变。[12] 也就是说,社会还带着旧日的惯性,川西平原的乡村中,人们在相当程度上还生活在过去。我们应该知道,这一切并不是发生在穷乡僻壤,而是省城的郊区,被地方精英称之为"开风气之先"的地区。在相对"开化"的地方尚会发生如此惨剧,那么在穷乡僻壤,情况是多么难以想象!

　　1943年,作家秦牧便写过一篇题为《私刑·人市·血的赏玩》的文章,抨击私刑的普遍存在,指出"中国民间的私刑真多"。他举例说,有的地方在捉到通奸的男女后,把两人绑在一起,装入竹笼,和石头一起沉到河底。这种惩罚和雷明远的枪杀,并没有什么实质的区别。在某些偏僻地方,甚至还有吃仇敌心肝之风俗。秦牧幼年时,曾亲眼看见乡民杀了强盗,把他的心肝炒熟下酒。他还讲了其他一些例子,有的地方捉到深夜在菜园偷菜的人,便割断其脚筋,使之终身残废。其实偷菜的多是饿极了的穷人,但是遭窃的也是穷人,承受不了损失,不得不下狠手。在北方的妓院,惩罚犯事的女孩时,用所谓"雨打梨花"的刑罚,即把猫放进稚妓的裤裆里,束住裤管,然后鞭打,让猫儿抓破稚妓的周身皮肉。秦牧质问道:"奇怪的是这些惨事,连某些善良的乡下人眼里也视为当然。"把活人沉江、割断贼的脚筋这样惨无人道的暴行,"几乎很少村落有人挺身反对",人们对"这种毫无法治精神的野蛮作风",竟然如此认可。他对那些"滥施私刑的恶人"非常反感,指出以为"适当的私刑"合理的人是愚昧的,法律对私刑不加干涉是荒谬的。[13]

人们之所以对私刑无能为力,是因为中国传统的家法和帮规仍然可以在地方社会中畅通无阻。吕思勉便指出,中国近代社会经常说"社会制裁,而非法律制裁"。这里有许多原因,如政治不稳定,政府软弱无力,无法执行法律;中国疆域广大,各地方风俗差异甚多,实行统一的法律有困难,因此造成"法律之为用微,而习惯之为用广",习惯法非常流行;还有"社会上的恶势力"的存在,他们热衷于实行"家法处置",等等。[14]作为秘密社会组织的袍哥,家法帮规的处置更是家常便饭。

中国家族在维持社会秩序上,经常扮演法律的角色,甚至取代法律。家族也在社会治安中起着重要作用,因此政府在一般的情况下,并不干涉家族行使家法,这样就造成了私刑的普遍化。[15]这种家法和国法共存的现象,也是受中国特殊的政治结构的影响。从先秦开始,就有着乡里制度,隋唐以后,推行保甲制,在长期的历史过程中,这种制度有种种变化,在清代达于完备,并一直到民国时期都仍然存在。保甲制度在相当程度上依赖地方精英,建立了一种有相当自治性的地方体制。在这个体制中,精英,特别是乡绅,享有相当的特权。而这些乡绅,有宗族作为后盾,掌握一定的族权,因此有权威执行家法。一个宗族总是有族产、祠堂、族规、族学、族训等,这些东西既可以凝聚族人,也可以规范他们。

其实,家法是有国法做支撑的,两者相互依赖,都支持父权专制。一个国,皇帝就是家长;一个族,族长就是家长;一个家,父亲就是家长。这些人对他们属下的成员，有着惩罚之权，甚至生杀大权。从雷明远杀女的例子看，这其实就是家法和帮规的实施，但看不到宗族的影子。[16] 这和川西平原宗族不发达有关，清初移民入川，整个宗族的迁徙是比较困难的，因此造成宗族控制的削弱。

* * *

雷明远杀女的悲剧发生 6 年以后，才被进入这个袍哥家庭的燕京大学社会学系一位 21 岁的女大学生沈宝媛（图 1-5）记录下来。她来到成都西北郊区的"望镇"，和雷家建立了相互信任的关系，记录了所了解的这个家庭的点点滴滴，并于次年 4 月完成一篇 2 万多字的社会调查《一个农村社团家庭》，作为她的毕业论文（图 1-3、图 1-4）。这篇调查报告共 46 页，外加 2 页的摘要。论文用燕京大学专用稿纸，每页 576 字，中缝都有"燕京大学毕业论文"的字样，从中缝折叠，其实一页就有点像古书装订的甲乙两页。正文共 43 页，共约 2.4 万字。最后 3 页是附录，1000 多字，包括六个方面的内容：一，"袍哥"与《海底》之缘起；二，"袍哥"之定义与别名；三，袍哥令集举例；四，"袍哥"对内禁条"十条三要"须为"袍哥"所遵守者；五，"袍哥"隐语举例；六，"袍哥"书籍举例。最珍贵者，是她对这个袍哥家庭的描述和日常生活细节、经济状况、所面临矛盾的记录，以及这个袍哥及其家庭富有传奇性的故事。附录部分的资料目前虽不难找到，但仍然有相当的价值，因为袍哥并不是有着统一领导的组织机构，而是分散的、各自为政的秘密社团，虽然他们都把《海底》作为组织的"圣经"，但内部的规章、仪式和语言千差万别。从这个附录中我们可以看

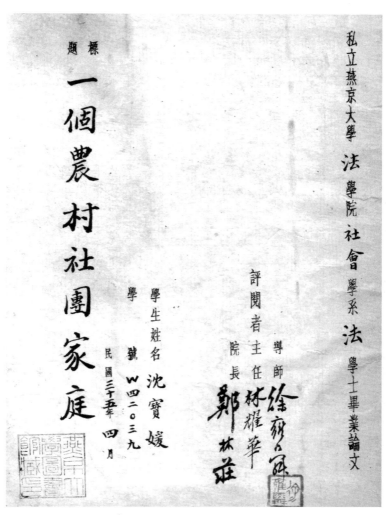

图1-3 沈宝媛毕业论文的封面。
资料来源:沈宝媛:《一个农村社团家庭》,燕京大学社会学系学士论文,1946年。

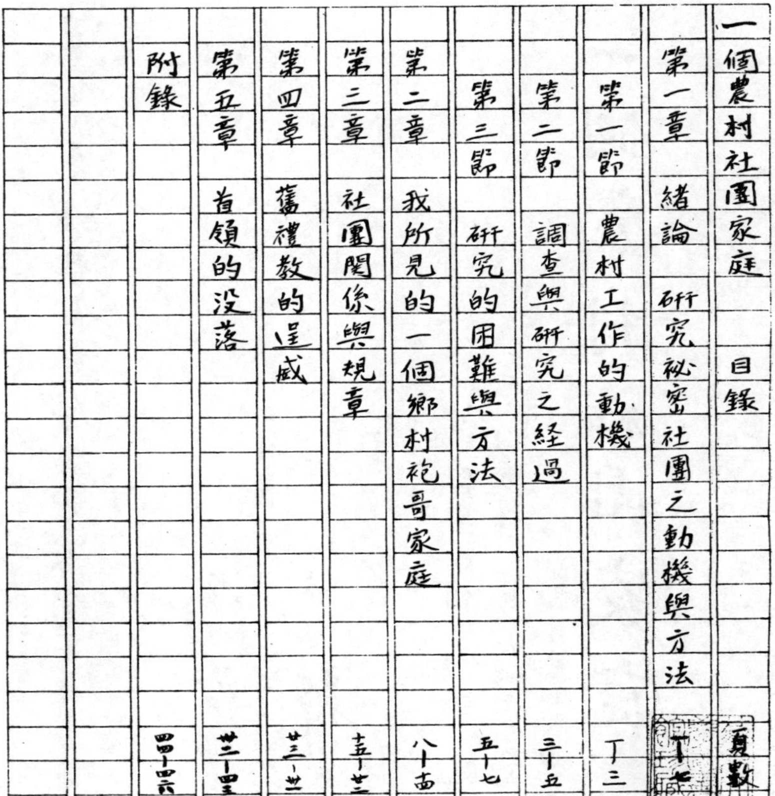

一個農村社團家庭	目錄	
第一章 緒論 研究祕密社團之動機與方法	丁一	
第一節 農村工作的動機	丁三	
第二節 調查與研究之經過	三-五	
第三節 研究的困難與方法	五-七	
第二章 我所見的一個鄉村袍哥家庭	八-卅	
第三章 社團關係與規章	卅一-卅二	
第四章 篤禮教的呈威	卅二-四十	
第五章 首領的沒落	四十一-四六	
附錄		

图1-4 沈宝媛毕业论文的目录。
资料来源：沈宝媛:《一个农村社团家庭》，燕京大学社会学系学士论文，1946年。

到与"望镇"袍哥直接相关的内部文献。[17]

如果不是她,我们将永远不会知道这个悲惨的故事,就像中国历史上千千万万被遗忘的悲剧一样。沈宝媛无比悲愤地写道,河水"冲走了这一对人世间的怨男怨女,这一对旧礼教所淹埋的可怜虫!"这个"旧礼教",就是传统的伦理和宗法。现代汉语中,用"可怜虫"这个词带有蔑视的意思。但我理解,沈称这个悲剧的主角是"一对旧礼教所淹埋的可怜虫",是因她作为事件的记录者,看到在旧礼教的束缚下,这对情侣就像蝼蚁一样地被随意杀死了。淑清"就是当时乡村的一种保守的社会制度,一种闭塞的习俗,一种流言暗示之控制下的牺牲品"。令人悲哀的是,有势力的父亲不但不是她的保护伞,而恰恰是置她于死地的人。父亲是当地袍哥的首领,是"威望阶级",但袍哥"对于女人的贞操又看得那么严肃",所以,"在不问青红皂白的情形之下,她遂被杀死了"。[18]而且永远都没有人能为她主持正义。

雷明远杀女,似乎是要巩固他在地方的声誉,不惜把女儿作为祭品。但实际上是事与愿违,从乡下迷信的观点来看,女儿的死,应该是给他带来了霉运。后来雷家的衰败,旁人或许会说,这就是雷明远的报应。重提这个悲剧,把它揭露给今天的读者,已经是这个故事发生的70多年以后了。我们要想知道,这个悲剧为什么会发生?发生的社会土壤是什么?那么,还是让我们回到历史的现场,去发现事件发生的地域、社会、文化和人群,并进入秘密社会袍哥的内部,考察这个组织的结构、信仰和家庭生活吧!

图 1-5 青年沈宝媛。
资料来源:沈宝媛之女张维萍女士提供,使用得到授权。

第二章 川西的乡村

川西平原是中国内地人口最稠密的地区之一（见地图2、地图3）。不过在19世纪和20世纪，这个地区很少能够找到真正自古以来便居住在这里的土著，居民多是清初移民的后代。明末清初四川连年战争、社会混乱，从明正德四年（1509）爆发大规模民变起，社会便一直处于动荡之中。特别是明末天启二年（1622）白莲教起义，更是战乱不止。明末农民起义首领张献忠五次入川，并于1644年建立大西政权，之后便是持续不断的大规模战争：有大西军余部抗清，有残余明军抗清，有三藩之乱（1673—1681）等。直至康熙二十年（1681）平定三藩之乱，才结束了半个多世纪的动荡局面。长时期的战争使上游人口丧失十分严重，以致达到清初"丁户稀若晨星"的局面。[1]

由于移民和生产的发展，人口增长，地方社区开始恢复，"渐次招徕，人迹所至，烟户递增，城镇田庐，载筑载兴，鸡鸣狗吠，声闻四野"。到雍正时，"蜀中元气既复，民数日增"。[2]移入之民大多有创业精神，能吃苦耐劳，大量移民定居并逐渐转化为土著，构成川西社会的主体，促进了川西社会经济的重建。众多移民入川，致使土著被湮

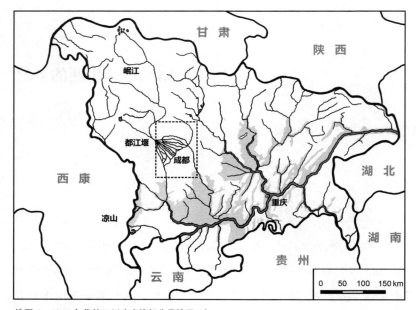

地图 2　1940 年代的四川（虚线部分见地图 3）

没在移民的茫茫大海中，这在中国历史上亦属少见，因而历史上有"湖广填四川"之说。其实，除两湖外，其他省的移民也为数不少。大量移民入川聚落而居，滋生繁衍，在异乡重组了他们自己的社会。四川的许多乡场，便是由移民所建，一些城镇也因移民而兴盛。[3]

客居在外，由于对本土怀有的感情以及生存竞争的需要，移民们建立了自己的社会组织以维护自己的利益，会馆就是其主要形式。移民普遍建有祠、庙、宫、殿之类的建筑，并供奉其尊崇的神祇或先贤。会馆是同籍人士社交活动的重要场所，起着联络感情、沟通信息的作用。成员聚会一般相当频繁，一年达几十甚至上百次，而且还有特定的全体宴会、庆祝日等。[4] 会馆的设立，起初主要目的是使远离

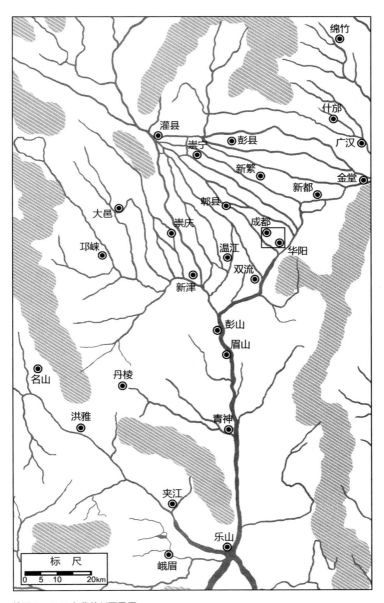

地图3　1940年代的川西平原

家乡的移民能够互相帮助，但后来在一些地区逐渐发展成对政治、宗教、社会各方面都有相当影响的机构。各会馆首事或客长与地方官进行公务联系，参与当地税捐征收、保甲、消防、团防、团练、重大债务清理、济贫、积谷、赈济以及孤儿院、养老院的管理，从事慈善事业等。生活的流动性，人口结构的复杂性，同籍会馆的互助功能，都加剧了人们与宗法关系的疏远，在这种情况下，社会组织的依靠远比宗族纽带更为重要。这为袍哥的发展，提供了非常便利的条件。

川西平原在地理上是一个相对封闭的地区，入川陆路一般取道川北的剑门入川，剑门雄关成为四川的天然屏障，所以李白才有"蜀道难，难于上青天"的感慨，写下了"一夫当关，万夫莫开"这样的诗句。水路交通则依靠长江，由于三峡天险，行船困难，每年不知有多少木船和船夫被吞噬在波涛之中。这个地区盛产稻米，米谷和土产沿长江顺流而下，木船很难逆水回到上游，许多船夫把船卖了，徒步回川（图2-1）。

正是交通的困难，使四川在历史上有着相当的独立性。有清一代，清政府一般任命总督兼管两个省，但是只有京畿的直隶和四川的总督只负责一个省。这种独立性，也体现在那个著名的说法"天下未乱蜀先乱，天下已治蜀未治"中。辛亥革命后的四川历史，更是证明了这一点。从1916年护国战争开始，滇、黔、川军便在四川进行了激烈的军事对抗，1917年在成都进行巷战，造成了生命财产极大的损失。1918年，为了避免军阀混战，四川督军熊克武首次提出"各划防区"的主张，开始了各自为政的局面，虽然1927年国民政府在名义上统一了全国，但是一直到1934年四川基本处于独立状态，直到1935年中央政府才真正控制了四川。[5]

图 2-1 长江边的木船。照片由美国传教士那爱德 1910 年摄。
资料来源:《回眸历史——二十世纪初一个美国人镜头中的成都》,第 89 页。

* * *

  川西平原是中国内陆最富庶的地区之一,地势平坦,土壤肥沃。水稻的种植在长江上游地区居第一,稻米除供本地食用外还大量出口。由于早在公元前 3 世纪修筑了都江堰,克服了岷江水患,开辟自流灌溉,因此它在生态上是一个高度稳定的地区,也是中国农业最发达的区域之一。我们常说的四川"天府之国",其实多是指这一带。[6] 这里虽然谈不上像江南地区那样河道纵横,但也是沟渠交错,构成了一个完整的灌溉系统。油菜籽深秋(11 月)播种,一到春天,一望无际的油菜花,黄黄的延伸至天边。过了清明,天气转暖,春天的蒙蒙细雨是川西平原最浪漫的景色,满眼朦胧新绿,竹林和房屋时隐时现。农民戴着大斗笠,穿着蓑衣,赶着水牛,在田里劳作。简直就是一幅天然的水墨画。

  深耕过的水田,黑色的泥土大块大块地翻了过来,白色的鹭鸶在田里忙着,寻找被犁翻出的尚未自冬眠完全苏醒的各种昆虫和泥鳅。这时,都江堰也开始开闸放水,自流灌溉系统把水直接送到田里,肥沃的田地在水里充分浸泡、发胀,在反复耙过以后,泥土变得又细又软,不久就可以插秧了。川西平原的水田都不大,不规则田埂把田隔成小块,便于人们在上面行走,也便于蓄水。夏天,秧苗长得郁郁葱葱,农事不多,农民得到片刻的喘息。秋天是最忙碌的收获季节,田里一片金黄。农民用镰刀割稻,妻子和老人把稻秆扎成捆。孩子们则在田中捡掉下的稻穗。冬天,是休息和节日的季节,人们赶场、赴庙会、过春节,享受劳作之成果(图 2-2)。

图 2-2　一个少年正在使唤水牛耙田，准备春播。甘博拍摄于 1917—1919 年间。
资料来源：美国杜克大学 D. M. 鲁宾斯坦珍稀图书和手稿图书馆。

完善的灌溉系统，肥沃的土地，充足的雨量，温和的气候，使这个地区出产丰富，为中国水稻主要产区，稻谷的种植占耕地面积的60%，另外尚生产大量的蔬菜。所产稻米除自给外，还大量外运。[7] 除了稻麦和各种蔬菜外，还有形形色色的经济作物，如烟草、茶叶、各种水果，另外还盛产麻、菜籽等，养蚕制丝也是主要副业。成都郊区的乡镇，是蔬菜的主要来源。种蔬菜的肥料，也主要取之于从城里运来的大粪和尿水。美国历史学家费正清（John K. Fairbank）曾经描述过，如果从空中看古代的中国城市，就会发现城市被绿色所包围，但是与城市的距离越远，绿色也就越淡。就是说，远离城市的地区，由于农作物的肥料没有城市近郊那么充足，所以也不那么茂盛和青翠。[8]

川西平原和北方的农村居住形式有着很大的差别，前者是分散式的，后者是集结式的。农民选择最便于到田间耕作的地点建房，形成了分散的居住模式，即一个耕作区域内散布着许多分离的农户。川西平原的自然地理条件，良好的气候环境，完善的灌溉系统，使得农民可以随田散居。[9] 我们可以想象，在中国北方，冬季气候严酷，一家一户散居将是十分困难的，因此集中居住的村落是他们抵御严冬的必要保障。同居住模式一样，两个区域的自然村落结构也迥异。聚居的和商品化程度较低的华北村庄，有较紧密的村民关系，而村庄之间却比较孤立和内向；分散的和商品化程度较高的川西平原村庄（严格地讲，不能称为"村庄"，称"乡村"可能更恰当些），乡民关系则较松散，而乡际关系却较密切。[10] 这些密切的乡际关系网，是川西平原内部商品流通的有利条件。各乡农民均需要靠基层市场来进行交换，以弥补一家一户独居导致的生活上乃至心理上的欠缺。

农户三三两两地散居在自己的耕地旁边，耕种和管理都十分方便。从外面来的人会惊奇地发现，平原上散落着一丛丛的竹林，竹林深处，隐藏着一座座院落，便是典型的川西平原农民的居所，当地人一般都称这些丛林为"林盘"。他们的生活，总是和竹林以及周围的小水渠紧密地联系在一起。沟渠里的水清凉又干净。农民傍晚下工，就在沟渠里洗锄头，女人在沟渠里洗衣服和洗菜。这些沟渠也是鹅和鸭的世界，它们在水面嬉戏，水里有不少鱼虾，回水之处，还飘有绿色的浮萍，是鸭子的最爱。劳作了一天的农民回到家里，家家户户屋顶上升起炊烟，和朦朦胧胧的暮色融合一起，构成了一幅田园生活的恬静的、温馨的图景。川西平原的农民，基本不烧煤炭，主要依靠从田里收回来的麦秆和稻秆。而燃烧后的草木灰，是种庄稼的好肥料。他们的灶膛口一般都挂着一把陶质的水壶,火苗子从灶口钻出来,能同时把壶里的水也烧烫,提供了日常的热水(图2-3)。

随田散居的林盘是集生产、生活和生态为一体的复合型农村聚落形态,既反映了一种生产结构,也是一种生活方式。康熙年间绵竹县令陆永箕在一首竹枝词中写道:

村墟零落旧遗民,
课雨占晴半楚人。
几处青林茅作屋,
相离一坝即比邻。[11]

图2-3 一个典型的四川农村的院落。人们散居在田野和丘陵,而不是聚居在村庄里。李约瑟(Joseph Needham)于1943—1946年间拍摄。
资料来源:英国剑桥大学李约瑟研究所(Needham Research Institute, Cambridge University)。

生动描述了这种空间与人和谐的互动方式。林盘创造了一个良好的生态居住环境,竹林中往往还有一口井,提供人们的饮用水。边缘还种植有其他作物,如水果、蔬菜等,为农家生产生活提供了多种原材料与农副产品。鸡在竹林里到处觅食,鸭子和鹅在林盘周围的稻田或沟渠里漫游,如果有生人接近,狗便"汪汪"地叫了起来。农民们甚至也和自己过世的亲人永不分离。在竹林的边缘,人们可以看到土坟堆,似乎阴间的亲人仍然每天关注着人们的生活,分享他们的酸甜苦辣。每逢忌日或者清明节,他们祭祀祖先和亲人也非常方便。人们经常可以看到坟前香烟缭绕,摆放着各种祭品。

这里农民的日常生活和劳作都离不开竹子,林盘就是他们取之不尽的供应地。除了盖茅草房顶的架子,竹子必不可少外,还有吃饭的筷子,蒸饭的蒸笼,院墙的篱笆,挑担的扁担,遮雨的斗笠,睡觉的席子,以及许许多多的家具,都是竹子做的。春天来临,竹林到处是从土里冒出来的竹笋,挖出来自己吃不完,则送到市场上去卖。农民平日很少有现金,如果要去赶场,便从竹林里砍几株竹子,挑到市场卖了,也就有了一点小钱,可以买点油盐,甚至割一块猪肉回来。

平原上的农民多住土墙茅屋,只有家境非常好的人家才有经济实力建砖瓦房。所谓"茅屋",其实并不是用茅草,而多是用麦秆或者稻谷秆做屋顶。墙则是用田里的泥做的土砖砌成,做这种砖的方法是:先在田里放水把泥泡软,然后反复耕犁,使泥逐渐细腻,然后把水抽干,让泥里的水继续挥发,渐至半干,又用碾子在上面反复滚压,让泥土越来越紧实。当干湿合适时,就可以拉砖了。如果泥土太干,拉不动;如果泥土太湿,拉出的砖容易变形。先把地表土按需要的砖的大小切出来,拉砖要三位男劳力,一位掌握锋利的平铲,两位在前面拉系在铲上的绳子，一起用力，一大块砖就拉出来了。然后在田里晾晒，砖干硬以后，就可以盖房了。这种茅屋冬暖夏凉，材料完全用田里所产，由于劳动力都是靠亲戚和乡亲们提供帮助，因而花费不多。这种拉砖和盖房的活动，也是地方社区联系和增进亲情的活动。乡邻来帮助，主人提供饭食，反映了传统社会中互相依赖的关系。

1945年夏天和沈宝媛同时进行农村社会调查的同学白锦娟，对离"望镇"只有几里远的九里桥的一个农家院子有这样的描述：

> 傅太婆的家就是离场三里的小路上，四周都是稻田，茂竹夹着篱笆做的栏墙的一所孤立的宅院。宅的方向在洞子口的东南，大门朝南，院内有北东西三面房子共计十一二间，北房三间通连，东头另有间耳房，是东房三间通连，南头也另有一个单间，东头的北耳房是厨房，南头的单间是佛堂。西房是四间面积的一大间，用做堆积谷麦农具的。东北角和厨房都有小门通一小院，小院是用一道流经的河与田野为界。小院沿河边竖立栏栅，开一个弓形的门，从门可以下水，沿岸露出干净的洗衣石，小院内有竹林，并有一排猪圈，养了八只猪。猪圈南有一大间草房是厕所，粪坑在中间。街门的两旁都盖草棚。两边草棚是水牛的居室。东边草棚堆积着些将田里拔下来带枝的毛豆、胡豆或萝卜青菜等。[12]

这是川西平原上典型的居住形式和条件，不但宽敞，而且各种功能的房间一应齐全，有猪圈，有水牛棚，有储藏室。环境优越，周围是竹林、稻田，小河就在家门口，取水用水方便。如果我们以为"傅太婆"

家不是地主也是富农,那就错了,这是一个50多岁的寡妇独自拉扯几个孩子的衰败的自耕农家庭而已,而且已经是"完全的佃户地位"。[13]

* * *

川西平原属于川西经济区,是长江上游人口最稠密、开发最早、自然条件最好的地区,这一地区每年都有大量稻谷输出,此外各种经济作物也很发达。水陆路交通方便,重要的大路和驿路皆由此辐射而出。平原上场镇密度很大,大约相隔8到10公里即有一场镇,也即是说,乡村至场镇平均还不到5公里。成都是川西平原上的中心城市,是贸易系统的中心,下面有地区城市、地方城镇、乡镇,下延至墟市。农民在生活的许多方面都依赖于集市。农民把农产与手工业结合起来,进行多种经营,提供丰富的产品。集市是沟通地方经济联系的主要渠道,是农民之间以及农民和商贩之间进行交易的立足点,赶场者出售其多余或剩余的产品,换回自己不能生产的日常生活和生产用品,这属于农民之间"以有易无"的形式。集市既可作为输出市场的起点,又是农民日常生活品销售的终点。集市依赖高一级市场销售其聚集的土产,又将高一级市场运来的商品出售给农民,从而起着承上启下的作用,成为乡村商品流通网络中的一个最基本的环节。[14]

川西平原上的乡民因生态、气候、地理等因素的制约,在长期的历史中形成了自己的生活模式。他们春天和秋天农忙季节在田里劳作,夏天和冬天农闲时,则到当地市场甚至远至省城做小生意。他们赶场的范围有时是很广的,他们的活动加强了农民与集市的联系,推动了农村集市的兴旺。由于普遍实行押租制和货币地租,农民在集市上把产品投入流通,取得货币,以缴纳田租乃至赋税。另外,对那些从事经济作物种植和其他专业生产的农户来说,农村集市更与他们关系密切。大小集市一般都有规则,如规定场期,一旬之内,有三场、四场乃至五场者;规范场市风气,禁止任何"有坏风俗事端",而且不许"结盟聚众"以及赌博等活动;设立交易规则,买卖货物由交易者"面议成交",不许"奸商巨贾"把持行市;划定场市区域,各项货物如米粮、牲畜等分别都有市场;排解交易纠纷,如果发生争执,则"凭众理割",以免"酿成事端"。[15]

周围市场场期的安排基本都是相互错开的,这样可提高农民的赶场率。[16] 从贸易周期上看以旬三场为主,在经济发达地区场期则较为密集,有旬四场甚至旬五场的。如郫县犀浦场"市以二四七十日";郫县与崇宁、新繁接壤的马街"市以一三七九日";郫县与温江接壤的德源场"市以二四六八日";此外,与温江接壤的何家场、青龙场,与崇宁接壤的新场均是"市以二四六八日"。有的是隔日一集。如郫县的"县市,奇日一集";处于水陆交通之地的郫县三堰场,"商旅频繁……市以双日"。而"官商遥集,车驰马骤"的崇庆州城场,"其市期一三五七九"。[17] 这说明了这些地区商品交易的频繁和规模,反映了这些地区商品经济的发展较其他地区要高。

沈宝媛调查的"望镇",非常接近施坚雅(G. William Skinner)关于中国基层市场的经典研究的所在地(见地图1的"中和场")。据施坚雅的考察,避免墟市与市集撞期解决了许多小贩的生计。农村中的小贩大多只在一个市集交易范围内活动,他们以市集为据点,到各墟市与农民进行交易,然后回市集将收购来的农产品出售,并补充存货。在成都东南郊区的中和镇交易范围内的小贩,可以有这样的行程：初一逗留在集上交易，初二到黄龙场，初三到石羊场，初四到中和镇，初五到琉璃场，初六到高店子，初七回到中和镇，初八到倒石桥，初九到新店子，初十再回中和镇休息一天；从十一开始，又按这个流程到各地行贩。每十天之内，既不会错过中和镇的三天集期，也可走遍中和镇之下的六个墟市。除小贩外，其他行当诸如江湖郎中、说书先生、算命先生、手工工匠等也多有类似的活动轨迹。[18]

集市也是重要的社交场所。集市内一般都设有酒馆和茶社，是农民的聚会之所，"聚会皆以集期"，"持货入市售卖，毕辄三五群饮"。[19]那些平时因散居而消息闭塞的人们在那里接触各种信息，诸如当地新闻、官府政令、婚丧嫁娶等。百姓在那里交流感情和增广见闻，商人在那里洽谈生意，放贷者在那里商谈放高利贷，媒人在那里撮合婚姻，巫师、道士在那里卜卦算命，民间郎中在那里切脉看病，拳师在那里舞刀弄棍，跑江湖者在那里兜售假药，文人墨客在那里谈天说地，袍哥在那里招贤纳徒、结兄拜弟……真可谓三教九流，无奇不有。集市也是人们消遣娱乐的地方。大多数农民在一生中，从孩提到垂老的活动范围不出周围若干集市。他们在那里发蒙和成长，集市上的迎神赛会、庙会、闯江湖者的表演、戏班的剧目、往来客人的谈吐……都塑造着他们的心灵和行为方式。集市可以说是他们接触外界的一扇窗户（图2-4）。

川西平原有着中国最密集的茶馆。1943年黄裳是这样描述四川茶馆盛况的：

> 一路入蜀，在广元开始看见了茶馆，我在郊外等车，一个人泡了一碗茶坐在路边的茶座上，对面是一片远山，真是相看两不

图 2-4　赶场天的乡村集市。李约瑟于 1943—1946 年间拍摄。
资料来源：英国剑桥大学李约瑟研究所。

厌，令人有些悠然意远。后来入川愈深，茶馆也愈来愈多。到成都，可以说是登峰造极了。[20]

自然环境经常决定生活方式，川西平原的茶馆及茶馆文化便是在其特定的自然生态和生存环境中产生的。自然景观与茶馆相映成趣，密不可分，正如一首民谣所描述的：

一去二三里，
茶馆四五家。
楼台六七座，
八九十枝花。

在赶场天，乡民到最近的市场买卖商品，一般会在茶馆停留，与朋友会面，或休息片刻，或放松闲聊。他们甚至也在茶馆里做生意，寻找买主或卖家。

较优裕的生存环境也促进了茶馆的繁荣。农业高度发展，农民无须整年在田里辛勤劳作，有不少时间从事贩卖和休闲活动。在农闲之时，他们的许多时间消耗在乡场和城镇中的低等茶馆里。另外，在川西平原，地主无论大小，多住在乡场。乡场能提供的娱乐非常有限，因此茶馆成为他们消磨时光之地。[21] 另外，四川的许多茶馆，其实都是袍哥开办的，而且常常就是袍哥的总部和活动中心。在后面的章节中，我们可以看到袍哥及其活动与茶馆的密切关系。

总之，1940年代的川西乡村正在发生剧烈的变化，但是传统秩序仍然维系着地方社会生活的稳定。相对中国其他广大地区，这里受日寇侵扰较少，人们在相对稳定的环境中生活。但是这种稳定也只是表面上的，农民、农村社会精英和社会组织在这个动荡年代面临着各自的困境，并做出最有利于自己生存的各种回应。

第三章　袍哥的网络

袍哥即四川的哥老会,是从清朝到民国在四川社会影响最为深入广泛的秘密社会组织。[1]这个组织的成员到底分布有多广,在地方人口中到底占多大的比例,虽然众说纷纭,但几乎都倾向于认为袍哥数量非常之大,在成年男性人口中所占比例非常之高。正如1946年的一篇文章所称:"袍哥在川省的势力,正[真]正庞大得惊人。听说,单以重庆一地而论,至少也有半数以上的人参加这个组织,三教九流,简直无所不有,尤以工商界及军人为最多。"[2]1947年的一篇文章也指出:在四川,几乎三分之二人口"加入这一组织的"。[3]据1948年的观察,"凡是在社会上稍有一点活动的人差不多都是'袍哥',乡村亦不能例外"。[4]重庆的袍哥大爷范绍增则宣称,袍哥成员要占全四川成年男子的90%左右。[5]

如果说上面的数据都是记者或者文人根据自己的感觉做出的猜测,那么沈宝媛的老师廖泰初作为一个社会学家,也在1947年发表的文章中估计,四川男性成年人70%以上是这个组织的成员。[6]现存的档案资料似乎支持这些说法,以民间艺人为例,据成都市档案馆保存的 1955 年的《随园茶社蓉声川剧组花名表》，共 12 人（11 男 1 女），在"参加过何伪组织"一栏，除 3 人空白，1 人填"私塾四年"，其余都填有"无党派，有袍哥"。这一个案的比例也是在 70% 之上。[7]

作为一个秘密社会组织，人们可能会以为袍哥情愿选择比较隐秘的地方进行活动，但实际上却相反，特别是辛亥革命后，袍哥的活动日趋公开。大多数袍哥把码头设在熙熙攘攘的茶馆里，甚至不少茶馆就是袍哥所开办，他们把茶馆作为一个理想的活动场所。人们经常可见茶馆外挂有牌子或灯笼，上书"某某社"或"某某公口"，这必是一个袍哥码头无疑。袍哥在茶馆或其他地方建立公口，各公口都有自己的势力范围，视某地段为自己的"码头"，并承担维持那一地区公共安全、化解冲突以及保护经济利益等职责。

1940 年代的四川，既然袍哥在成年男性人口中占如此高的比例，难道还可以称之为秘密会社吗？的确，当所谓秘密已为大多数人所知道的时候，秘密就不成其为秘密，秘密会社当然也不成其为秘密会社。袍哥已经不是名副其实的"秘密会社"组织了，但是当时的人们，包括报刊的报道，研究者的报告，社会学的调查等等，仍然称其为秘密社会组织。沈宝媛在其《一个农村社团家庭》中开宗明义便称："本文之作是要剖视我国现存的'袍哥会社'，分析一个曾经经历兴衰阶段的袍哥领袖人物的生活史，以说明秘密会社在一个社区里的控制作用及其消长兴替。"[8] 沈的老师廖泰初在 1940 年代在成都郊区所做的袍哥的社会学研究，也有这样的定义："在四川省活动的众多中国秘密社会里，最突出的是哥老会（兄弟会）。"[9] 更早些时候，1936 年沙铁帆所作《四川之哥老会》，也明确称："该会是社会之秘密团体，参加份子，不限阶级，质量悬殊，其活动情形，各有不同。"[10] 1940 年四川地方实际问题研究会编辑出版的《四川哥老会改善之商榷》也称:"哥老会为秘密会党,各种活动,向为政府所严禁。"[11] 不过该文所谓"严禁",在四川地方上基本上是虚应故事。1946 年,即沈宝媛完成其调查报告的同一年,吴伦所发表的《四川袍哥与青红帮》说:"'袍哥'云者,咸兄弟之义,中国秘密结社。"[12]

由于所使用资料的缘故,我也仍然使用"秘密会社"这个词,但是更多地使用"袍哥"或"哥老会"这个组织本身的名称。因此,本书把袍哥称为"秘密会社"并非是一个严格意义的限定,特别是 1940 年代的袍哥,已经算不得一个秘密社会组织,虽然它沿袭了过去的组织结构、仪式、语言(其实以上方面也多少发生了变化)等,但是在意识形态(反满)、政治目的(复明)、行动方式(秘密)等方面已经与过去不可同日而语。袍哥从一个反清的秘密组织,演变成在四川分布最为广泛的公开活动的社会团体,经历了一个复杂和漫长的过程。1911 年辛亥革命应该是一个转折点,民国时期虽然政府仍然明令禁止,但并没有真正采取严酷的镇压措施。经过二三十年的发展,袍哥在军阀统治和战乱的环境下蓬勃发展起来,地方政府已经完全没有力量控制这个组织了。

除了人数众多,四川袍哥势力和影响到底大到什么程度?以 1946 年重庆第一届参议员的选举为例,参加竞选者,"差不多有四五十人,均为袍界人物领袖"。而不是袍哥的候选人,觉得获选机会渺茫,为了竞选成功,"大肆活动,临时要求参加袍界组织"。曾有某人平时"自命清高,看不起袍哥"。但是此时"以千万元之代价,要想入门拜某堂社,请求支持其竞选",但是数次被拒绝,被拒的理由是"袍界不为利诱"和"袍哥不为人所利用"。后来经过各方面的"恳请",才答应协助,而且并不要金钱,说是"袍哥们都是够朋友有骨气的,以利诱之,反而要遭拒绝"。[13]

因此,虽然袍哥本来是"下层民众的一种无形的组织",但是其在四川的势力之大,已经发展到这样的程度,"甚至中等阶层的各色人等,为了适应环境也乐于参加,中上等人为增高自己在社会上的声望,也有人不惜与'袍哥'相周旋"。[14]所以有人指出,袍哥"是民间的中坚份子,有领袖的威信与领导作用,只要好好利用,不让他沦入普通帮会之路,是非常有力量的群众组织"。据说立法院院长孙科都称"袍哥是一个有力的民众集团"。[15]

有人试图探讨四川袍哥壮大的原因,发现"袍哥之所以具有坚强的团结力量,数百年而不绝,其原因乃是一个'义'字"。袍哥最重要的信条是不奸淫,尤其是对自己弟兄的妻女,"如犯有此种罪行,往往格杀不论"。另外,袍哥也不允许掳掠,"有福同享,有难同当"。但有人说这还不是最基本的原因,"最基本的原因是由于四川连年内战,强梁载道,民生不宁。如果不是用团体的力量来保护自己,实在使大家都没有法子活下去"。例如一个普通人被欺侮,要到法院去打官司,非但弄不清法律,而且是既费时又费钱。可是如果采取"吃讲茶"的办法,请出"大哥"来评理,"无论天大的事情,'大哥'都有一言立决的力量,从没看到过'不服上诉'"的情况。[16]

其实,民国时期关于袍哥的各种民间记载,固然反映了袍哥保护弱小的事实,但是也有着明显的理想化的色彩,因为袍哥毕竟是一个包括三教九流的复杂团体,后面也将讨论到,它分为清水和浑水,后者也时常从事包括抢劫等非法活动。对袍哥的这种复杂性,本书将力图进行充分的展示。

*　*　*

袍哥势力在四川的扩张，经历了长期的历史过程。它从清初反清复明肇始，到辛亥革命风光一时；从清朝被严密查禁的非法团体，到民国时期成为半公开的组织；从早期边缘人群的秘密活动，到后期渗透到党政军各级机构，这些都表现了这个组织强大的生存和发展能力。在其近三百年的历史中，各个时期的政府为摧毁这个组织进行了极大的努力，但都没有成功。直至1949年之后，这个组织才最终消失。

对于这个组织的起源，可以说是莫衷一是，各种文本有不同的描述。在清代的文献中，他们这样被描述："袍哥，即烧香结盟之会党也，流于匪类者谓之会匪，普通之名词皆称袍哥，或曰袍几哥，又曰帽顶。"[17] 可见清代袍哥又有"哥老会""会党""会匪""帽顶"等称呼。哥老会的来源一直模糊不清，历来颇有争议，但似乎也有蛛丝马迹说明哥老会与啯噜的某种渊源关系。如啯噜的首领也多称"老帽""帽顶"，清人和近人也多称两者产生于四川。左宗棠则直截了当地说："盖哥老会者，本川黔旧有啯噜匪之别名也。"李榕也指出："窃按蜀中尚有啯噜会，军兴以来，其党多亡归行伍，十余年勾煽成风，流毒湘楚，而变其名曰江湖会。"清末编辑《成都通览》的傅崇矩也认为：袍哥"南路谓之棒客，北路谓之刀客，东路谓之啯匪，省垣亦谓之棒客"。[18] 关于"棒客"这个说法，在沈宝媛的调查中也得到印证。在"望镇"，所谓"棒客"就是浑水袍哥。[19]

袍哥对他们的起源却有自己的一套解释。沈宝媛的调查报告"附录一"，简短讲述了和上面提到的袍哥与《海底》之"缘起"类似的故事:"袍哥"又叫"汉留",它的兴起始于郑成功,他"悯明室之亡,痛生父之死",所以于顺治十八年(1661),"与所部兵将,约会金台山,效法桃园,崇奉圣贤,以汉留为号召,约盟来归者,四千余人,秘密结社,开山立堂,是为袍哥之始"。当时的文件称《金台山实录》,"即当时之组织书,亦为今日汉留之历史教材也"。康熙二十二年(1683),清兵攻克台湾,"郑子克琰(应该为郑成功之孙郑克塽),恐先人遗物,被敌攫去,遂将此书用铁匣装妥,沉之海底,故后称社团之组织书为《海底》者本此"。[20] 沈宝媛这里的说法,大致和刘师亮在《汉留全史》中的描述是一致的,其实都是沿袭《海底》的故事。说明当时袍哥普遍对自己的起源采纳了类似的说法。

我们无法确定这个说法的可信性,不过,毫无疑问的是,这个文献对袍哥的扩展是一个极大的推动。虽然哥老会组织是在17世纪末到19世纪初这段漫长历史中逐渐发展而来,但显然在19世纪下半叶其成员数和影响力都有极大扩张,这很可能与其经典文献的"发现"(或"创造"),并成为其思想意识和沟通工具有关。袍哥《海底》、"汉留"以及对自己组织之起源的说法,可以看作是霍布斯鲍姆(E. J. Hobsbawm)所指出的"被发明的传统"的一个过程。他们利用"一整套通常由已被公开或私下接受的规则所控制的实践活动,具有一种仪式或象征特性,试图通过重复来灌输一定的价值和行为规范,而且必然暗含与过去的连续性。事实上,只要有可能,它们通常就试图与某一适当的具有重大历史意义的过去建立连续性"。[21] 这种"被发明的传统"成为他们政治斗争的工具,也成为他们身份认同的凝聚力。

从上面清朝地方官和官方的文件描述中,我们可以看到与袍哥对自己历史的起源完全不同的说法。我们应该认识到,不同的说法是因为各有着不同的目的。官方把袍哥的起源说成是地痞流氓、江湖强盗，除了偏见外，还有着政治的目的，即有利于对这个集团进行打击。而袍哥对自己历史的描述，则是形象塑造的一部分，也是一种身份的认同。这种身份认同，是他们扩大组织和增强凝聚力的重要基础。我们现在无法确认官方和袍哥各种描述的可信度，但毫无疑问，两者都有一定的历史依据，也都存在人为的历史建构。

对一个真正的袍哥成员来说，精通《海底》成为证明其身份的前提。虽然这个文件的来源和可信度难以判定，但它作为这个组织的经典和媒介，对反清、反满运动作出了很大的贡献。在调查报告的"附录六"关于袍哥的书籍举例中，沈宝媛列出了五种书目，即《汉留海底》，"胡朗秋署 光绪三十三年孟春月出版"；《江湖问答》，"博爱山人校正 仁昌书局代印"；《海湖言词》，同上；《新海底》，同上（上下二册）；《革命宗旨》，同上。[22] 另外，应该提到的是，《海底》有许多版本。我手头目前有三个不同的《海底》版本，但是都不是沈宝媛上面所列。这三个版本是：一，民国廿一年仲春中浣新镌《成都江湖海底全集》；二，成都刘双合刻版《成都江湖海底》，民国廿三年六月重刊；三，李子峰编著《海底》，1940年版。前两本都是本地印行，木刻版。第三本是铅字排印本，达334页，流传最广，篇幅也最长。[23]

* * *

近三百年间，袍哥一直与地方政府和地方精英争夺地方的控制权，与地方政权的演变共进退。同时，这个组织与地方精英、保甲、团练等也有着千丝万缕的联系。在川西平原，正如前面已经提到的，由于移民的流动性，宗族的权力不如中国南方那么强大。国家通过精英间接行使权力来对乡村进行控制。[24] 从清代到民国，县以下的地区控制是通过保甲制来实施的，十家为牌，十牌为甲，十甲为保，一保之内，守望相助，成为地方控制中强有力的手段。[25] 据嘉庆十八年（1813）《巴县团首牌团条例》，各场镇还设立梆锣并木架一座、高脚牌一面，牌上书写"严拿匪徒"四字，造上方下圆青岗木棍四根，上写"专拿匪徒"四字，插立木架之上，"以壮威势"。还要求各家制青岗木棍一二根，"以备捕贼防身"。若有"匪徒入境"，立即"鸣锣击梆"，各牌头一闻锣声"即率牌众，各持木棍齐集，协力擒拿"。道光三十年（1850）巴县又制订《编查保甲条规》，规定每牌头对所管十户凡有无产业，其亲属、奴仆、雇工人数，有无职役，田地若干，现住房屋系自业、当业、佃业，以及父母、伯叔、兄弟、妻妾、子女、子侄、孙子等是何名氏，共有男几丁、女几口，"逐款察明，按照牌册格眼，备细填注"。[26]

一般牌头、甲长、团首等都由有一定地位的人担任，如规定牌头"必须素无过犯，才过九家者，方可充当"。团首"不拘绅士粮户"，但必须选择"品行端方，为人公道；素为一方敬服者"。保甲制实由地方精英实施，任职者由地方保举。除保正外，还有场约、乡约等名目，与保正会同办理乡民诉讼，办差徭公事等。他们一般由乡绅推荐，官方给照，"以平民充之"。[27] 其实，保正往往是一个吃力不讨好的角色，非但无薪俸，而且处于地方、乡村势力与国家之间的夹缝中。当政府强加额外征收或民众因歉收无力缴纳赋税时，保正职责便更难执行，他们在国家权力和地方利益之间进退两难。不过，虽然担任保正这类维持地方秩序的职务有种种难处，但毕竟在地方上有了一定的"身份"，而且也可以因此捞到一些好处，所以有不少小绅还是乐于出任的。

团练衍生于保甲，因此与保甲在编制、职能等方面有相似和重合。但也有不同。团练的规模较保甲有所扩大，如成都附近新都县之团练分为：牌（头目为牌首）、甲（甲长）、团（团正）、场（总监正）。其中最后一项"场"就是保甲制所没有的。团练的编制力求与乡村社会既存的组织规制相一致。如成都县全县分为二十四里，复为三十四保。井研县的基本单位是镇，在光绪年间全县先分为17镇，然后在此基础上以团保混合。团练与保甲的另一个不同在于，保甲由官办，大权在中央，各地保甲运作的每一个环节，由地方官掌握。而团练则由官绅合办，办团士绅虽经中央简派，但其组织规模及运作机制则基本上由士绅决定。他们往往在一个村庄或城镇建立自己的办公场所——团练局，表面上由官总其权，绅董其事，但是实际上多由士绅操纵团练大权，官权在其中的作用十分有限。[28]1935年，四川实行新县制，保甲也重新编制，根据1945年四川第五次编查保甲的概况，"望镇"所属的成都县，共有14个乡镇，分为255保，2511甲（图3-1）。[29]

袍哥渐炽是在嘉庆以后，到咸丰、同治年间，势力迅速蔓延，川省"匪徒无虑数十百股"，而且均有"匪首"，他们大多是"无知妇孺、会匪、饥民，聚党数十人或数百人便图起事"。这里提到的"会匪"，即是哥老会。如果是"大兵进剿"，他们则"不耐一战，弃械狂奔，混入居民"。[30]哥老会经常"开山"纳徒，据晚清四川省咨议局关于解散会党的议案中称："会党之增加党类，必在开山结盟时，开山一次，新入会者辄数十百人，如是不已，会党安得不多？其开山必在深宵僻地，又有衙蠹为之牒蒙，盖似不易察。然每开山，少者人以百计，多以千

图3-1 龙泉驿小乡镇上的消防队。他们穿着制服,精神抖擞、自信满满,和我们过去印象中的小乡镇相去甚远。照片由美国《生活》(Life)杂志摄影记者C.麦丹斯(Carl Mydans)于1941年在龙泉驿拍摄。

资料来源:格蒂研究所(Getty Research Institute)。

计,来程至数百千里。"在集会之前,"大约皆藉期会或生辰燕会为名,发布红柬,遣人邀请"。[31] 这是对袍哥势力扩张的一个生动描述,反映了官府对他们无可奈何的状况。

清末,哥老会在四川已形成网络,据四川总督岑春煊禀请查灭四川会党码头的奏折称:

> 窃四川会党之风甲于天下,而拉擄抢劫之匪即出于会党之中。一朝犯案,悬赏通缉,又恃有当公之会党包庇调停,羽翼遍川,实难惩治。擒其渠者,而小者又大,犁木未坏,弯树重生,诛不胜诛,良可浩叹。查川省会党以西南为最,东北次之,各属乡场市镇……各有码头。[32]

哥老会势力甚至渗入到清兵勇之中,王闿运《湘军志》称:"哥老会者,本起四川,游民相结为兄弟,约缓急必相助。军兴,而鲍超营中多四川人,相效为之,湘军亦多者。"左宗棠也承认,"鲍超籍隶四川,而流寓湖南最久……其治军也,贵勇而贱谋,喜用众而不能用寡。其偏裨专取猛士,不尽责以纪律。惟临阵则法在必行。所部多悍卒,川楚哥老会匪亦杂厕其间"。[33] 可见,哥老会真是无孔不入,"入会者自绅商学界,在官入役,以及劳动苦力群,不逞之徒,莫不有之"。[34] 它如此广泛的社会背景,为它能长盛不衰奠定了基础。

社会动乱给了这个秘密社会组织扩大势力和影响以极好的机会。虽然袍哥在清代即被禁止,但他们在像茶馆、烟馆、饭馆以及戏园等公共场所都很活跃。颁布于清末的《清查窝赌、窝盗、烧香结盟、传习邪教规则》规定,警察可以盘查"烟茶酒馆及戏场会场人众处所,如有三五成群,气象凶恶、行止张皇、衣服奇怪者,巡兵即须秘密尾随其后,听其言论,迹其所至。如有烧香结盟端倪,即禀知本管官先事防范,待时掩捕"。这个描述也反映了地方政府是怎样辨别秘密社会成员的。[35] 辛亥革命中袍哥与四川保路同志会和保路同志军合作,得以公开活动,但革命后又成为非法组织。不过,尽管有政府的控制和打击,他们的势力继续扩大。在川西平原,袍哥控制了地方社会,从城市到乡村,都有他们的势力范围,经常开办茶铺、酒馆、旅店以作为其活动的"公口",这些地方亦成为地方社区非官方的权力中心。有些袍哥也从事非法交易,诸如鸦片、黄金、武器走私,收保护费、窝赌等更是他们获利的常见途径。

可以说袍哥在当时已经形成了最有势力的秘密社会力量。据刘师亮统计,哥老会从嘉庆中到清末约百年时间内,在各省共开山堂36个,川省即占16个。所以说"各省汉留之盛,莫过于四川"。当辛亥革命爆发,"及保路事起,四川省会一区,仁字旗公口至三百七十四道之多",如果再将礼义两堂加在一起,这个规模将更大。还有"至乡区各保与夫临路之腰店,靡不设有公口,招待往来者,日不暇给",所以民间甚至有"明末无白丁,清末无侄子"的说法。[36] 这里提到的所谓"腰店",也有称"幺店"的,即乡场上的杂货铺、茶馆,或者小酒馆、饭店等,人们也经常以"幺店子"(或"腰店子")来称那些非常小的乡场。川西平原上由于人们散居,不容易见面,这些腰店经常便成为地方上的社交中心,人们空闲时总会去那些地方打发时间。本书的主人公雷明远,就是平日都在"望镇"上的腰店里混的人。

袍哥在辛亥革命中扮演了重要角色。[37] 辛亥革命前,他们在郫县新场商讨反清事,"大会在新场乡下野寺中整整举行了一夜,巡风望哨达数十里之遥，真有些威风凛凛，杀气腾腾。许多鸦片烟瘾的老大哥，呵欠流泪，危坐终宵，不敢擅离香堂"。[38] 清末，袍哥许多山堂都参加了反清斗争，如参加保路运动的哥老会头目即号称十二统领。[39] 辛亥革命后，袍哥也一度可以公开活动。但是民初四川局势稳定后，当局开始禁止袍哥活动，袍哥依靠严格的组织结构和群体力量，渗透到底层社会。他们部分填补了过去士绅在地方的影响。

20世纪二三十年代川省政局不稳，兵匪盛行，秩序混乱，地方需要袍哥来维持秩序，组建民团，发展武装，控制地方，保境安民。四川由于军阀混战，防区不断变化，权力经常转移，各属官员频繁更迭，降低了其地方管理的能力，萎缩了其权力施展的范围，致使对底层失控。加之税捐种类繁多，征收困难，地方官不得不承认袍哥势力，一些袍哥大爷凭借众兄弟伙的力量，顺理成章地出任团总的职务。当时人对此评论道：

> 县府的命令，不能直接达于人民。人民的心目中，只有某区长、某大爷（哥老会头目的称呼——原注）。文人作县长的，多不敢下乡，因为他们没兵力，常常受到团阀的侮辱的。我在中学读书的时候，亲眼见有几个穷光杆（哥老会份子——原注），到现在不及十年，都积资至三四十万，拥枪一二千枝，出门随从手枪及手提机关枪弁兵多至五六十人了，对老百姓则操生杀予夺之权。当局未尝不知道，因为筹款的时候，必得依赖他们。所以也不敢得罪他们，任他们自由的干，反正受害的是人民，对军阀的本身是无碍的。[40]

从清到民国，我们可以看到地方控制的若干变化。首先是太平天国起义时期开始的从保甲到团练的转移。在民国时期，团练的首领多由袍哥担任。其次是袍哥参与税收。传统社会中地方的主要职能之一就是收税，各地的捐税经常不是由县衙直接征收，而是通过乡绅这个"中介"进行，乡绅是县衙能够按时收足捐税的保证。每岁秋初，县令邀城乡绅粮至官府，讨论捐税征收办法。地方捐税往往先由乡绅垫付，再由乡绅向乡民收取垫付部分。乡绅之所以乐于垫付，是因为一方面可向政权表忠心，在地方显特殊地位，另一方面也捞到许多实际的好处。在1930—1940年代，许多地方的这类"乡绅"，实际上被袍哥所取代（图3-2）。

例如"望镇"附近的金堂县（见地图1），袍哥首领贺松在1940年代低额承包屠宰、市场各税，从中渔利。当时每天宰猪不少，市场上米粮、棉花成交额也颇可观，每年可收一定数量的屠宰税和秤斗捐，贺低额承包了这些捐税，然后用招标方式高价转包，获利巨大，除"给码头、学校部分外，余全部落入贺的私囊"。并且"私设关卡，勒索过往客商"。竹篙是地区交通要道，经营布匹、棉花、白糖、油米、烟酒生意的商旅假道于此，当时政府在竹篙设有收税机关，如食糖专卖分局等，派员专门征收糖税。[41] 这里我们看到一个有趣的现象，作为一个被政府禁止（至少在理论上）的组织，他们居然可以通过包税的办法，帮助地方完税，并从中渔利。在一定程度上，他们成为地方政府和乡民之间的中介。而且贺松所得到的利益，还要分给"码头、学校部分"。这里作者没有给出具体信息，但是至少也在不经意间透露出，有部分收益用于地方公益。这份资料也证明，对于像贺松这样的袍哥首领，地方官也必须依靠，对其所作所为经常也

图 3-2 四川乡绅。
资料来源：法国考古学家谢阁兰（Victor Segalen）1914 年摄。杜满希编：《法国与四川：百年回眸》，成都时代出版社，2007 年，第 72 页。

是睁只眼闭只眼。

贺松从1945年起,还以地方名义在竹篙场头私设关卡,要过往客商缴纳"保商费"。凡在竹篙地段交了"保商费"的行商,可不再交税给地方政府,这样过往商人都愿去他手下人那里交"保商费",致使"专卖局"收入大减。专卖局"对贺松也没办法,只要求他少收些费,少放些人走就算对了"。他还"管仓吃仓,侵吞公粮"。抗战后期到国民党垮台前,地方上的田赋税改征实物,贺以"地方名流"和乡长身份插手田赋管理,将每年收的稻谷加工成大米后上交军粮。收粮时,"在升斗上盘剥农民,加工中又有意降低米的标准,一律打成糙米,还杂以泥沙"。这样每年多出谷"何止数百石",统归贺所得。这个袍哥首领甚至有能力从地方政府那里截留税收,可见其能量之大。

甚至对于"上面"来的官员,他也敢于"雁过拔毛"。1945年初,金堂县田赋管理处徐姓科长来竹篙搞土地陈报,在勘查土地过程中敲得很大一笔钱,徐想独吞,未给贺松分成,贺很不满意,命爪牙在徐回县路上将其身上钱财尽数抢走。徐知道这事是贺松所为,向县长告状。但"那时的县长对于贺松这样的地头蛇,又有多少办法?"[42]

* * *

参加袍哥者多为下层,"其组织法,先询其人之身家己事。如身家清、己事明、不为群众遗弃者,即业惊、培、飘、猜、风、火、爵、耀、僧、道、隶、卒、戏、解、幻、听等均能入会"。他们"或作侦探,破彼方之秘密;或司传达,使各方之联络;或任调查,明各方之消息,均于汉留有绝大补益"。[43] 这里官方所列的所谓惊(算命)、培（中医）、飘（行乞）、猜（设赌局）、风（行骗）、火（炼金）、爵（卖假官）、耀（看相）、僧（和尚）、道（道士）、隶（衙吏）、卒（兵）、戏（优伶）、解（卖艺）、幻（巫术）、听（音乐），皆为民间骗术。不可否认袍哥的成员非常复杂，但是官方也是有意把袍哥与社会上的三教九流、盗窃诈骗者联系在一起，有助于他们对这个集团进行打击。在清代的官方文件中，经常把袍哥与土匪相提并论，干脆称之为"会匪"，显然这种称呼和定义，给了官方镇压的口实。[44]

当然，袍哥中也不乏乡绅和地主，"初由不法匪类结党横行，续而绅富相率效尤，亦各立会名，以图自保"。[45]有的"绅粮"则"名为借此保家，实则广通声气，以自豪恣"。[46]以至于川省有"一绅、二粮、三袍哥"的说法。到清后期，袍哥除了广泛进入政府和军队外，还吸纳了不少知识界的成员，如灌县崇义镇的"舵把子"张捷先即是小学校长，他与郫县新场总舵把张达三都是保路同志军首领。江津留日东斌学校学生王稚峨是"县中哥老会掌旗大爷"。[47]

袍哥在长期发展过程中，形成了其组织特点和结构，演变出许多形态："川省下流会党，千流百派，而大别不过两类。甲类为江湖会，乙类为孝义会。江湖会起最早，纠结日久，多亡命无赖及不肖绅衿，常为乡里所苦，于是孝义会起而敌之。其初由乡里有籍之民，互相结集，以抵御江湖会之侵扰，既而手滑势急，羽附日杂，其为患遂与江湖会无异。而各会党中又自分两类：一种各有正业，特借入党以联声势而为缓急之恃者；一种别无正业，而专以不法行为为业者。"[48]可见，当时有川省哥老会分江湖会和孝义会的说法，江湖会出现于前，孝义会产生于后。按照这个说法，江湖会更像袍哥中的"浑水"，或"浑水皮"，或者叫"无正业"者，即有的是以入会为护符，而有的是以入会为生计，没有其他谋生手段；而孝义会则接近袍哥中的"清水"，或"清水皮"，或称"正业"者，他们有正经职业，并不需要以当袍哥来维生。所谓哥老会的"清水皮"与"浑水皮"之别，"清水皮者，树党结盟，自雄乡里，专尚交游，不事劫掠；浑水皮则良莠不齐，大率藏垢纳污，敢于触法犯禁"。[49] 沈宝媛的报告也提到，清水有比较强的纪律，在政府军队都有关系，并相互依靠；而浑水（沈用的是"混水"），却是以袍哥为职业者，经常干不法的勾当，成为政府打击的对象。雷明远属于清水袍哥，他们有"周密的规则及较正当的作风"。而且这些袍哥成员还在地方担任一定的职务。[50]

袍哥不同的分支、派别和帮别称为"山堂"，每堂内部各有等级、帮规。李榕曾描述过哥老会的内部结构：

> 每堂有坐堂老帽、行堂老帽。每堂八牌，以一二三五为上四牌，六八九十为下四牌，以四七两字为避忌，不立此牌。其主持谋议者号为圣贤二爷，收管银钱者号为当家三爷。内有红旗五爷专掌传话派人，黑旗五爷掌刀杖打杀。其聚党行劫者谓之放飘，又谓之起班子，人数多寡不等。[51]

以上所称的"牌"，实即"爷"，即哥老会的等级，由于忌讳四和七——因四字音"事"或"死"，七字音近"截"，均视为不吉——因此袍哥内部只有大爷、二爷、三爷、老五、老六、老八、老九、老幺。大爷又称"龙头大爷""舵把子"等，具有家长式的权威；二爷一般为出谋划策的军师；三爷则为日常当家者，公口的产业、金钱等，皆由其负责管理，他还主管接待等事。五爷则有红旗管事、黑旗管事之分，前者负责议事，后者负责行事。[52]

沈宝媛对"望镇"袍哥的考察中，也看到了这种严密的分层，她特别注释了一个英语单词 Hierarchy。这种分层，有利于内部的控制和命令从上到下的传达。这样，袍哥形成了内部的等级制度。上层是舵把子，发号施令，掌控一切；下层是小兄弟们，只能服从命令，接受控制；而中间是三哥、五哥、六哥（"哥"可以和"爷"互用）等，承上启下，可称为"中间阶层（Intermediate Class）"（英语为沈宝媛原注）。每一个阶层的人，都有他们应享的权利与应尽的义务，"好像政治集团中的领袖与其臣属一般"。[53]

不过应该指出的是，袍哥并没有一个统一的中心，各个码头各自为政，各个公口相对独立、互不统属，但是有时候若干码头也组成一个联合会。因此，袍哥各社之间的控制和管理都有非常大的不同，尽管各个分社都遵循《海底》，但是版本众多。这种互不统属，也造成了各社之间的互相争斗，冲突和火拼时有发生。当然，各社之间也有很多合作，在长期的政治斗争中，这个组织建立了一个庞大的关系网。

在1940年代，袍哥出现了合并以壮大势力的趋势。1942年10月15日，国民党省执委发公函，"函请查办威远新场哥老会"。[54] 因为当地退伍军人黄初年，"为增加势力，扩大组织"，乃致函各方，召集资中、内江、荣县、仁寿各县帮会，合组"四和兴社"，并于21日召开成立大会。公函称根据报告，新场"本场哥老，原分仁、义、礼、智各堂口，除部分不肖份子外，大体尚能安分"。可以看出，虽然袍哥是被禁止活动的组织，但如果能够"安分"，政府也并不干涉其活动。这个公函表明成立四和兴社的动机是："一为敌人将攻入四川，我们要团结全川哥老，必要时揭竿而起作游击战，抗日救国；一为四川人非团结不足以驱逐外省人。"这个新组织的最高负责人称"正副主席",参加会议者"推选"黄初年、黄承年两人分任。据"内幕分析",该社以黄初年"活动最为激烈"。黄本人曾任廿四军营长,"与各地哥老甚为密切",其余重要角色如烟贩、土匪"自新"人员等,"主要企图在联络感情扩张力量以作贩运鸦片之勾当"。公函认为这个组织虽然"无政治作用",但是也担心"若为奸人所利用,则为害非浅"。经费来源除黄初年"私人捐洋数千元"外,凡参加社员每人捐洋十元,共社员二千余人,凑款约三万元。阴历八月十五日中秋节之际,四和兴社举行联欢大会,并迎接剧班演唱川剧十天。这种活动与过去民间组织如会馆、清明会等的唱大戏类似,而袍哥逐渐有取代了它们的角色的趋势。[55]

  这份资料有若干点值得我们注意:一是退伍军人成为袍哥的首领,当时袍哥大量渗透进入军队,秘密社会和军队的结合,是政府所警惕和担心的。二是这个组织规模极大,联络了四个县的袍哥,达到二千余人。三是地方官的参与,乡一级的最高权威乡长、副乡长都在其中。四是其动机也耐人寻味,首先是打着"爱国抗日"的旗号,宣称是为了在敌人入侵的时候,团结一致打游击战。这可以说为其结社活动提供了一个充足的理由。但是,另一个动机却是驱逐外省人。抗战爆发后,大量难民从沿海迁入四川。不仅日本人,外省人也成为他们要驱逐的对象,说明这些袍哥成员有非常强烈的排外心理。此外,我们还可以看到,首领黄初年有着强大的经济实力,其他人捐十元,他却捐几百倍以上,这也说明经济实力与在袍哥内部的控制力和威望,是成正比的。在第十一章,我们将看到雷明远权力的衰落,就是从经济开始的。值得注意的另一点是,这份文件并不是下达的命令,也不是关于如何整治袍哥的办法,而是以"公函"形式,似乎就是某种情况通报，也没有建议采取任何措施，无非是介绍动向。反映了地方政府与袍哥这个地方豪强的微妙关系。这种袍哥活动的情况描述资料，很可能是基于地方士绅的密报，它们产生的背景非常复杂，经常是因为地方的权力之争。

其实，我们还应该看到，抗战时期，许多袍哥成员纷纷加入和支持抗战，有钱出钱，有枪出枪（图3-3）。如1942年为蒋介石55岁生日祝寿，四川袍哥发动了几十万人捐款购买飞机，命名为"忠义号"。[56] 袍哥是抗战可以利用的力量，当局在这个时期对袍哥的限制极少，袍哥又成为一个公开的组织，并在地方与政府有许多的合作。川军出川抗日，袍哥在其中起了重要作用。时人便指出："川军的武器不如人，训练不如人，然而他们能够打仗，这原因就是有袍哥组织在做精神武装。有许多川军部队，部队长自己就是'舵把子'，干部是大哥或三五哥，士兵则有弟兄一样的亲爱精诚，平时弟兄们有事，做大哥的代为解决，一旦打起仗来，自然乐于效命了。"[57] 迁都重庆后，中央直接控制了四川地区，国民政府主持举行县乡基层机构选举，这给袍哥进入地方政权创造了条件。若想在竞选中获胜，必须拜码头，以得到袍哥的支持。[58] 这样，袍哥在相当程度上控制了基层政权。

沈宝媛在考察袍哥的时候，便感叹于其"社会控制所具有的力量之强大"。她发现"望镇的中心是集中于社团"，所以，"社团就负有一统社会制裁的极大作用，甚至法律、政治、宗教、伦理等等其他方面的社会制裁，都纳入于社团特定的制约意义范围之中了"。[59] 这样的表述，可以给我们重要提示。在沈的考察报告中，当提到袍哥时，她更多是用"社团"来代替，甚至包括她的论文题目。我想她选择用这个词，是有一定考量的。袍哥作为哥老会在四川的分支，本身就不是一

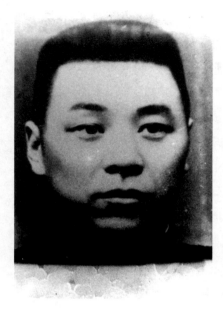

图 3-3 袍哥舵把子范绍增。他亦为川军将领，1939 年率八十八军出川抗日，立下赫赫战功，1949 年发动反蒋起义。
资料来源：网络照片。

个严格的、正式的组织的用语，而更多地是成员自己和社会对这个秘密社会的一种称呼。在官方文献中，更多使用"哥老会"。说到底，这些组织是一种社会团体，因此当沈宝媛力图不带偏见地从学术的角度来进行研究时，用"社团"这个十分中性的词汇来指代袍哥，就是顺理成章的了。

当然，这不是一个一般意义上的社团。它从一个反清复明的秘密会社，发展成在四川无处不在、最强大的公开活动的社会组织，并在地方社会秩序甚至地方管理中起着主导的作用。如果没有他们的配合，地方官也无从实施权力。他们同时也是一个暴力团伙，不时扰乱地方安宁。简言之，袍哥一方面是地方社会稳定的积极因素，另一方面却经常成为破坏地方秩序的一种消极力量。

第四章　调查的开始

"望镇"是一个怡人的好地方,一个典型的川西平原小镇。虽然靠近城市,但完全是一派乡村田园的景色。它离省城不远,到城里办事,当天就可以打来回。节日期间,去成都看街头演戏、参加庙会等,也并不需要花许多的时间和财力。如果要去城里做小买卖、找工作,也非常方便。这里"绿树成荫,小溪天成,风景绝佳"。川西平原人烟稠密,在清末就达到每平方公里370多人了。[1] 在抗战爆发前,成都人口已经达到近50万,由于战争内迁,到抗战结束时的1945年,成都人口已有70多万。[2] 因靠近成都,这个小镇"已渐有城市与乡村混合之风"。不过道路还是典型的乡村土路,"两条高低不平的小路"也只能是供"鸡公车来往的通行"。[3]

沈宝媛来到这里的时候,正值盛夏,稻田里郁郁葱葱,稻子已经开始结穗了,田里的水仍然在缓缓地灌溉。到处是一片青翠,地里有琳琅满目的蔬菜瓜果。等到秋天,农民就要收割稻子了,"农田的主人们又用劳动者的欢笑来收获自己血汗的结晶"。[4] 农家居住的茅屋就在离田不远的地方,农民可以随时照看他们的作物。也可以在做饭之前,到地里去扯几把新鲜的蔬菜。像川西平原许许多多的农户一样,他们的门口,还有一头乌黑的水牛,在沟里洗澡,要不就在田里打滚,周身都糊满了泥,这样可以抵御夏天的烈日(图4-1)。

和城市生活截然不同,乡村的生活是寂静的。夏天的夜晚,各种昆虫唱着歌,稻田里的青蛙呱呱欢叫着,外面凉悠悠的,清新的空气吹入屋内,在这种环境中入睡,是城里人无法享受到的。当天蒙蒙亮的时候,公鸡打鸣此起彼伏,呼唤人们早起。夏天的川西平原,并不忙碌,稻米还没有成熟,农民可以比较悠闲地照顾稻田,或者打理菜园。在清晨,农夫扛着锄头缓缓地走在田埂上,眺望一望无际的稻田开始由绿泛黄,该是多么心旷神怡!自古以来,这里的人们便享受着

图4-1　川西平原的灌溉水渠、水牛和牧童。甘博拍摄于1917—1919年间。
资料来源:美国杜克大学 D.M. 鲁宾斯坦珍稀图书和手稿图书馆。

从都江堰流过来的、源自岷江上游大雪山的清澈的江水,是大自然的慷慨恩赐。

这时的乡村,看起来平和、安详,但也不是世外桃源。国家的命运,也和这个小地方息息相关。1911年12月8日,骚乱的清兵洗劫成都,是夜城门亦未关闭,乱兵们源源不断把赃物运出城,市民们便坚守四个城门,堵截运送赃物的士兵。为蒙混过关,许多士兵乔装成女人坐轿,有的雇妓女扮成夫妻,有的把赃物装进棺材冒充出殡。水路走南门,北门则用轿子和马匹运载。这时,袍哥各公口在自卫活动中起了重要作用,它们组建民团、募捐筹款、守望相助。[5]革命之后,政权频繁更迭,特别是军阀混战时期,连省城成都都成为战场,乡村更是没有宁日。1920年代,这里土匪横行,而袍哥在这个关键时刻挺身而出,在维持地方安全上扮演了重要的角色。那是在1926年,沈宝媛来到"望镇"的近20年前,当"匪盗大肆骚扰"的时候,袍哥平息了盗匪,从而成为"地方上英勇人物"。真是时势造英雄,在平息这场骚乱后,"胜利者成为望镇秘密会社的首领人物",其中之一便是本书的主角——雷明远大爷。[6]

沈宝媛是这样描述对雷的第一印象的:"在夏天,即使是在一个没有太阳的阴天,也可以看见他戴着墨光眼镜,手拿着一把折扇,穿着黑绸短衫、黑裤,背后系着一顶草帽,匆忙的向店上走去。"这个打扮,就是今天中国影视作品中经常出现的"国民党特务"的典型模样。这里需要说明的是,沈宝媛来到"望镇"的时候,雷的势力已经走向衰落,所以他每天所要做的事情就是去打理他的烟店。沈是通过雷大娘认识雷远明的,也描绘过第一次见到雷大娘的印象:"黑褐色的脸,电烫过的头发长长的披在衣服上,颈上领扣散着,衣冠不整的拿着一个篮子"。[7]

其实,沈宝媛这个时候要接近雷明远,恰逢其时。如果雷的权力还如日中天,恐怕是不屑于去花时间理会一个大学生的。但现在他已经很清闲,有时间坐下来,整理自己的思路,回忆往昔的事迹。可以想象,一个人在走下坡路的时候,最喜欢回忆过去的辉煌,而且有与别人分享的愿望。在沈宝媛下乡的一个星期之后,她有机会认识了雷明远的妻子雷大娘,她到燕京办事处,替她女儿报名参加补习班,"拜托了老师以后,就很急忙的走了"。虽然时间短暂,但开始了沈与雷家之间的直接接触。以后由于女儿上补习班的事情,她们有许多见面的机会,很快就熟悉了。

雷家有一院草房,离办事处很近,沈宝媛有许多机会登门拜访。从大门进去,左边是牛棚,右边是织机房,中间是他们的住屋。走进屋内,可以首先看到典型的川西平原的堂屋——正面墙上挂着一副对联,是乡民送的;正中是神位,上面还有祝贺的寿匾,周围有四五面镇邪的小旗(图4-2)。屋内的摆设表明屋主是信奉佛教的。堂屋的左右两边是卧室,里面床柜都是古式,红的漆,圆的桌,老的镜。来了客人,先请坐上堂屋,泡盖碗茶,如果是男客的话,还要送水烟袋,然后才开始拉家常,"颇有旧世纪的遗风"。主客无拘无束地谈笑,农村风味,土色土香,显示老乡的朴实本色,甚至令沈宝媛这样"陌生的客人"都有了"无限的安心与亲切之感"。[8]

一开始,沈宝媛对首次见面会有怎样的结果,心里面是没有底的,作为一个没有多少社会经验的女大学生,和"一个特殊人物"交谈,能谈到什么程度,得到什么信息,是完全未知的。雷明远是当地袍哥的大佬,久经风霜,对社会上的风风雨雨经历多了,每天和三教

图 4-2　一个乡村士绅的堂屋。照片由美国《生活》杂志摄影记者 C. 麦丹斯于 1941 年在龙泉驿拍摄。
资料来源：格蒂研究所。

九流打交道，会对一个涉世未深的女大学生持怎样的态度呢？其实，由于科举制度的传统和影响，中国社会对于有知识的人自来都是很尊重的，坊间流传许多"大老粗"出身的军阀礼待知识分子的故事，便是明证。沈和雷的交往，也证实了这一点。对沈来说，雷就是一个未知的世界，"是新经验的尝试"。第一次交谈，虽然主人很亲切，但毕竟彼此不熟，客人揣摩着"主人不露锋芒的大声言笑"，心里还有一种无法抑制的"疑惧"。但是随着交往的增多，彼此加深了解，"日子久了，才渐安心"。[9]

作者在这个调查中，很少用他的名字"雷明远"，而更多地使用"雷大爷"，估计是遵循他家里人和当地人的叫法。一般在四川农村，对上了点年纪的人都可以叫"大爷"，算是一种尊称；另外，袍哥的首领，一般也称之为"大爷"。我想，人们叫他"大爷"，可能这两种意思都包含了进去。

* * *

根据沈宝媛的观察，虽然雷明远是袍哥的首领，但他并不是无所不能、无拘无束，他自己也"无形的受着社会制约的极大影响"，也必须支撑一大家子，履行家庭的义务。其实他九年前才从离成都更近的老家全店搬到"望镇"。父亲雷老汉不苟言笑，母亲雷冯氏和蔼可亲，但已在三年前去世。雷明远有兄弟二人，二弟已经不幸离世，留下妻子守寡，但没有孩子。三弟与三弟妹都是田里劳作的农民。雷明远原配黄氏，现年四十，为他生了两儿两女，除被枪杀的大女淑清外，大儿子具龙十六岁，二子洁娃十岁，幼女小玉只有八岁。雷大娘算是他的二房了。由于发妻黄氏与雷大娘曾爆发一次大吵,父亲雷老汉帮着黄氏,雷明远则向着二房。一气之下,雷明远干脆离开老家,带着雷大娘和儿女们搬到"望镇"。而留在全店的原配,并没有和儿女们住在一起,当着徒有其名的大老婆。[10]

具龙已经长大成人,不爱读书,倒是可以帮忙田间活计了。他性格孤僻,不爱说话,尤其不爱与陌生人谈话,沈说他是一个"有问题的小大人"。据沈的观察,他与生母黄氏的关系也"非常淡漠",虽然距离不远,但一年中也不过回家几次,基本上就是雷老汉生日、他母亲黄氏的生日,以及过年及过节的时候。父亲毕竟是地方上的一个人物,"望镇"这边时常宴请客人,剩余的酒菜,有时候雷明远就叫具龙拿几样回去给祖父和母亲分享。他回去的时候,却尽量避免碰见老家人,这使得黄氏很是伤感,只好叹息着说:"孩子既然已经给了别人,那就算了罢!"[11] 我估计沈宝媛没有多少机会和具龙进行交流,所以在调查报告中,提到他的地方不多。

而沈宝媛似乎和雷大娘很谈得来,所以获知了不少雷家的故事和细节。雷大娘上过小学,虽然孩子不是她亲生,但是把孩子都放在她身边,沈宝媛想是"为了好受她教养的原故"。如果这些孩子将来有出息,自然可以享受到"养儿防老"的好处了。黄氏是一个"典型的农家妇人",恪守妇道,很殷勤地侍奉公公,"温顺善良的"。长期与丈夫分居的生活,也没有改变她的性格。但是据沈宝媛的观察,"望镇"的这个雷大娘和黄氏相比就全然不同,沈描述她并不是很能干,但"近乎'泼辣'、'浪荡'与'凶狠'",因此很适合于做一个袍哥的老婆。但是,她可能并非天生就是这样,沈宝媛推测:"这种性格的造成,不能不说是由于环境方面的压力之所致"。[12]

雷大娘的童年很不幸，是在"愁苦与病痛中"度过的。父亲是个铁匠，生意不是很好，父母都没有怎么关心她。所以她很少提起过去在娘家的生活。虽然她只念过一段时间小学，但是她经常以此为荣，常常"夸耀曾受过教育"。不过，小学的教育显然对她后来的生活很有影响，比如她很喜欢看小说，"看得极多"，并常常和他人讨论小说的故事，沈宝媛在做调查的时候，也经常和雷大娘闲谈古今的小说，不过沈认为她是"一知半解"。[13]雷大娘主要看古代小说，诸如《红楼梦》《水浒》等，至于现代小说，那就只限于张恨水等写的故事了。有趣的是，沈把张恨水定义为"无聊文人"，似乎认为雷大娘看张恨水的小说，真是浪费了时间。张恨水是"鸳鸯蝴蝶派"代表作家，可能是沈宝媛这些忧国忧民的左翼知识分子所不喜欢的。沈有这样的看法，应该不仅仅是她个人的意见，而是反映了当时精英知识分子对张恨水、对大众文化的一种偏见。他们万万没有预见到，到了20世纪末叶，张的小说在国内掀起了热潮。我们今天再读张恨水，可以见到儿女情长的后面，其实也有着国家命运的宏大叙事。[14]

雷明远并不是雷大娘的第一个丈夫。十六年以前，她嫁给了成都一个刘姓裁缝，在生了两个女儿以后，就被遗弃了。大女儿在幼年患病去世。没有了男人的依靠，没有了生计，可想而知是怎样的处境。沈宝媛并没有具体描述她是怎样生存下来的，只是说她"辗转流离市上"，"并沦陷在人间地狱的陷阱中，过着非人的生活"。还指出现在她手上还有"未消失掉的两块绿旗印，便是经历过沦落生涯的明证"。[15]

从沈的用词看，显然并不仅仅是指她过着穷困的生活，这里的几种描述，可以给我们一些猜测的空间。首先是她被抛弃后，在成都

"辗转流离市上"。这个"市上"到底是什么并不十分清楚，可能是指成都的"人市"。虽然所谓"人市"并不是字面上的买卖人的市场，而是自由劳动力市场；但是在这个市场上，也的确存在买卖妇女的现象，如买卖丫鬟、女佣、奶妈、小妾等。[16]她有可能卖身为奴，要不她的手上就不会有去不掉的两块烙印了，所以沈宝媛才用"沦陷""人间地狱""陷阱""非人的生活"这样的词汇。由于同情她的遭遇，沈甚至不愿意具体描述她的这段生活，但是我们从字里行间仍能清楚体会到她悲惨的处境。至于她是怎么和雷明远相遇的，调查中没有只言片语，可能雷大娘不愿意向他人透露，也有可能沈为了保护他们的隐私。只是说："此后，厮识了这位雷大爷，便成了她[他]的二妻，带来的那个女孩，改名为淑英，一并成为雷家的孩子。"[17]

沈宝媛试图用社会学的语言去解释雷大娘和雷明远的结合：她和那个成都裁缝结婚，是"合乎均衡状态"的，但被遗弃以后，"生活的平衡被扰乱"，就是整个家庭被瓦解了。但后来同雷明远的结合，便产生了"一种新的互动关系，建立了一种新平衡"。同时雷明远也经历过"一种均衡重建的过程"，与发妻分居以及从老家搬到"望镇"，"就是个体与环境交互刺激与反应的过程，这过程一直续连至如今，也将呈现于未来"。[18]

严酷的环境造就了她"外强中干"的性格，沈宝媛猜测她的经历也许改变了她的个性，她不再"懦弱"，而是变得"猛烈"，而且"接近于凶狠"。她脾气很坏，嗓门很大，十年前她的气势，"能压倒她的丈夫"，并借此左右其他袍哥兄弟，她曾经"近乎泼妇的模样，在地上打着滚儿"。所以在袍哥兄弟中，有"疯婆"的称呼，但她并不以此为意，反而沾沾自喜，觉得别人"慑于她的威风"，遇事要由着她的性子来。[19]沈宝媛发现雷大娘与袍哥弟兄们很接近,虽然她有时候也会给雷明远带来麻烦,但是"有了这样新的助手似的妻室",对他在江湖上地位的提高,却是有所帮助的。[20]

七年以前,一次为了买卖谷草的事,她与张姓街坊——也是一个袍哥兄弟——大吵大闹,她打了那人两个耳光,两人扭打起来,一起掉进了河里,还在浅水处相互撕打着,在水里扑腾,场面真是壮观。为解决他们的纠纷,袍哥因之"大传堂",即开会判是非曲直,由舵把子调解,才了结争执。在会上,雷明远只是低着头,一句话也不说,由着他的老婆在那里分辩和争吵。在中国传统伦理观影响下,在风气保守的乡下,这种事情的发生的确是惊世骇俗的,这也充分反映了雷大娘泼辣和胆大的个性。但是袍哥似乎并没有把这场冲突视为大事件,毕竟雷明远是副舵把子,还是要照顾他的面子。这个时候,他在袍哥中还有着相当的声望和地位,所以对雷大娘没有"过分处置",而且也没有人"敢在背后耻笑"。[21]

虽然在传统的社会,像雷大娘这样的剽悍女人算是一个异数,然而也不能说是闻所未闻。特别是贫穷人家的女人,并没有多少顾忌,传统妇道对她们的约束甚少。例如,在成都街头就可以经常看到这类女性:她们一般来自社会下层,受传统"女德"的约束非常少,有勇气公开和男人交锋。正如傅崇矩所描述的,"贫家恶妇打街骂巷",她们典型的姿势俗称"茶壶式",即一只手指指点点,另一只手叉在腰间。下层妇女在街头彼此谩骂甚至打斗的场景也并不罕见,道学先生认为她们是"妇德不修"而大加抨击。

当地报纸经常报道她们的行为,其中一个故事是讲一个叫杨忠的人,他老婆是一个有名的"泼妇",他嗜好赌博但很怕老婆。有一天,他输光衣服后悄悄溜回家,准备拿床被子作赌注,被老婆抓住了。她马上把他拽到街上,"百般辱骂",不管他如何求情,还威胁要把他交给警察。直到街首出面调停,让杨忠道歉,她才罢休。当地报纸报道这个故事时评论说,"杨忠行为不正,已失男子之志气,人皆谓罪有应得"。另一则报道说,一名卖布的商贩拒绝按早先议定的价格把布卖给一名裁缝,引起了争吵。裁缝的"泼妇"老婆把商贩的手咬出了血,还朝他扔脏东西。另一个例子更有戏剧性:一位载客的人力车夫不小心碰倒了白姓妇女的儿子,这个小贩的老婆马上跳到街上来,一拳砸向车夫的脸。这一重拳不仅将他击倒在地,还打破了他的左眼球,血流满面。有些下层妇女甚至敢与士兵叫板。一位皮匠的老婆,也是邻里有名的"泼妇",在与一个士兵发生争吵时,扇了对方一耳光。挨打的士兵把这一事件向其长官报告,长官会同鞋业同业公会会首到作坊解决争端,裁定错在该女。其惩罚是被该长官用一根烟管敲头,另外她被迫挂了一块红布,燃放鞭炮,作为道歉。[22]

这些故事表明,虽然中国家庭里男人处于控制地位,但也常常有例外。所谓"泼妇"展示了妇女行为的另一面,这与温顺的中国妇女的老套形象完全不同。即使从总体来看,妇女是社会中的受害者,但是她们在公共场所所扮演的角色取决于各种因素,包括她们的文化修养、民间传统、个人性格和经济地位,她们中仍然有一些人敢于藐视那些传统的所谓"妇道",在公共场所展示力量和勇气,即使因此而背上"泼妇"的恶名。从雷大娘的处境看,这种泼辣便是其最好的保护武器。

沈宝媛解释道,由于袍哥们"更着重于团体份子间的利益,所以他们所用'社会制约'的方式也很严格"。这里所说的社会制约,就是由帮规来制约成员的行为。例如前面提到的雷大娘和一个袍哥兄弟的打架事件的解决，就是因为正舵把子的介入，以"劝导方式"而平息。当然，这种制约是多方面的，从外在影响来说，还要受"法律、信仰、教育、风俗、社会誉［舆］论等其他方面的社会制裁的影响"。雷大娘打架的事情最后得到控制，也是"当时誉［舆］论的一点力量"。[23]

泼辣的雷大娘在雷明远的生活中扮演了重要角色。她的形象很像李劼人《死水微澜》中成都近郊石板滩（见地图1）上店铺掌柜娘蔡大嫂（邓幺姑）。蔡大嫂颇有风姿，妩媚撩人，镇上男人因她痴狂，想吃她的豆腐。她和袍哥罗歪嘴有私情，碍于罗歪嘴的威风，其他人也不敢欺辱她。罗歪嘴作为袍哥，有钱有势，下面有小兄弟跑腿。蔡大嫂不喜欢她老实的丈夫蔡傻子，爱慕聪明能干、见多识广的罗歪嘴，爱得大胆而热烈，无所顾忌。这在19世纪末川西平原上的一个小镇上，真可以算是非常异类的了。[24]如果比较雷明远对待女人私情的态度，我们不得不说蔡大嫂是幸运的，因为她的情人是一个袍哥，否则，她的结局就很难预料了。

第五章　佃户"舵把子"

沈宝媛在调查报告中说："望镇的中心是集中于社团。"这里所说的"社团"，就是袍哥，即是说袍哥是这个地方的政治中心和权力中心。这个乡的正副乡长、治安主任、保安队长、保甲长等都是袍哥，便充分反映了这个现实。而控制和掌握这个社团的人，也就是掌舵的人，就是"舵把子"，因为他掌握着这个组织的方向。其实，这并不仅仅是"望镇"，而是川西平原，甚至整个四川的普遍现象。据1946年吴伦的《四川袍哥与青红帮》，在抗战时期的四川，"袍哥之势力异常雄厚，循至任县长者，任参议会议长者，莫不为在帮之袍哥，甚至行政官吏，欲举行一新政，苟不通过袍哥，必至一事无成"。[1]

这个现象在档案中也反映出来。前面提到过的威远退伍军人黄初年，在1942年"为增加势力，扩大组织"，乃致函各方，召集资中、内江、荣县、仁寿各县帮会，合组四和兴社，下设总务、评理、交际、庶务、文书五部门，值得注意的是，在四和兴社任要职的，都是正副乡长，如庶务正主任蒋志诚是新义乡乡长，文书正主任杨君禄是新义乡副乡长。国民党执委对地方政府处理袍哥不力非常不满，指出新场即新义乡，是威远县第三区署及新义乡公所所在地，但是区长杨某"置之不理"，正副乡长"均分任该社重要职务"，这样该社势力非常大，"得以为所欲为"。[2]

沈宝媛的同学白锦娟在考察"望镇"附近九里桥的农民教育情况时（见地图1），也发现袍哥"在公私生活上有绝对的势力"，而且这是"四川农村的普遍的现象"。在九里桥，实际上"这种不公开的组织已经不秘密了"，而且它"早已控制一切社会的活动"。在这里，"最高长官乡长就是舵把子"。其地方上掌权的人，"一种是政府方面的，另一种是哥老会方面的"。而且她指出："实际的握权者是舵把子社长，管事的及二管事的一切政治命令、税收及罪罚偷盗、争讼及鸦片都在他们控制之下，社会治安归他们维持，假如没有他们的命令，政府任何命令不能通行。"[3] 由此可以看到袍哥在地方控制方面，已经发展到何等程度。这并不是在个别地方，而是四川乡村社会的普遍现象。

袍哥又通称"社会"，其首领"舵把子"是由众兄弟推举出来，所以在袍哥团体里很有权威，有钱有势、神通广大，上能结交官府，下能控制一般百姓。他有权管理众弟兄和负责处理一切内外大小事务。还有"副舵把子"一名，协助正"舵把子"办理会中诸事。还设有"印记"或"文书"，掌管文书及一切公众函件。正如第三章所介绍的，其次则为"二哥""三哥""五哥"等。新入袍哥者由九排或十排起，拜师并向刘、关、张宣誓，如有功于社团，则由"拜兄"升为"排六"，经常称之为"闲五"，学习各色杂务。如再有功则升为"五哥"。其中"二哥"的地位最不易获得，要结盟三个把兄弟，一为恩兄，二为"引进"，三为"保举"，即可因功递升为"二哥"，若再立功，就能升为"一排"（大爷）。也有从三哥直接升大爷的，这就要看功劳的大小了。大爷若能力很强,处事公正或有钱有势,则可公举为"舵把子"。他们中间有句俗话说:"龙头大爷,聚贤二爷,当家三爷,管事五爷,赴汤蹈火兄弟伙。"从中便可以看出他们之中不同的级别。[4]

他们中规矩很严格,如果不服从上层管事或破坏社规,便可由管家报告"舵把子",请其除名,叫做"挂黑牌"。如果罪过大者,则由公众议处,甚至可以暗中枪决,或用他种方法处死。如果兄弟伙发生危险,则由"舵把子"及拜兄出具名片介绍函件,至外地避锋,未了之事仍由"舵把子"予以调停。有时真正动枪动刀,出了人命案子,则必须由"舵把子"出面摆平。兄弟们见是自家大哥出面,往往也就无话可说,许多事情也就不了了之。[5]

雷明远是"望镇社团"——袍哥的副首领。很少有调查者能像沈宝媛有机会对这样的人进行近距离观察。沈宝媛发现,在和雷明远的交谈中,他总是喜欢聊二十年前"带兵与捉匪"的故事。而且每次都讲述得"激昂慷慨,有声有色"。雷总是以"纯英雄的姿态"来描述他过去"英勇的事迹",特别是他当时作为本地保安队长被"绑客"包围的一段,描述得更是"骇人听闻"。他讲到土匪的行踪、打扮、抢劫的种种细节,皆栩栩如生。[6]

抗战爆发那年,血气方刚的中年雷明远,头脑里都是想出风头的"英雄思想",周围是一批忠实强悍的弟兄。他那时家境好,那批袍哥兄弟们住在他家"做食客",他自己经常在外面"招惹是非",一次因为发生纠纷,竟然杀死了一个"棒客"(即第三章提到的所谓"浑水袍哥"),结果引起了附近的"棒客群起复仇"。这其实就是袍哥不同码头之间的冲突,这种冲突经常都是暴力的。一天,他独自在茶馆里喝茶,一二十人围攻过来,举枪向他射击,他赶快跳到一个小坡上,朝天鸣了三枪，向兄弟们报警。那次真是九死一生的经历，一个人在二十几人的追杀下，竟然安然脱逃，而且反败为胜。脱逃的坡上有一个有丈宽的沟，他竟然一跃而过，把敌人甩在后面。他的人马随即倾巢出动，然后是一场血战，反而打死了好几个来势凶猛的对手。甚至几年之后，乡民们还津津乐道地复述这个离奇的故事。那场大战更巩固了他在江湖的地位，从此以后"棒客"们都不敢再挑战他的权威。[7]

据沈宝媛的报告，这个乡的乡长就是"成都市附近十三县的舵把子"。而前副乡长雷明远是"全店、望镇的副舵把子"，正舵把子是住在"望镇"的佟念生，其他的兄弟伙就更多了。沈经常想从他那里了解"地方行政的概况"，例如他当副乡长的事情，但是他爱说"他也是社会上的人物"，也就是说，副乡长虽然也有地位，但是他却更强调自己袍哥的身份。沈宝媛还看到"望镇"的袍哥常与"特务（当地缉查）勾结"，利用"陈腐的官僚手段"，干着"违反人民利益，反民主的事项"，而且乡公所经常使用"高压政策"，征收"不合理"的赋税，"抗战时抽买壮丁，贩鸦片，严禁人民有思想、言论、结社，甚而至于阅报之自由，也就是藉着他们的双重身份，发挥优越势力的原故"。[8] 在这里，沈看到袍哥与国民党沆瀣一气，如果我们了解沈所具有的"左倾"思想（详见第十三章），那么她对袍哥的这些批评就不奇怪了。虽然沈宝媛这里没有指出具体的事例，但是我们可以发现许多类似的例子。

* * *

下面袍哥舵把子的故事来自两种不同的资料，一是袍哥舵把子自己的回忆,一是地方文史资料编撰者所写。它们分别提供了两种袍哥形象描述的视角和两种叙事方式,从中我们可看到袍哥的不同面相。

根据开县袍哥舵把子蔡兴华的回忆,临江寺袍哥有仁、义、礼、智四堂,各堂表面称兄道弟,实以各自的实力选择堂口,确立势力范围。仁、义两堂被当地人称为"官场袍哥",加入者皆有钱有势,从字面上看,可能是指与官场有一定联系甚至联系紧密者。而参加礼、智两堂者被称为"腔子袍哥",大都是无钱无势的下层人。但从蔡的表述看,他们也并非就处于十分弱势的地位,因为"当地有钱有势的老爷"对这些袍哥也是"无可奈何"。有趣的是,他把参加袍哥和袍哥活动叫"玩袍哥"。这倒是透露了那个时候参加袍哥并不是那么严重或者严肃的事情——这与清朝不同,那时袍哥以推翻满洲统治为宗旨,政治目的非常明确,参加袍哥活动要冒生命危险。但是民国时期他们并不以政府和统治阶级为敌,而更多的是一个为自己的利益服务的社会控制集团。[9]

根据蔡的回忆,1927—1928年间由于各堂倾轧,有的袍哥乘乱当了土匪,"打着扶危济贫招牌,到处打家劫舍,奸淫乱盗,无恶不作,实则更加导致了百姓的不幸和灾难"。蔡提到的这个时代,是四川最混乱的时期。四川从护国战争之后,就一直处于动乱之中,由于川军、滇军、黔军是你方唱罢我登场,国民党统一全国后,四川仍然是军阀割据,这种状况一直持续到抗战前夕。[10] 当局势不稳定时,袍哥在地方治安中扮演了重要的角色。按照其本人口述,蔡就是在这种局势下出山的。

1932年,蔡兴华被推为礼号大爷,但他自称是"无可奈何的充当了大爷"。这个回忆录中并没有讲述他早期的活动,究竟何德何能而被推举并不清楚。他回忆了上任后振兴礼号袍哥。当时临江寺袍哥各堂之间争斗激烈,礼号处于衰落之中。上任伊始,他把精力放在整顿组织上,特别是一些重要位置的人员任用。如"红旗大管束"是统管一切者,不但能力强,而且还要"能说会道,口齿清楚",如在迎宾司仪等事上都要做得"干净利落,丝丝扣扣,才显出管事功底",这在袍哥语言中叫"行市"或"宰口","否则降低威信而影响社会活动"。其次他抓紧发展组织,无论三教九流、下层贫民(他称之为"巾巾片片"者,应该是穿着破烂者的意思),都拉拢吸收进来,包括船工,卖小吃、卖针头线脑的小货郎,耍蛇的、打莲花闹的街头卖唱者,铁、木、石、剃、骟匠,轿夫、长短工、叫花子、吹鼓手、和尚以及不得志的中下层军政人员等,人数发展到近千名,一度成为临江寺"最活跃的袍哥之一"。他竭力争取当地实力人物和各堂大爷为其所用。

按照他的说法,仁号大爷洪锡麟,"是国民党右派的忠实走狗,以为有后台撑腰就可为非作歹"。但是只要察觉他们"有意识地对我个别兄弟进行人身侵犯时,就一声令出,迅速聚集数十甚至数百兄弟向对方复仇"。特别是那些"船帮兄弟,个个拿着桨和脚棒,凶神恶煞地冲到肇事处",把对方"吓得三魂不知二魂",即使"仁号大爷在场也无可奈何"。他宣称,若是本堂兄弟"无故抢了附近百姓东西",打伤了人,他亲自登门赔礼,如数送还或赔偿财物。他说:"至今临江群众中仍流传着有着'腔子袍哥'复仇的轶闻。"但没有说明是怎样的"轶闻"。这里,作者暗示礼号袍哥是仁号的对头,而仁号则是国民党的"忠实走狗",于是,和这样的袍哥作斗争,就有了正当性。

在这份口述回忆中,蔡特别强调了他"对进步人士的支持和帮助"。这里所谓的"进步人士",他并没有说明身份,应该指的就是共产党,后来他提到因私放"共匪"被软禁一个月,证明了这点。他列举了支持和帮助的几个方面。首先是"支持进步人士加入袍哥",显然就是让共产党人加入袍哥。南山游击队领导人等都是袍哥成员,与蔡成为好朋友。蔡的弟弟蔡兴福、儿子蔡成月相继加入了共产党。在游击队领导的"教育和帮助"下,在1945年的乡镇长的竞选中,有袍哥身份的蔡兴福当选为临江书院小学校长兼副镇长,"既提高了本堂的社会地位,又为进步人士活动提供了条件"。他还为"进步人士"提供联络手段。袍哥历来以"投片"、拜码头为联络方式。投片有两种:一种直接投片,上面写明办什么事;另一种间接投片,用白矾写字,以清水浸泡就显出,看后毁掉。礼号堂使用的是第一种。把"投片联络"提供给"进步人士"使用,使他们能够利用袍哥的力量得到保护,因为持投片者就被视为自己人了。

他还利用江湖朋友"保护进步人士"。蔡列举了若干结交的"进步人士",还讲述了一个他始终"记忆犹新"的故事。1948年4月13日(这份回忆写于1980年代,但使用的是民国纪年,时间是"民国三十七年农历三月初五")清晨,国民党特务、县中队人马、便衣、镇长等"气势汹汹地"来他家抓人,蔡见情况不妙,便一边款待"这帮不速之客",一面派人往书院小学通知"进步人士"迅速转移。另外一次,几百"国民党反动军"在南山游击队驻地搜捕后,又包围了整个临江寺,抓捕了他的"进步朋友"。而蔡也因为"私放""共匪",而被软禁一月有余,这些被抓的"朋友"大都被送进重庆渣滓洞,"英勇殉难",这成为他的"终身遗憾"。[11]

* * *

另一份资料是出自改革开放后地方文史资料的撰写者之手,讲述第三章提到的离"望镇"不远的金堂县贺松的"罪恶"历史。他生于1910年,父亲是当地袍哥"仁恕公"的舵把子。贺松共有弟兄九人,他是老大,深受其父宠爱。这篇传记描写他从小养成"专横独断、残忍狡诈的个性"。"混入"政界后,又学会了"耍阴谋、藏诡计、见风使舵、权变乡里的政客手法"。他从青年时代开始在地方"混迹",历任联保主任、乡长、县参议员、区队副、金堂县青年党主席、竹篙地区袍哥九山联合总社社长,其间"干了大量的危害桑梓、欺压百姓的罪恶勾当"。

这个资料也透露出他并非天生就是一个"坏胚子",他也曾在小学和中学任教,算是地方的一个小知识分子。初踏社会,"羽毛尚未丰满"之时,他遇事总是"小心翼翼",对上司、对同事都"较有礼数",对教学工作"也颇认真",地方上对他的印象不错。1938年冬通过父亲打点关系,他被委任为竹篙乡联保主任。这个所谓联保主任,相当于后来的乡长(1939年国民党政府撤销联保办事处,设立乡公所,联保主任改称乡长),在地方上算是一个大人物了。贺大权在手之后,"专横独断的作风"便显示出来,"处处刚愎自用,事事非己莫属"。对前任人员概不留用,又"因袭贪污之风,浮派各种款项",上任未到一年,"劣迹便昭然若揭","动辄骂人打人,辱及乡里",而且下属工薪"到时不发,一拖再拖,有的竟一文不给"。这样"引起了公愤",各保保长和有关人员暗中活动,联名倒贺,将"贺之劣迹"具文呈控县府。

1939年冬，县长撤去贺松联保主任职务。

1940年初，中心小学校长杨秀实任乡长（当时已经改联保主任为乡长）兼中心小学校长。贺松对杨极为不满，认为自己倒台与杨想当乡长和暗中活动有关，因而计划施行报复，某日杨在回家路上，被贺"纠集土匪"十余人截住去路，但杨得以脱逃，幸免于难。后杨自知再干下去绝无好结果，辞去乡长、校长本兼各职。杨辞职后，贺松认为竹篙地区已是自己的天下，乡长一职非己莫属，但到1941年初，县长委雷烈为竹篙乡长，贺"盛怒之下"，会同亲信"谋求逼雷下台之策"。当时土匪猖獗，甚至白天也拦路抢人，夜晚洗劫，街上店铺时开时关，民众苦于匪患，常到乡公所告状，要乡长设法除匪。贺松认为这种形势正是逼雷下台的机会，"便唆使亲信在竹篙附近大肆进行抢劫，搞得人人心惊，户户自危"，雷无法稳定局势，年底只好辞去乡长职务。

1942年初，贺松如愿以偿，当上了竹篙乡长。他上台后，大摆酒席，宴请当地士绅名流、袍哥大爷以及下属亲信，"借以笼络人心，壮大声威"。贺松"网罗亲信，利用袍哥、青年党等封建反动势力，培植个人力量，以盘踞竹篙，称霸一方的罪恶活动"。这个资料称贺松为了巩固和扩大地盘，以"自新"之名"广招土匪，结纳亡命"，并"笼络游手好闲之徒，以壮大实力"。当时各路匪徒"均来投靠"。贺任乡长前，竹篙有九个袍哥码头，"各踞一方，互不相属"，其中以"同兴公""聚义公""仁和公"势力最大。各码头的舵把子"多为土匪头子，在当地很有势力"。但是他却能够将他们都拉入"九山联合总社"，他自任社长，从而成为竹篙地区最有势力的袍哥。

1944年，政府在广汉县三水镇近郊修建军用机场，限三个月内完工。贺被任命为民工大队长,派往机场督工。贺去机场住了一段时间,"不愿在工地吃苦",便以催民工为由自行回乡,职务交给雷烈代理。贺回乡后,对机场事务概不过问,整天和他的"姘妇"一起"吃酒聊天,打牌消遣",各保送来的机场建修款,"不少纳入了腰包"。由于上下克扣,机场上的民工吃住条件不好,不少人开了小差,使工程进度大受影响。县长决定惩治贺松,1944年6月,派人到竹篙捉拿贺松。在押解途中,贺手下两三百人将其解救。贺随后逃往雅安投靠军队里的朋友,"逍遥法外,贩运鸦片,过花天酒地生活去了"。后来贺松托人说情,此案也就不了了之,贺也回到竹篙,贺的走卒"掌握了全区武装力量"。

1946年县参议会选举,贺松又"把持选举,当选为县参议员,东山再起,继续操纵地方势力,为所欲为"。1948年4月,青年党金堂县党部召开代表大会,贺被选为青年党金堂县党部主席,"常以党魁身分出席县的各种会议,追随国民党反动派,死心塌地的进行反共反人民的罪恶活动",并"欺骗一些商人、农民、手工业者和部分公教人员入会"。青年会发展成员多达三百余人,"其中有不少土匪、滚龙、流氓"。贺松凭借"这个反动组织,进一步骑在人民头上作威作福。贺松就是这样发迹起来的反动人物。他在竹篙、在金堂干下的残害人民、危害革命的滔天罪行,真可以说是罄竹难书"。

从这篇文史资料的描述来看,贺松是一个十恶不赦的坏人,尽管这份资料作者的倾向性十分明显,但是毕竟提供了一个地方袍哥首领的一些细节和故事。不过,怎样运用这类资料,是历史写作必须认真思考的问题,我将在第十七章对资料的运用进行具体分析。

***

雷明远既非像蔡兴华那样具有左翼思想的"正面袍哥形象",也非像贺松那样在地方上无恶不作的地方豪强,而似乎是介乎于两者之间的一个袍哥首领。可以这样认为,蔡和贺是两种极端,雷可能最接近川西平原上大多数袍哥首领:注重个人势力发展,并从中捞取好处,同时也为地方谋福利。其实,从经济地位来说,雷应该是社会底层的一员,他自己也不过是一个佃户而已。可见,即使都是所谓的舵把子,他们之间的差距也是非常之大的。

沈宝媛发现,"望镇"的袍哥首领差不多就是两种人,一是地方上"有钱有势,有田地的阶级",另一种是"由自己的武艺所打来的天下"。显然,雷明远属于后者。他佃有40亩田,地主是住成都的尤家。在成都,有许多这样不在乡的地主,如"打倒孔家店"的先锋吴虞,在其日记中便经常有与佃户交往的记录,他也不时会去老家新繁县龙桥查看他的103亩田地。[12] 龙桥离"望镇"非常近,吴虞在去龙桥的半道,也经常在"望镇"歇脚(见地图1。即崇义桥,详见第十五章的考证)。雷明远一方面以"一个佃户的职业养活家小",一方面则以袍哥"大爷的身份在店上闲耍"。这里所谓的"店上",沈宝媛并没有说明,我估计就是前面提到过的"幺店子",即有若干户人家,有几个小店,如杂货铺、茶馆、烟铺、饭馆等,也是乡民经常休闲的地方(图5-1)。雷明远虽然是佃户,但是似乎自己并不亲自下田,所以有时间"闲耍"。[13] 雷明远不好饮酒,这在袍哥弟兄们中间算是比较另类了,但是抽烟很厉害。他终日在乡场上的茶馆里吃茶,并常与那些袍

图 5-1　一个乡村"幺店子",农民们在店门口歇脚。甘博拍摄于 1917—1919 年间。
资料来源:美国杜克大学 D. M. 鲁宾斯坦珍稀图书和手稿图书馆。

哥大爷或者小兄弟们推牌九、打麻将。大家用"隐密的暗语"交谈(第七章将讨论他们的语言),话题包括做生意、通音息,或者冒险经历,堂倌和其他茶客都不敢怠慢他们。[14]

　　按照共产党在土改运动中的阶级划分,佃户没有田产,当属于贫农一类。但是雷明远这个货真价实的佃户,自己不下田,请了一个长年老周耕种,一年付两石米,外加两万块钱的工钱;还经常请有四个短工,工资按日计。为了使我们对这个长工的工资水平有一点概念,我用其他一些资料进行比较。由于没有当时"望镇"的物价,我取成都附近郫县的米价,两地相隔不远,与成都的距离也差不多,应该物价相差不大。1945 年 7 月,即沈宝媛在"望镇"做调查的时候,米价是 18633 元一石。[15] 这里米价以石为单位,过去度量衡混乱,每石米的重量各地相差甚大。在江南,1 石约 140—160 斤,两湖的石较江南为大,四川的石又大于两湖。在晚清成都,1 石约 280—300 斤;1940 年代,大约 280 斤。[16] 就是说,长年老周辛苦一年大约可以挣 800 斤米。[17] 我曾经测算过,四川农民每人每年的食与用各项开支至少需要原粮 730 斤,五口之家即需要 3650 斤。[18] 因此,这个老周如果只是一个人过活的话,还勉强可以度日,如果要养活一家人,则不得不依靠其他营生增加收入。

川西平原佃田的比例非常高。据 1930 年代末的抽样调查,在全部耕地中,自耕面积仅占 19.28%,80.72% 是佃田。[19] 在"望镇"也是这样,"几乎看不见真正的地主们,这里都是大佃户,及佃农的所在地"。[20] 沈宝媛在这里没有说明什么叫大佃户,其实这是川西平原普遍存在的租佃形态。大地主一般都在城里居住,如果将田分租给佃户,在手续、收租等方面都有种种不便,所以都倾向于将数量较多的田地,直接租佃给一些大佃户,这些大佃户又将田分给其他小佃,形成了二重佃,所以租佃关系就变得复杂起来,形成了地主、大佃、小佃等多重租佃关系。"这样,大佃户得以保障生活。"[21] 他们的经济状况比一般小佃户要好,所以雷才得以养活那么多食客。需要说明的是,雷应该不是严格意义上的大佃户,一般我们所称的大佃户,是以转租为目的,但是雷却是雇人耕种,不过这样,他可以最大限度地得到佃田的收益。

沈宝媛还给我们描绘了雷家和雇工的关系,以及怎样经营这 40 亩田。暮春四月是插秧的季节,农民们忙着把秧苗插进田中,这是赶季节的活儿,所以短工都非常抢手,"各家争先恐后的请着得力的熟手来帮忙几天短工",雇主也非常优待辛苦劳作的雇工们。雷明远有一个有利条件,作为一个袍哥首领,"常会自动跑来一群会社中的小兄弟,帮忙栽秧的工作"。平时好吃好喝,除了冲锋陷阵,农忙季节也是他们做贡献的时候了。这是乡下最热闹的时候,人们在田里忙着,享受着春天暖洋洋的太阳,呼吸清新的空气,看着稻田由乌黑的土,变成绿油油的田,真是心旷神怡。哪怕农民从小就看着这些景色长大,也似乎永远看不够,因为里面包含着多少对丰收的期望,对未来的憧憬!对于从城里来的大学生,这个场面更是令她心仪,"新插好的秧在整齐的行列里随着春风,迎着田间缓缓的流水而动荡,煞是有趣"(图5-2)。[22]

短工们干活固然辛苦,但是却在这个时候得到最好的待遇,真正显示了他们劳力的价值。川西平原有"插秧酒"的风气,雇工一天吃五顿——三顿饭,两顿点心,中间的一餐是酒席,"这是主人对于雇工们的劳累,而有的一种感谢表示"。工资每人每天300元,但是在雷明远的田里帮忙的弟兄"却没有一个是要接收钱的"。按我们前面提到的,一石米当时要卖1.8万元,就是说劳作3个月,大概可以买一石半米。[23] 在这个时候,在成都喝一碗茶,大概是12元。过去,我们对地主存在极大的误解,在中国的革命话语中,地主作为革命的敌人被极大地歪曲了。虽然不可否认乡村存在土豪劣绅,但毕竟是少数,大多数地主(包括雇主),都是靠勤劳、精明、节俭积累财富,有的经历了几代人的辛劳。他们大多和乡民都有着和平相处的关系。思想"左倾"的沈宝媛,是不会刻意去描写或者夸大地主对短工的这种礼遇的,她不过是如实描述了过去乡村社会中的这种租佃和雇佣关系(图5-3)。

据沈宝媛调查,田里90%的收成,包括稻麦及主要菜蔬,"都是

图 5-2　农民在用龙骨车抽水灌田。甘博拍摄于 1917—1919 年间。
资料来源：美国杜克大学 D. M. 鲁宾斯坦珍稀图书和手稿图书馆。

图 5-3 农民在田里收获稻子,还可以看到农民的住房就在田地旁边。甘博拍摄于 1917—1919 年间。
资料来源:美国杜克大学 D. M. 鲁宾斯坦珍稀图书和手稿图书馆。

属于地主的"。到收成的时候,佃户"将定量的产品送到城内的主人家去"。这样沉重的"榨取"是佃户们"最大的负担"。如果遇着了自然灾害,无论是大旱、虫灾或者水淹,佃户们仍然必须"咬着牙补上不够的收成"。佃户只有资格保留杂粮和小麦,以"微弱的产量养活着他们的家庭"。虽然袍哥在地方上已经有一定的势力,但是却仍然无法逃脱被剥削的处境,正如沈所指出的:"地主剥削农民的情形即使是在一个袍哥的家庭也依然没有例外。"[24]

这种情况应该是超出了我们过去对民国农村的一般性认识,我们似乎难以相信，地方上像袍哥首领这样的有权有势者，怎么会仍然在经济上处于被剥削的地位？难道他们不可利用暴力迫使地主做出让步？这种情形，倒是提醒我们过去川西乡村契约关系的重要，遵守契约，是维持地方秩序稳定的一个必要条件。川西平原是一个独特的地方，在共产主义运动中，川西农村基本上没有扮演任何角色。我们看到从1920年代以来，在两湖、两广、江西等省蓬勃发展的农民运动，却都没有在川西平原出现。如果我们把历史追溯到更远，也很难看到从成都平原掀起的农民起义。其原因当然与比较稳定的生活状态，使人们不肯轻易铤而走险有关；不过这种从上到下的、人们对既定制度合法性的认可，以及乡村惯习的制约，也似乎扮演了重要的角色。

* * *

川西平原的地租形式有若干种，实物地租占统治地位，具体分为分成制、定额制和押租制。同时劳役附加租残余和由于商品经济而发展的货币地租并存，货币地租非常普遍，产品经常是折算成货币来缴纳的，所以佃农愿意以价值较高的大米抵租。[25]

佃农按当年生产的粮食产品的一个固定的比例交纳地租就是分成制，分成制实际是租佃关系的基本形态和原始形态。按地主供给佃户的耕牛、种子和其他生产工具的多少和有无，实物分成地租又可分为均分、四六分、三七分、二八分等。据研究者对巴县档案的分析，重庆府的实物分成租中，以对半居多，不等成分较少；而在不等成分中，又几乎都是主六客四的"四六均分"。[26] 实行分成制时，由于剥削率固定，农民为改善生产和生活条件，就会自动延长劳动时间和增加劳动强度，但由此增加的产品，却以分成的形式，也要被地主占去一部分。

定额地租即按田地大小规定地租数额的租佃形式，定额租的租额一般按分成租的最高额确定。在乾隆时期，定额租制已代替分成租制而成为四川地租的主要形式了。由分成租过渡到定额租，农民生产独立性加强，由于租额固定不变，收成好坏并不影响地主收入，因而地主给予了佃农较多的种植自由权。佃农改进生产技术，增加劳动强度，延长劳动时间所增加产品全部归己所有，这种租佃形式刺激了佃农的生产积极性。另外，定额也并非是一成不变的，在因灾害造成歉收时，有时定额地租也可改为主佃均分。

由于佃农对地主依附关系削弱，地主企图以经济手段来保证自己的利益，于是押租制就应运而生。押租制即佃农必须向地主缴纳押金才能佃种土地，地主以此防范佃农抗租，并在人多田少、佃农"乞田而耕"的情况下趁机苛索。四川可以说是押租最发达的地区，押租钱一般为地租的1.5倍。与押租并存的还有另外一种类似形式——预租。预租与"欠课扣抵，辞地还钱"的押租不同，它已具有地租性质，即先预付第一年租钱，以后每年预付次年的租钱或隔年预付租钱，也有的在每年收成后纳实物作为第二年租钱。

清代由于商品货币经济有了较大发展，在实物定额租居主导地位的情况下，出现了地租支付方式的变化，即由实物地租向货币地租发展。据对重庆府租佃关系的研究，清中期实物地租与货币地租并行，嘉庆以前大约实物地租占80%—90%，货币地租占10%—20%；嘉道年间实物地租占60%—70%，货币地租占30%—40%。[27] 一般来讲，货币地租在经济作物区要多一些，而粮食作物区要少一些。[28] 在川西平原，水稻是最重要的农产品，故以稻谷为主要收租计算单位。

应该说明的是，沈宝媛上面提到的地里 90% 的收成归地主，容易产生误导，我们要注意这里所说的是"稻麦"，而其他产品，特别是杂粮，佃户留下的比例大得多。川西平原的纳租习惯，以水稻为主，佃农所得不过是水田收获量的十分之一到十分之三，如每亩产谷 2 石，则纳租谷 1 石 6 斗，即 80% 交租了。如果只看稻谷，这个比例非常高，但是小春和杂粮则全部归佃农，包括蔬菜、小麦、菜籽、红薯、玉米、胡豆等。在华北平原，一年只能一熟，而川西平原一年两熟，加上土地肥沃，灌溉条件好，收成有保障。所以尽管田租收取了稻谷的 80% 以上，但是佃农仍可以靠小春作物、杂粮和经营副业为生。因此，如果把小春杂粮等计算在内，佃农一般交给地主的地租为 50% 左右。[29]

五口之家的雷明远，佃田 40 亩，在当时可以衣食不愁，但也远谈不上富裕。佃农一般租地多少可以为生呢？这往往视经营能力而定；即取决于缴纳地租之后，是否还有足够剩余产品，维持再生产和最低生活水平。超过最高限量，则无力经营。当然，如果是我们前面提到的那种大佃户，情况则不同，他们可以把地再转佃给其他小佃户耕种。如前所述，四川农民每人每年食与用各项开支至少需原粮 730 斤，五口之家即需 3650 斤。按清前期亩产 118 斤算，自己要消耗约 31 亩的粮产。按收成的二分之一交租算，那么最少需佃 60 亩左右。随着生产力水平的提高，租地限量也发生了变化。清中期亩产达到 151 斤，最低佃田量为 48 亩；清末亩产达到 215 斤，那么最低佃田量为 34 亩。[30]

在一般情况下，佃农实际租地面积在最低限量之上。当然，地田有肥瘠，租额有高低，气候有好坏，技术有先进与落后，此外还有经济作物与粮食作物之分等，因此这个最低佃田量也应是上下浮动的。那些有能力经营最低限量以上土地的佃农，至少能够得到自己的剩余劳动和剩余产品的一部分，显然，这就为佃农的积累和经济发展提供了可能。民国时期，由于川西地区农业的过密性发展，亩产已经没有多大的发展空间，因此总体亩产量和清末相比没有大的增长。对雷明远来说，地里所产，必须精打细算，方能有所积蓄。但是他的袍哥身份使他无法节省开销。后面我们将看到他所面临的深刻危机。

雷家的这种身份，也挑战了过去我们对农村阶级划分的认识。土改时期共产党对农村的阶级划分，包括地主、富农、中农、贫农、自由雇工。一般佃农都是划归贫农。但是，雷家应该算什么身份呢？农村阶级划分前三项，都是指土地占有者，这显然不适合于雷明远。他也不属于后两项，虽然他没有田产，但是却雇有长工和短工，俨然和地主富农一个档次。其实，他更像一个小农场经营者，他的收益是靠经营，而不是靠田产。[31] 如果他经营得当，则收益足够养家，甚至还可以资助一帮袍哥小兄弟。反之，则可能面临破产。后面我们将看到，雷明远最后也是由于经营不善，而面临破产的命运。

第二部分

地方秩序

第六章　精神的世界

乡村人们的生活，总是和神灵联系在一起。家有灶神，乡有"社公"（又称"土地"），城有城隍。沿着"望镇"的河坝，有一条曲折的小道，两旁长着树，道边就树立着一尊佛像，在受现代西方科学教育的沈宝媛看来，"这是一个迷信的代表物"，但是对于乡民来说，却是必不可少的精神寄托，它是"专为死魂超度所用，同时也是镇压邪气的祭祀品"。[1]

当沈宝媛去过雷家以后，也觉得"迷信的思想在雷家迷漫着"，堂屋正中的神龛，驱邪的香，"均表现全家具有信奉鬼神的迷信色彩"。街邻中也不时会传出一些碰到鬼神的新闻。夏天大河涨水，冲走了土地庙的菩萨石像，"大家争相诉说着，这是因为土地公公与婆婆吵了嘴，所以籍[藉]此分家"。土地庙可能是中国最常见的小庙，几乎在任何一个村庄、乡场、城镇都可以看到，土地公或者土地神也是乡民最经常祭祀的神，人们一般直接称其为"土地"，也称为"社神"，还有不少人家在家里祭祀土地（图6-1、6-2）。[2]人们认为土地是一方土地上的守护神，可以说是最接近人们生活的大众信仰。

图 6-1　一座四川乡村小庙。甘博拍摄于 1917—1919 年间。
资料来源：美国杜克大学 D. M. 鲁宾斯坦珍稀图书和手稿图书馆。

图 6-2 一座驱鬼石像。甘博拍摄于 1917—1919 年间。
资料来源：美国杜克大学 D. M. 鲁宾斯坦珍稀图书和手稿图书馆。

乡民还信奉驱邪、消灾、巫医、端公等仪式。雷大娘曾讲到，女儿淑英有一次重病，昏迷不醒，赶快拜了一个"同属性"的干妈。这里所谓"同属性"，显然是指生辰、八字、属相、克相、凶吉等等。拜干妈有一套送礼的规矩，先由干女家送去一刀肉、几十个鸡蛋、一双袜带、一对红烛、一把香，由雷大娘扶着病中的女儿去干妈家，点好了红烛与香，向干妈叩头，干妈受了礼，给干女家一千一百块钱。拜干妈以后，淑英的病就好了，所以雷大娘对这个仪式的效力深信不疑。[3]

"接灵官"是另一种驱邪活动，即凡演戏前由一些艺人站在灵官像前，"照样装束，鼓锣迎归，登台说神话，说毕收戏，谓之灵官扫台，不如此不能驱除鬼怪也"。又如"捉寒林"，寒林是传说中相貌凶恶的旱魃魍魉之类，凡遇有瘟疫或者得病死者，便找一个乞丐，装作寒林，藏在墓地的草丛中，众人将"寒林"捕捉回来，囚在笼中，以此来驱邪。再如"收鬼"，如果遇家里有人病重，则请端公跳神，端公称有鬼，必须收鬼病人才能痊愈。他取一小瓦罐，开始作法，然后说鬼已经收进罐中，将罐封闭后埋于百步外，或者倒悬庙中，有的则置于石牌坊上。人们在路边会看到石牌坊上，瓦罐重重叠叠，可见"收鬼"活动的频繁（图6-3）。[4] 当然，在沈宝媛看来，这些都是"迷信"活动。傅崇矩在20世纪初编的《成都通览》中，也把这些活动归在"成都之迷信"的类别中。在20世纪上半叶，随着现代化和西化的推进，精英经常使用"迷信"这个词，去描述大众宗教和风俗，带有明显的批判和鄙视的意味。

在川西平原的农民家中，人们还在家里供奉天地君亲师、历代祖先和去世的父母，还有其他杂七八杂的神灵，如门神、观音、弥勒、泰山石敢当等。各乡都有神祠，以观音、文昌、关帝、财神等为最

第六章　精神的世界 — 095

图 6-3　乡村大路边的神龛和石柱。甘博拍摄于 1917—1919 年间。
资料来源：美国杜克大学 D. M. 鲁宾斯坦珍稀图书和手稿图书馆。

多。拜神经常是季节性的，还有就是传说中的神的生日等。在民俗中很能代表地方特色的就是各地的时俗，即岁时节令，是民间文化的重要组成部分。人们在长期的生产和生存活动中，认识到了物候变化与时序节令之间的密切关系，并将它们与社会生活结合起来，糅合成带有纪念、祈福、祭祀、驱邪、禁忌、娱乐等功能的节日民俗。一般时节与农忙错开，双抢、秋收等农忙时无重大节日，特别是没有持续时间长的活动，以保证生产的正常进行。农闲时的节日则有利于恢复体力、调整节奏。节日多在场集活动，届时远近乡民都要赶会，无疑也促进了市场贸易。

另外，许多时俗与生产直接有关。如农忙前举行节会，既可准备农具，也提醒大家时节来临，不可错过农时。农忙后庆祝丰收，祈求来年风调雨顺。时俗丰富了民间精神文化生活。在自给自足的自然经济支配下的农民，日出而作，日落而息，生活单调、精神贫乏，只有在节会上得到文化享受，满足较高层次的心理需要。特别是川西平原分散的居住形式，需要有定期的共同性、聚集性的活动，以满足人们社会交往的心理需要。

川西平原上的几乎每一个县志，都记载了乡民们的各种节庆活动。正月初一元旦，祀神祇、祖先，拜尊长，上冢墓，亲戚互相拜贺；正月初九观音会，乡民到观音寺拜观音；正月初九至十六上元会，街头演百戏，张灯火。二月初三文昌会，士人宴客赏玩。三月清明，扫墓祭祖。四月初八浴佛会，人们将鱼、龟、鸟等放生。五月初五端午节，包粽子，在门上悬蒲剑和艾虎，饮雄黄酒，龙舟竞渡；初十三关帝会，乡村多演戏庆祝；初二十八城隍会，城隍出驾，演戏。六月初六晒衣会，晒衣物、书籍防虫蚀。七月初七土地会，各家祭祀土地，这天也是乞巧节，夜陈酒和水果于庭，拜织女乞巧；初十五中元节，祭祀祖先。八月初十五中秋节，团圆，赏月。九月初九登高会，饮重阳酒，登高。十月初一牛王会，做米团系牛角以犒劳其辛苦。十二月初八，腊八节，吃腊八粥。十二月二十三至除夕为年节，祭灶、清扫、易桃符、守岁。

庆祝节日总是夹杂着宗教崇拜仪式。当春节临近，在阴历十二月二十四日人们拜灶王爷，据说灶王爷在年前要上天去给玉皇大帝磕头，在除夕返回，人们则彻夜不眠，曰"守岁"。大年初一清晨，各家各户、各商店开门迎东来的财神。各店铺都换上了新门神，店内的尘埃扫除一净，以把过去一年的不幸一同清除（图6-4）。清末来四川的传教士J. 威尔（J. Vale）便注意到："在众神中，门神为主，其为各阶

图6-4 门神。"唐代胡帅"即尉迟敬德,又叫胡敬德。唐代以后,与秦叔宝一起,成为门神,被视为能镇邪驱鬼。
资料来源:作者1997年购于成都。

级所供奉。"节日期间，家家户户都备酒和鸡供奉财神和土地神，烧香磕头，说吉利话，如一首竹枝词描述：

> 只鸡尊酒算奇珍，
> 祭罢财神又土神。
> 只恐旁人忘忌讳，
> 不祥语至最堪嗔。

由此可见，大众宗教仪式成为人们节日庆典的重要部分。[5]

* * *

和他们所处的地域文化一样，袍哥有自己的精神世界。五月十三单刀会是袍哥的一个重要日子，"望镇"袍哥在土地庙里集会。这天是传说中关羽的诞生日，要祭祀关神，同时"惩戒犯罪或有过错的兄弟"，犒赏有功者，举行新会员的入会仪式。之所以袍哥的这个典礼称为"单刀会"，是因为单刀乃关羽当年使用的武器。所以在会场的架子上要挂一把关公的月牙刀，周围点燃香烛。舵把子佟念生坐正中，其他的袍哥首领在两边按次序就座。仪式开始，由舵把子喊弟兄们迎接关神，仪式都是非常程式化的：

首先喊三哥，三哥回报："关圣人已出南天门"。
然后喊管事，管事回报："关圣人已到半路程"。
继则老么[幺]言："关圣人已到门外"。

大爷喊二哥迎接,挂起关羽像,如是叫弟兄们敬神。

再由二哥赞叹关神,

一首诗:

"圣贤圣贤,

接[结]义桃园,

忠肝义胆,

万古流传"。

二首诗:

"圣贤圣贤,

荆周[州]保全,

徐州失散,

古城团圆"。[6]

第一首诗是家喻户晓的"桃园三结义"的故事,由于单刀会的重要议程是接纳新成员,即歃血为盟,所以重复这个故事是有必要的。第二首诗却是回顾关羽叱咤风云、忠心义胆的经历。第二句"荆州保全"是指建安十八年(213),刘备挥师入川,留关羽、张飞、赵云、诸葛亮共守荆州。次年,刘备召张、赵、诸葛入川支援,荆州只留关羽驻守。刘备平定蜀地后,以关羽督荆州。第三句,"徐州失散",讲的则是更早时期的故事,建安五年(200),曹操从徐州征讨刘备,刘备仓促应战,被曹军击溃,妻子被俘,刘备部将关羽又于下邳(今江苏睢宁西北)被迫投降。第四句,"古城团圆",乃是指动人心魄、充满英雄气概的悲壮故事——"千里走单骑"。曹操爱关羽的忠义与武艺,厚待关羽,拜为偏将军,封汉寿亭侯,但关羽"身在曹营心在汉"(这个成语今天仍然广泛地运用在日常语言中)。为报曹操知遇之恩,他策马万众之中,杀颜良,诛文丑,解曹军白马之围。曹操越发喜爱关羽,派关羽同乡张辽劝说,关羽答曰,曹公待我不薄,但我与刘备立誓生死与共,永不背叛。在打听到刘备下落后,关羽毅然纵马离曹归汉,曹操部下们一路拦截,但关羽凭借一己之力,过五关,斩六将,最后在古城和刘备相会。

许多世纪以来,关羽的故事在说书和戏剧中得到栩栩如生的演示,特别是脍炙人口的《三国演义》中,关羽的事迹演变成传奇故事,因其忠诚、勇敢、正气而为人们所传颂,以至于传说中"袍哥"这个称呼的来源,便和关羽有关:曹操把关羽留在帐下,虽然给了他不少华贵的衣物,却发现他总是穿着一件旧袍。问何故?答曰,旧袍系结拜兄弟刘备所赠,故十分珍惜。后来人们称结拜兄弟为"袍哥"。袍哥认为自己是汉代人的后裔,故自称"汉留"。[7] 当然还有另外一种解释,说"袍哥"一词来自《诗经》:"岂曰无衣,与子同袍",意思是"同一袍色之哥弟也"。因此民谚称:

> 你穿红来我穿红,
> 大家服色一般同。
> 你穿黑来我穿黑,
> 咱们都是一个色。[8]

袍哥把三国刘关张"桃园三结义"视为他们的鼻祖。关羽在民间文化中,逐渐演变成"战神",对于崇尚武艺和暴力的袍哥,无疑象征着非凡的力量。而且袍哥是为反清复明而出现的,而关帝是"汉"的代表，故有着强烈的政治凝聚力。虽然辛亥革命后清王朝已经覆灭，但是反满的传统和文化却流传下来。杜赞奇（Prasenjit Duara）对华北的关帝崇拜有着深入的研究，厘清了关羽从人到神的演变过程。他引用了这样一个故事来追溯关帝崇拜的起源：一天夜深人静时，僧人智颛（538—597）正在山上一棵大树下参禅，寂静中突然听到一个低沉的声音："还我头来。"僧人抬头，看到一个人形鬼影，认出是这座山的山精关羽。僧人提醒他别人也被他砍过头。关羽始觉悟到这是因果报应，赶紧向僧人请教，并为僧人建了一座寺，护卫这座山。后来山民们为关羽建了一座庙，每年在庙里献祭。关羽逐渐变成了财神、庙宇的保护神以及艺人、秘密社会和其他许多行业的保护神。

最早的关羽庙是湖北当阳县的玉泉庙（建于713年），据说他就是在那里被杀的。在以后的几个世纪中，有些奇迹故事被与玉泉庙中的关羽联系起来。僧人们把关羽当作寺庙保护神是在9世纪。在宋代，道士也把关羽视为保护神。从宋代开始，中华帝国就不断地给关羽慷慨赠予荣耀的封号。在北宋南宋之交，关羽作为神的地位由"公"升为"王"。在元朝，他脱胎成为官方承认的战神，到1615年更被封"帝"号，称为关帝。明朝将北京的白马寺作为官方级别最高的关帝庙，把关帝当战神崇拜。[9]

显而易见，关羽的这些故事对于袍哥弟兄们有多么巨大的凝聚力和号召力。在开会的时候，他们的仪式其实采用了中国风俗中传统的"招魂"模式，他们想象（或者他们相信），这个仪式能够把他们心目中的英雄和保护神请到现场。英雄（或关神）的到来，赋予他们一种力量、一种正义，或者一种合法性，和神产生一种精神的交融、义气的沟通。这样单刀会的各种议事日程，才具有权威性。而且，在这样的气氛下，这种仪式有着巨大、神圣的力量，起着凝聚成员、同仇敌忾、鼓舞士气的作用。袍哥的这些信仰，是他们能够团结一致的重要支柱。在清代，这种信仰是民族主义的支撑；辛亥革命以后，反满不再是他们的目标，那些早期的革命信仰，转换为他们身份认同的重要基础。这种革命信仰，和大众宗教崇拜（特别是关帝崇拜）结合在一起，成为非常有效的黏合剂，保证了他们对自己的组织及其成员的无条件忠诚。

第七章　神秘的语言

E.霍布斯鲍姆在研究"盗匪"时候，指出实际上许多"盗匪"都像罗宾汉故事里面的那些好汉一样，处于农业社会的边缘，形成了自己独特的群体，还建立了独立的语言体系，即我们所谓的"黑话"。[1]这是东西方秘密社会的共同之处。以其独特的语言进行沟通，既保护其秘密不被暴露，也是身份认同的一种工具。

沈宝媛在调查中发现，袍哥在日常生活、仪式、联络等活动中，经常使用独特的词语，这就是我们所说的"黑话"或者"隐语"。她在报告的"附录二"中，对袍哥内部关于自己身份认同的一些词语也有说明，指出袍哥不少说法都是源于"民族精神"和"革命思想"，这里皆是指反满反清的革命。她列举了四个词。"袍哥"——《诗经》云"岂曰无衣，与子同袍"，言其相爱与兄弟同袍泽之意；"汉留"——汉族遗留，复明灭清之意，并示民族革命精神，万世永存；"光棍"—— 一尘不染谓之光，直而不曲谓之棍；"袍皮闹"——以袍哥称"皮"，皮者革也，即"改革之意，政治腐败宜革，社会不景气宜革，教育不良宜革，思想不良宜革，汉留所负使命为改革"。就是说，他们对现状不满，要求改革；"袍皮闹"者就是闹出他们自己的"世界"的意思。[2] 沈宝媛在论文的附录五"袍哥隐语举例"中，列举了当地袍哥使用的22个词语。

理解他们所使用的语言，可以帮助我们了解袍哥的历史、自我认同和行为方式。就袍哥而言，我们可以从他们自己的语言和文书规则中找到他们的声音，揭示他们的活动，为我们理解他们的思想、行为、组织、成员、内外关系以及政治文化打开一扇窗。[3]

袍哥是作为一个反清复明的组织出现的，在长期的反清斗争中，他们需要不断与清政府进行周旋，需要不断扩大自己的队伍，因此他们逐渐创造了自己独特神秘的联络沟通手段。《海底》也为袍哥的各种用语提供了依据。袍哥举行会议或新成立一个公口，称之为"开山堂"，或"开山立堂"，或简称"开山"。这种表达与袍哥所认同的早期历史有关。袍哥的总部经常被称为"码头"，但"公口"更为常用。按照他们自己的说法，"全体同意谓之公，出入必由谓之口，公口即全体出入的总部"。[4] 诸如此类的术语都反映了成员间的紧密关系。

袍哥的这些词语经常表达了他们的政治倾向。这个组织及其成员都以"汉留"自居，这其实是反满意识的一个强烈表达。"汉"这里是汉族，以别于满人。"留"则是"遗留"，即明代的汉遗族，他们肩负着反清使命。也可以是"流"，即"以明我是汉人之流，非满人之流也"，即指袍哥自己。另外，也可以是"刘"，即汉朝的皇姓，不过主要是指三国时的蜀主刘备。刘、关、张"桃园三结义"的故事在中国家喻户晓，对袍哥也有极大影响。刘备的故事在四川有着深厚的文化根基，桃园结义的传奇故事，成为袍哥们的榜样，加强了兄弟情谊。正如其一首诗所表达的：

三仙原来明望家，

>英雄到处好逍遥。
> 昔日桃园三结义，
> 乌牛白马祭天地。[5]

因此，"汉留"这个词把袍哥与古代的英雄、反满政治以及四川的地域文化联系在一起。不过，《汉留全史》宣称"汉留之崛起，始于郑成功之金台山"，也就是说，刘师亮认为，郑成功在台湾金台山开创了"汉留"这个概念的先河。[6]

袍哥与汉代、汉族、大明扑朔迷离的联系，成为其秘密语言的重要部分。袍哥"盘《海底》"时，通过十分隐蔽的会话方式，揭示了其政治意识的起源。下面是许多诸如此类的问答之一：

> 问：创兴汉留为何人？实行者为何人？
> 答：创兴者为王船山，实行者为郑成功。
> 问：郑成功于何时起手？于何地实行？
> 答：郑成功于顺治十八年起手，于台湾实行。
> 问：汉留既由王船山创兴，何以不尊王船山而尊郑成功？
> 答：王船山为理想家，郑成功为实行家，汉留不重理想而重实行。[7]

此类盘问可以无穷无尽，涉及袍哥历史、传说、信仰、文化、行为等各个方面。因此，一个成员必须熟悉这个组织的各种秘密，否则难以为对方所信任。值得注意的是，按照《海底》的说法，是王船山创造了"汉留"的概念，但是他没有能够把这个概念转变为一种组织形式，而这个任务是由郑成功来完成的。当然,这个说法和历史本身究竟有多少关系,目前已经很难下判断。

袍哥的隐语有各种叫法,其名称与他们使用的文本和秘密活动的方式有关。由于他们的经典为《海底》,因此他们的隐语又称"盘《海底》",或叫"亮底""切口""春点""与天同姓"等。[8]其秘密语言对袍哥来说至关重要,因此他们说:"宁给十吊钱,不把艺来传;宁给一锭金,不传一句春。"[9]成员之间的沟通经常是隐语与暗号同时进行,最常用的暗号被称之为"摆茶碗阵"。当然,如果他们的联络地点是在酒馆,那么则用酒杯;如果在饭馆,则以饭碗代之。

除了摆茶阵和吟诗外,袍哥也用手势,即使"对面不相识、不相交一言之人,赖一举手之微,即知其为自己弟兄,而发生'生死与共'之义气"。据称手势是"百千万变",不像隐语可以写出,而"必须亲为传受,亲为指点"。例如关于"五行"是如此表示的。两脚并拢,双手在头顶相交,代表"金"字;站立,双手在腹部交叉,代表"木"字;蹲下,双手放在膝盖上,代表"土"字;马步,双手举齐耳,手心向上,代表"火"字;马步,双手叉在腰部,代表"水"字(图7-1)。[10]如果说隐语受标准语言和行业语言的影响的话,那么肢体语言则是由秘密社会自行发明的,充分反映了其采用各种手段进行沟通联络、生存,以及开展种种活动的能力。

*　*　*

袍哥秘密语言的最后形成是在19世纪。秘密社会使用的语言在中国称"黑话"。在中文字典中,"黑话"被定义为:"帮会、流氓、盗匪

图 7-1 用身体显示"金""木""土""火""水"五行的概念。
资料来源:李子峰编:《海底》,第 269 页。

等所使用的暗语。"[11] 隐语在中国有很长的历史,早在唐代便有各种行业秘语。在宋元时期,像妓女、赌徒、土匪、盗贼等"下流"社会都创造和使用自己的秘语。在清初,隐语日益与当时的政治联系在一起,更多地被反清秘密社会所使用,包括三点会、天地会、哥老会、洪门等。随着地下反清运动的发展,有人编印了《江湖切要》,其中包括 34 类,约 1600 字。19 世纪 80 年代,卓亭子对其进行重编、扩展,称《新刻江湖切要》。[12] "江湖"或"跑江湖"是对那些流荡四方谋生的人的统称,例如算命先生、江湖郎中、阴阳先生、游方和尚道士等,他们都分别有自己的行话。显然,这些行话对袍哥的隐语有着强烈的影响。

因此,虽然袍哥有自己的隐语,但与江湖话也有相通之处。傅崇矩在 20 世纪初编撰其《成都通览》时,在"成都之袍哥话"一栏加了一个注,称"即江湖话也"。[13] 这个注也说明了袍哥隐语与江湖话的关系。根据语言学家的定义,暗语(隐语)"不仅借用标准的主流语言,而且具有不同社会环境、不同社会团体的行话的因素"。[14] 不过应该指出的是,当傅崇矩编撰《成都通览》时,袍哥是非法的、为清政府明令查禁的组织。傅崇矩作为一个改良精英,把袍哥黑话列入江湖话一类,有其政治动机。把袍哥与江湖盗贼等列在一起,与官方关于袍哥的话语一致。不过他始料未及的是,短短几年之后,袍哥成为倾覆清朝的主要力量之一,并在辛亥革命后一度得以公开活动。

隐语是一种非常有效地把本组织成员与他人区别开来的工具。与此同时,它也促进了袍哥成员的身份认同。一个袍哥进入另一公口之势力范围时,必须拜码头。在19世纪,W. 斯坦通(William Stanton)调查并记录了拜见和盘问的具体方式:"有时盘问使用律诗,但经常并不把诗吟全,仅一两个字,便会其意。"斯坦通还描绘了各式各样的盘查方法,例如"放置、递交茶杯、烟杆、鸦片烟枪等,互相观察其动作"。[15]

沈宝媛的老师廖泰初在他1947年关于四川哥老会的英文论文中,描述了这样一个场景:如果一个袍哥成员同当地袍哥首领在一个茶馆会面,他进入茶馆后,找一张空桌坐下。茶端上来后,也不急着喝,而是把茶盖斜放在茶托上,不吭一声坐着,表示等着什么人。从其姿势,堂倌便知道他可能是同道中人,便装着不经意地问道:"从远方来?"于是造访者报出姓名和公口,由"熟悉袍哥这种程序"的茶馆老板报告给管事,管事则出来,"向那位避难者盘问各种问题,回答必须恰当,用词准确。如果他证明他冒犯了政府法令,管事便将收留他,或给他提供盘缠、衣物等,使他能够到达另一目的地"。[16] 这种秘密的沟通方式,也为袍哥扩展实力提供了保障,在此过程中,各公口间的交往也日益增多。对于袍哥来说,特殊的联系方式对他们的活动,就变得十分重要。

袍哥成员对《海底》的熟悉程度，显示了他们在组织中的地位、经验以及能力，并成为一种验证来人身份的特殊的沟通方式。一个到访者可以用这个方式自我介绍："龙归龙位，虎归虎台。启眼一看，在坐有会过的，有没有会过的。会过的重见一礼，没有会过，彼此问候……"然后通报姓名、公口、头衔等。桌边的其他袍哥也同样做介绍。按照他们自己的说法："人不亲，行道亲；行道不亲，社会（汉留）亲。"[17]公口接待的来客可能有各种需要，一些不过是游历四方，一些为差事奔波，一些因冲突而求援，一些犯事而逃遁等等。对那些犯有命案的袍哥，一般是给够盘缠，让他们尽快离开。因此，袍哥来到某个地方，总是能得到当地同仁的帮助，或获财物，或得保护。这个传统成为使袍哥们精诚团结的黏合剂，也使这个组织更具吸引力。

一些19世纪末20世纪初的文献记录了袍哥"盘《海底》"的问答。例如：

问：阁下由哪里来？

答：由昆仑而来。

问：向哪里而去？

答：木阳城而去。

问：木阳城有多少街巷？

答：有三十六条大街，七十二条小巷。

问：有什么景致？

答：东门三灶十八锅，西门三锅十八灶……

这些问答经常提到"木阳城",其实这不过是袍哥山堂的另一个说法。斯坦通对此类盘查也有记录,仅以头发这个话题,便可变化多端:

> 为何你头发蓬乱?
> 因为我在桃子树下生;
> 为何你头发有边缘?
> 因为我刚去灭了火;
> 为何你头发是湿的?
> 因为我刚出生;
> 为何你头发上有许多蜘蛛网?
> 这些不是蜘蛛网,而是五彩绸。

诸如此类,不一而足。有时一个袍哥故意在街上与某人相撞,如果那人也是同伙,便会叫道:"你瞎了眼呐?"这袍哥回答:"我才不瞎,我眼睛比你的还大。"[18]

几乎每个加入袍哥的人都必须参加模仿"桃园三结义"的仪式,这也成为袍哥的一种象征。袍哥称他们自己为"光棍"——"一尘不染谓之光,直而不曲谓之棍。光者明也,棍者直也,即光明正直之谓也"。显然,他们认为自己是光明磊落、正直无邪的人,这与上面提到的傅崇矩的定义形成了鲜明对比。其实,"光棍"一词在汉语中从来都有贬义,显然袍哥给这个词赋予了新的意义,这也是"反文化"(counterculture)或"次文化"(subculture)经常出现的现象。一般来讲,"光棍"是指那些无家无业的亡命之徒,经常还与地痞流氓联系在一起。但在袍哥的语言中,"光棍"成了义无反顾的豪杰。[19] 对袍哥来说,身份认同十分重要,什么背景,从哪里来,到哪里去,干什么活,为谁卖命等等,都是马虎不得的。敌友仇朋,界限分明,生死攸关。如果某人试图混入袍哥之中,但缺乏对《海底》的钻研,往往难以得逞。袍哥称这些人为"空子"。"空子"可能被怀疑是政府或仇家派来的奸细,往往会遭严厉惩罚,甚至被处死。

正如我们所知,家族、会馆、行会等在传统的社会共同体中扮演了重要角色,但许多边缘化的人群则没有相应的组织保护他们的利益,而秘密社会的出现满足了这种需要。袍哥为这些边缘化的人们建立了广泛的、有效的社会网络。一介卑微农夫或小贩一旦加入了袍哥,便入了"园"(即"桃园"),也有了"皮",成为"光棍",因此便进入了受保护的网络。正如谚称:"一个光棍,十家帮忙。"没有"皮",便会被认为是"空子",处境当然不妙,正如另一谚云:"行家抬三分,空子压三分。"加入了袍哥,又称为"海了",或进入了"圈子"。其姓名会通报给公口的各成员,广而告之,这个过程,又称为"走红单"。在城市中,袍哥经常控制了街头邻里,俗称"皮管街"。这个现象如晚清做过知县的周询所称:"省城治安在未设警察之先,悉由成、华两知县负责。两县各就所管街面,划分区段,设立街班,即差役中之一种也。"另外,成都还有"城守营"维持治安,全城分区段,每区段设海察一人,而"街班、海察无一非哥老会中人"。[20]

* * *

据语言学专家 W. 勒斯洛(Wolf Leslau)的研究,黑话一般有三种形式:一是"以标准语言为基础",但"对其发音和字形进行各种改变";

二是在发音和字形上保持标准语言原状,但"赋予新的意思";三是语言的借代。[21] 从袍哥的秘密语言中可以看到全部这三种形式。从第一种形式看,袍哥为保密发明了许多特殊的汉字,其方法也很多样。他们有时去掉一个字的偏旁,有时生造字,有时借用同音字,有时把若干字组合为一个字,有时又把一字拆为若干字,等等(图7-2)。因此,即使袍哥的信件落入他人手中,也不会暴露秘密。那些新造字或改字称为"隐字",如:

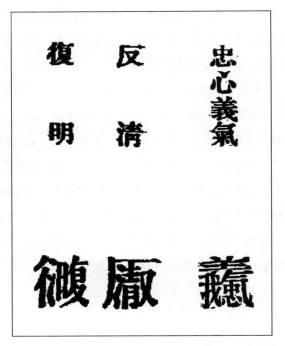

图7-2 秘密会社的隐字:上右"忠心义气"组成一个隐字(下右);上中"反清",组成一个隐字(下中);上左"复明"组成一个隐字(下左)。
资料来源:李子峰编:《海底》,第267—268页。

"满"——"涌",

"清"——"三月"

"明"——"汩"

"洪"——"三八二十一"

"天"——"三十六"

"会"（會）——"一百八"

"顺天转明"——"川大车日"

"顺天行道"——"川大丁首"

这样，反清的字句和口号，对外人来说变得毫无意义。甚至还可以以诗代字，如"金兰结义"（金蘭結義）写成：

人王脚下两堆沙，

东门头上草生花。

丝线穿针十一口，

羊羔美酒是我家。

据《海底》称："凡属会中隐字之制作，大抵皆为最重要之事项，如颠覆满清以及会中特别重视之行为等。"这些隐字经常出现在袍哥的"传帖"中，传帖有两种形式，一为召集同伙的竹片，上书或刻写集合的时间地点。另一种则形式多样，目的也各有不同，如召集行凶或请求安顿住宿等。除了隐语，一个袍哥到了新地方，还必须出示"红飞黑片"，这便是他的身份证或证明书。如果是紧急事务，则将一片鸡毛粘在信上。此类信多用隐字书写（图7–3）。[22]

114 —— 袍 哥

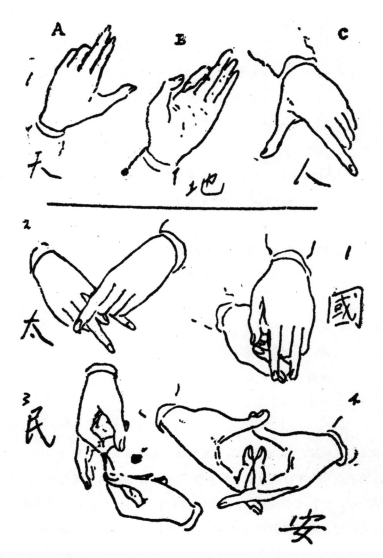

图 7-3 秘密会社的手语。上从右到左:"人""地""天";中从右到左:"国""太"[泰];下从左到右:"民""安"。
资料来源:李子峰编:《海底》,第 270 页。

袍哥的语言也有许多属于勒斯洛的第二种模式,即把人们日常所用词语赋予新的意思。其方法也各式各样,经常采用的方法有比喻,如袍哥的管事或军师被称为"提烘笼",大抵他们经常手提一只烘笼。袍哥的大爷控制着公口,称为"舵把子",因为他决定着组织的未来和方向。或许袍哥与江湖有着千丝万缕的联系,所以用词经常与水有关,其总部称"码头",拜见当地袍哥头目称"拜码头",在袍哥谋事称"跑滩",被政府追捕称"水涨了",情况紧急称"水紧得很",消息走漏称"走水了"。[23] 不过,袍哥的许多词和短语意思的变化也并无规律可循,经常是临时起用以保守秘密。

第三种形式是借代,也很普遍。袍哥时常把地方方言、行话等为己所用。袍哥有各种背景,这为他们的语言提供了用之不竭的丰富资源。他们掩盖违法行为的语言多来自这个途径。他们竭力避免说"杀"字,而以其他较隐蔽的字代替。如把某人扔进河里,称"把他毛了";活埋或暗杀,"传了";杀某人,"做了"或"裁了"。这些说法都借自工匠、理发匠、屠夫等行话,还有很多则直接采用盗贼的语言。如果他们计划行窃,称之为"摸庄",或"写台口""看财喜"等。领头行窃的人,称"抬梁子"。绑架小孩以索取赎金,称"抱童子";绑架妇女,称"接观音";绑架富人,称"拉肥猪"。抢窃后坐地分赃,称"摆地坝"。如果得到几个银圆,便说得到了几只"肥母鸡"。由于他们有这些行为,所以傅崇矩指出袍哥的隐语也包括"贼话在内,吾人不可不知。如出门,遇有人说此等话,即宜远避,以免中害。彼等话语甚多,书不胜书"。[24] 根据他们的这些语言,像傅崇矩这样的批评者,便判定这个组织有暴力和犯罪倾向,也给政府极好的借口对其进行取缔。

第八章 在茶馆"讲理"

袍哥在解决地方的各种纠纷中,扮演着重要角色。沈宝媛发现,这个集团可以有"社会制裁",范围非常之广,遍及"法律、信仰、教育、风俗"等方面。[1] 袍哥的这种"社会制裁"可能与中国传统过去存在的"宗族制裁"有一定联系,但它涉及社会生活方方面面,远远超出了宗族的范围,而成为一个地方社区的活动。"吃讲茶"或称"茶馆讲理"是由袍哥来判断和解决民事纠纷,有着非常重大的意义。沈宝媛的调查报告没有直接提到,雷明远是否参加过"茶馆讲理"活动,但是反复提到他白天大多数时间都在场上的茶馆里混,而解决纠纷,在乡场上的茶馆中几乎成为一种日常的活动。

所谓"吃讲茶",是人们在茶馆中解决纠纷的一种民间流行的方法。人们之间有了冲突,一般不是先上法庭,而是到茶馆评理和调解,这样茶馆成为一个解决纠纷之地。一般程序是:冲突双方邀请一个地方上有声望的中人进行调解,双方先陈述自己的理由,然后中人进行裁判。虽然"吃讲茶"是一个广泛接受的习俗,但它也不可能完全解决各种纠纷,除了暴力冲突,也存在不公正的判决,这经常是由于调解人的偏见和偏袒所造成的,这反映了"吃讲茶"的局限。其实,袍哥并没有一个权力中心,各自为政,分会之间经常发生纠纷,这已是屡见不鲜的现象。他们之间争夺地方权力、势力范围、经济利益等,都可能酿成暴力纠纷。所以"吃讲茶"的活动,经常是他们解决内部矛盾的手段(图8-1)。

著名四川乡土作家沙汀于1940年发表的小说《在其香居茶馆里》,描写了抗战时期四川一个小乡场权力的较量。在这部小说里,联保主任(1939年以后称乡长)方治国和地方豪绅幺吵吵是主角。方治国听说新任县长要整顿兵役,想巴结新上司,投书告密,让土豪幺吵

图8-1 一家乡村茶馆。左边站立者是水烟小贩,中间那位客人正在享受水烟,一般是按吸几口烟算价钱。这些茶馆经常是袍哥的活动据点。甘博拍摄于1917—1919年间。
资料来源:美国杜克大学 D. M. 鲁宾斯坦珍稀图书和手稿图书馆。

吵的二儿子去充当壮丁。幺吵吵在乡里是一个人物,他的儿子本在服兵役的范围之内,可他依仗权势,使儿子四次缓役。幺的儿子被兵役科抓进了城,这不仅使他利益受损,而且大丢面子。于是他纠集同伙,和方治国在茶馆里"吃讲茶"。

在小说里,新老爷被幺吵吵邀请来茶馆主持公道。各种文学研究对这篇小说的分析中,新老爷这个角色往往被忽略。在这篇小说里,他是一个比较隐晦的人物,外貌并不鲜明,也不是事件的主角,但是他却扮演平衡各方权力的角色。从某种程度上看,这也是某些退休袍哥在地方作用和地位的一种反映。新老爷是一个在地方有身份的人,他出场的时候,作者有这样的介绍:"新老爷是前清科举时代最末一科的秀才,当过十年团总,十年哥老会的头目,八年前才退休的。他已经很少过问镇上的事情了,但是他的意见还同团总时代一样有效。"就是说他有着多重身份,前清的低级功名还是有一定作用的,作为地方精英,他能够在保甲制度,特别是地方治安中,扮演团总的角色。这里最引人注意的身份是"十年哥老会的头目",这是他退休前最后一个身份,这个身份是耐人寻味的,应该是他退休后仍然能在地方事务中举足轻重的一个重要原因。有些袍哥人物在地方靠暴力和权势横行乡里,有的却是因为德高望重而一言九鼎,从小说中的描述看,新老爷应该是属于后者。退休八年了,但是他对地方事务主持公道的作用,还是很明显的。

他一在茶馆露面,立刻成为中心,大家以"喊茶钱"来赢得他的注意:

> 茶堂里响起一片零乱的呼唤声。有照旧坐在座位上向堂倌

叫喊的,有站起来叫喊的,有的一面挥着钞票一面叫喊,但是都把声音提得很高很高,深恐新老爷听不见。其间一个茶客,甚至于怒气冲冲地吼道:"不准乱收钱啦!嗨!这个龟儿子听到没有?……"于是立刻跑去塞一张钞票在堂倌手里。

"喊茶钱"充分表现了人与人之间的复杂关系。一个人进入茶馆,在那里的朋友和熟人会站起来向堂倌喊:"某先生的茶钱我付了!"这便是"喊茶钱"。叫喊声可能来自茶馆的各个角落,此起彼伏;当然也可以相反,刚到者为已经在那里喝茶的朋友熟人付茶钱。这种场景每天在每个茶馆都可能发生不知多少次。

根据另一个描述,在这种情况下,被请喝茶的人一般都会笑着回答"换过",意思是"另换一碗新茶",不过这经常是做做姿态,很少真的会另换一碗茶。有时真的换了茶,但客人必须马上离开,也会揭开盖子喝一口,以表示感谢,这称之为"揭盖子"。[2] 李劼人也曾经描述一个成都"喊茶钱"的场景:一个人进入"第一楼"茶馆,他付了茶钱后,看见两个熟人上楼来,先是装着没有看见,过一会儿才像刚看见他们一样,笑着打招呼:"才来吗?"他拿着票子向堂倌挥了挥,叫道:"这里拿钱去!"而新到者也向堂倌吩咐:"那桌的茶钱这里拿去!"堂倌知道双方都不过是装样子,便叫道:"两边都道谢了!"并没真的去收任何人的钱。[3] 堂倌非常得体地按照双方都期望的方式,处理了这个问题。因为所谓"喊茶钱",在许多时候已经成为一种礼仪,大家只要把姿态做到就行了,至于是否真是需要对方为自己,或者自己为别人付茶钱,已经不十分重要了。

沙汀的这篇小说透露,这个镇上流行着"这样一种风气":"凡是照规矩行事的,那就是平常人,重要人物都是站在一切规矩之外的。"这个新老爷,便是可以不按规矩办事的人物,他并不缺钱,但是地方的一些需要凑份子的活动,如"打醮这类事情,他也没有份的"。这里所称的"打醮",就是"打清醮",是地方社区的一种敬神活动。[4]这里所谓没有份,不是他不参加这样的活动,而是不必凑份子,因为他的参加和出现,就已经使活动生辉,人们不在乎他是否出钱。"否则便会惹起人们大惊小怪,以为新老爷失了面子,和一个平常人没多少区别了。"沙汀指出,"面子在这镇上的作用"是至关重要的。像幺吵吵这样在地方有势力的人,对新老爷也必须客客气气,当新老爷看到他无精打采的,问起他是否欠安,"人倒是好的",他抱怨说:"就是眉毛快给人剪光了!"但是新老爷对他的口气表明了地位的不同:"'你瞎说!'新老爷严正地切断他,'简直瞎说!'"幺吵吵的回答也是耐人寻味的:"当真哩!不然。也不敢劳驾你哥子动步了。"说明新老爷出面,对这个有势力的乡绅,也是非常重要的。在小说中,幺吵吵可以算是一个豪绅,但在新老爷面前,还是必须毕恭毕敬,这也凸显出新老爷的地位。

而联保主任方治国,也是把希望放在新老爷身上,一个同伙向方建议:"去找找新老爷是对的!"虽然他知道,新老爷同幺吵吵的关系"一向深厚得多,他不一定捡得到便宜"。不过他过去并没有得罪过新老爷,而且在"派款和收粮"问题上,也并没有"对不住新老爷的地方"。逢年过节,他也"从未忘记送礼"。不过,他心里面还是没有底,因为过去在"几件小事情上,他是开罪过新老爷的"。其中之一是,有一次有人"抬出新老爷来"为自己壮威,他竟然说道:"新老爷吓不倒我!"结果他的这句失言不知道怎么地传到新老爷耳里。所以他对这次"吃讲茶"的结果是没有多大信心的。

谈判进行得并不顺利。显然,新老爷要方主任像过去一样,找一个人来做顶替,但是方不愿意,怕新县长查出来,那麻烦就大了。这使得新老爷很恼火。虽然新老爷有威望,但不能使方主任就范,方反复强调他"负不了这个责"。忍耐不住的幺吵吵开始和方厮打起来,局面闹得不可收拾。当双方被新老爷拉开的时候,两个人的脸都打出血了。新老爷的这个建议倒是耐人寻味,因为这透露了地方权力的许多操作内幕。作为一个地方有影响的人物,居然建议基层官员违规操作,而且对此他并不忌讳,也并没有人对他的这个违法建议感到吃惊,说明地方上在应付"上边"的各种政策时,是有相当的默契的。也就是说,为了社区某些人的利益,他们可以联合起来,糊弄上峰。甚至我们也可以猜测,上峰也不是那么轻易被糊弄的,但只要"下面"能办事情,至于采取什么手段,他们宁可睁只眼闭只眼。因为从方主任和幺吵吵矛盾的起因可以看到,过去四次找人顶替,都是轻易蒙混过关的。这次方主任摸不清新上司的底细,所以不敢轻举妄动。但是沙汀故事的结尾,再次告诉我们新上司其实继续认可了这个默契,这边方治国和幺吵吵的架刚打完,那边幺的儿子就已经被放出来了。

* * *

"茶馆讲理"这个实践显示了乡民的相对自治状态,他们试图在没有官方介入的情况下解决冲突,说明一种国家之外的社会力量的存在,这种力量是基于调解人的社会声望。当然,中人一般都是精英,有影响力,经常是袍哥大爷或保甲团防首领。发表在地方报纸上的一篇文章称,茶馆是"最民主的民众法庭",那些陷入纠纷的人经常会说"口子上吃茶",意思是去街角上的茶馆解决争执。有人称:"输的一方,总是心悦诚服,而且还要付茶资,当众向对方赔款,赔礼。"这个说法可能有点夸张,但显示了裁判还是有相当权威的,即使有些人不服,但"决不开黄腔",也即是说一定会按判定执行。因此,文章的结论是:"成都的'口子上喝茶',真是最民主化的表现。"[5] 作者反复强调"民主"这个词,反映了普通民众认为"茶馆讲理"比官方法庭判决更公正,虽然作者也可能并没有准确理解"民主"的真意(图 8-2)。

图 8-2　一家熙熙攘攘的乡场茶馆。照片由美国《生活》杂志摄影记者 C. 麦丹斯于 1941 年在龙泉驿拍摄。
资料来源:格蒂研究所。

从晚期帝国时期以来，由于社会的许多领域中政府权威的缺失，为地方精英留下了巨大的权力真空，其活动成为社会稳定的基础。"茶馆讲理"被人们接受的原因之一是，在一个公共场所处理争端，实际上是在公众眼睛的密切注意之下，使判决者或调解者必须尽量按"公平"行事，否则，民众的舆论会对调解人的声誉不利，这也就是"吃讲茶"成为社会调解的同义词的由来。我们还应该看到，社会调解不仅仅是帮助人们解决争端、处理矛盾，这种活动还具有更深刻的意义，因为它表明，在中国社会非官方力量始终存在，并在日常生活中扮演着极其重要的角色，虽然这种非官方力量从来没有发展到与官方对立或直接挑战的地步，但是它的存在及其对社会的影响，都使官方的"司法权"在社会的基层被分化。

遇到争端，居民们大多喜欢选择"茶馆讲理"，而不是到地方衙门告状，这一情况不仅表明人们不信任国家权力，而且也可以反映出地方非官方力量的扩张。一些研究中国历史的学者，如冉枚烁（Mary Rankin）和罗威廉，曾经十分强调精英活动——灾荒赈济、慈善事业、地方修建和其他管理活动——在19世纪中期之后的极大发展，以及其对社会的深刻影响。但他们的分析并未将"茶馆讲理"这种社会调解包括在内。冉枚烁和罗威廉采用"公共领域"的概念来分析社会变迁；而黄宗智认为，司法系统在国家和社会之间，存在一个半制度化的（semi-institutionalized）"第三领域"（third realm）。[6]

但是我认为，地方精英们参与"吃讲茶"的活动，表现了精英活动的另一个侧面，那就是精英们如何处理个人之间以及个人与社会之间的冲突。这也是一扇观察基层社区如何维持社会稳定，民间秩序如何存在于官方司法系统之外的窗户。人们把公平、正义和命运尽量掌握在自己手中,至少是掌握在自己认可的人手中。当然我们可以指出这种所谓调解是很有局限的,也没有一种力量保证其公正,更何况政府对此加以控制或取缔,在国家的权力之下,这种社会力量显得是那么脆弱。的确,这种怀疑态度可能便是我们经常忽视和低估中国民间社会力量的原因之一。如果我们认真考察这种活动的存在及其存在的环境,我们将不得不惊叹其韧性和深厚的社会土壤。许多事物在政治经济的变迁中,在国家的控制和打击下,在各种思想文化浪潮的冲刷下,一个一个地消失了,但"茶馆讲理"却顽强地生存下来。

"茶馆讲理"出现的问题,经常被政府放大,并借此压制这种自发的调解活动。现代国家机器的一个最大特点,便是试图瓦解民间存在的任何能够与其抗衡的力量。其实这种民间的调解活动,无论从哪个方面来看,都不足以形成西方那种与国家权力抗衡的"资产阶级的公共领域",但国家仍然竭力压制,企图将一切包揽在自己的权力之下。不过,政府并不能彻底控制这类活动。从晚清到民国,"吃讲茶"活动一直都在进行,在人们的日常生活中扮演着重要角色,其存在及其社会影响从一定程度上削弱了政府权力。社区居民成功地保卫了自己的利益,社区邻里仍然可以利用茶馆作为"民事法庭"。虽然政府颁布了不少规章,但各种社会组织仍然利用茶馆进行活动,而且还有愈演愈烈之势。国家权力竭力深入社会基层,其目的是加强对社会的控制,然而从实际结果看,国家不但不能填补社会自治被国家削弱后留下的真空,而且随着这种真空的日益扩大,反而不利于社会的稳定,这是与其初衷相违背的。

第九章　仪式与规范

作为一个秘密社会组织，帮规是至关重要的。袍哥之所以能够在近三百年的历史中，在国家的严酷打击下幸存，就是依靠内部严密的、人人必须遵守的规矩，这成为袍哥内部稳定的基础。这种团伙是如此强大，吸引了许多无权无势者参加，以利用这种社会化的力量进行自我保护。组织内部帮规严密，谁违犯规则即按律惩治，所以有句黑话是："三刀六个眼，自己找点点。"这里所谓的"三刀六个眼"，就是身上被刺三刀，前面进，后面出，而"自己找点点"就是选择自杀。[1]一个外国人曾经调查过袍哥内部帮规的惩罚，他给了两个例子。一种称为"扑前刀"，犯事者跪在牌位前，用一把匕首刺大腿，血流如注。另外一种叫"滚钉板"，地上放一个钉子板，钉尖朝上，受罚者在板上滚来滚去，直到满身是血。[2]

沈宝媛调查报告后面所附的"'袍哥'对内禁条　'十条三要'须为'袍哥'所遵守者"，都是袍哥必须遵守的帮规教条，违反者将受到严厉的惩罚：

一，父母要尽孝，

二，尊敬长上，

三，莫以大欺小，

四，兄宽弟让，

五，乡邻要和好，

六，敬让谦恭，

七，忠诚，

八，行仁尚义，

九，上下宜分晓，

十，谨言慎行。

此外还有对待妇女的三大禁忌，总的来说就是要戒一个"色"字：

一，若逢弟媳和兄嫂，俯首潜心莫乱瞧；

二，见着妇女休调笑，犹如姊妹是同胞；

三，寡妇尼姑最紧要，宣淫好色要挨刀。[3]

沈宝媛描述了五月十三单刀会的奖惩和新成员的宣誓。这些程序由管事主持（一般称"管事五爷"）。在袍哥等级结构中，由管事管理内外一切日常事务。通常管事有两位，一管内务，一管外联。在讨论怎样处罚违规成员之时，舵把子"若无其事"地听着，兄弟们也"静观着"，也许在"判别赏罚"的时候，"会莫名的牵连在自己的身上来"。因为这种违规惩罚，都是"暗地里调查的结果，事先毫未宣布的"。那些辈分小的兄弟"大都怀着鬼胎"，生怕什么时候就被点名了。凡犯有过失被点名的，先是为自己辩护，要不就是承认指控，然后自愿择取处罚形式。重罪如犯奸淫罪的，包括与同社之兄弟妻室通奸者，或者有强迫调戏行为的，"可采取自杀方式"。否则，以后也"必遭暗杀无疑"。次一等级的违规，或革除袍哥会籍，或遭受体罚等等。另外也按功行赏，主要奖励是升级，最低的由十一哥做起，然后可以逐渐升至十、九、八哥等位置（图9-1）。[4]在正式的袍哥等级中，十哥便是最

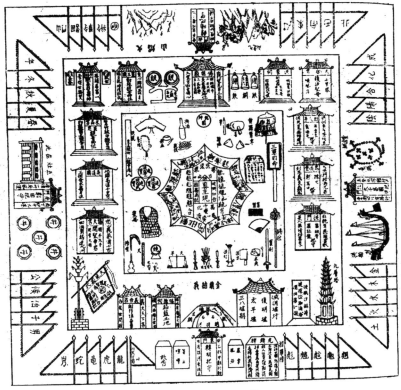

图9-1　秘密会社的公口布置，有旗帜、口号、牌位、隐语等。
资料来源：李子峰编：《海底》，第101页。

低一级,这里的"十一哥",显然是指尚未入流者。

加入袍哥者,也必须在全体会议时参加入会加盟仪式。在正式加入之前,必须要经过一套程序,要考察是否身家清白,如果本人或自己家里有人曾经作匪,或装过水烟袋,或曾为妓女、剃头匠、修脚匠等职业,都不能加入,因为这些职业被袍哥认为是"贱业",有损袍哥名声。当然,这里说的是"清水袍哥";如果是"浑水袍哥",对成员的要求就没有那么苛刻了,在第三章也提到过三教九流都可以参加。需要说明的一点是,袍哥不允许剃头匠加入,是有特殊政治原因的。据称在清以前并无理发这一职业,它在清初出现是由于清政府下达了削发令。当时的剃头匠将削发诏书挂在剃头挑子上,人们于是称其为"待(带)诏"。由于这种特殊的背景,反清的袍哥视剃头匠为清廷走卒而将其排斥在外。在李劼人的《大波》里,剃头匠亦称"待诏",可以算是这个说法的一个旁证吧。[5] 的确,中国古代人都是不剃发的,因为他们相信头发系父母所赐,与生俱来,不能轻易舍弃。

按照沈宝媛的调查,新来会员须有若干袍哥成员的支持,先是"恩兄"介绍;再请一位"引进",即引进新人之意;然后一人"保举",表示愿意为新来者承担责任。新人先拜关羽神像,然后向大爷叩头,再向介绍人叩头。敬香、祭祀完毕,由三哥向新入会者讲解袍哥组织,再由管事说吉利的话,然后是盟誓。盟誓时要杀鸡做祭,先念诗赞鸡:

> 此鸡生来赛凤凰,
> 身穿五色锦衣裳。
> 文官听得金鸡叫,
> 手持朝笏入朝堂。

> 武将听得金鸡叫,
>
> 整顿人马到较[校]场。
>
> 我们听得金鸡叫,
>
> 整顿衣冠到香堂。

杀鸡时又唱道:

> 鸡呀鸡,
>
> 非是我今来杀你,
>
> 弟兄们借你贺财喜,
>
> 喜喜你,
>
> 贺喜你,
>
> 脱了衣裳穿布衣。[6]

  鸡在川西平原的各种祭祀中都十分重要。在古代,鸡与巫术联系在一起,特别是雄鸡被赋予神力,人们相信其能驱鬼避邪,所以过去乡村存在杀鸡悬户和门帖画鸡的风俗。人们还常见乡民请端公来做法事,公鸡便是不可缺少的用来施"魔法"的道具。人们在张贴门神、土地爷、关公、佛祖、菩萨等神像时,首先要"开光"。具体做法是,端公先用雄鸡冠血画符,再念经作法,将鸡冠血点在画上,然后贴一两片鸡毛。当然许多人家也并不请端公,自己就可以完成这些程序。在川西平原的其他许多仪式中,包括丧葬、破土、上梁、新房落成等,都要杀鸡祭祀。在加入袍哥的仪式中,杀鸡时把血滴入酒中,喝鸡血酒以表示歃血为盟。[7]

在沈宝媛调查的"附录三"中,有"袍哥令集举例",也简略提到袍哥开会的仪式和程序上的词语或诗句,称之为"令集"或"集令",念令集一般是由管事负责,在开堂、赞香烛、迎圣、接客、裁牲(杀牲祭祀)等不同场合,都会有相应的令。如"开堂令","此令系开龙门",任何人都可以传这个令:

> 天开黄道日,
> 龙门大吉昌,
> 英雄齐聚会,
> 禀开忠义堂。

然后由大哥——舵把子传"安位令":

> 黄道天开大吉昌,
> 英雄齐集忠义堂,
> 自古当仁原不让,
> 各归方位序排行。[8]

由五哥——管事传"汉留令":

> 天下袍哥共一家,
> 汉留意义总堪夸,
> 结成异姓同胞日,
> 俨似春风棠棣花。[9]

另外，1934 年刻印的《成都江湖海底》里面也收集了各种袍哥令。如"裁牲令"：

> 忠义堂前喜洋洋，
> 福新大爷摆凤凰。
> 摆凤凰来摆凤凰，
> 要效桃园刘关张。
> 咱们弟兄来结拜，
> 摆龙摆凤降吉祥。
> 忠义堂，喜洋洋，
> 我弟上前摆凤凰。
> 一张桌子四角方，
> 我将凤凰摆中央……[10]

这里所说的"凤凰"，在袍哥的黑话中是指将用作祭祀的公鸡，以凤凰代称公鸡，也更显喜庆。

新入会者经过单刀会盟誓，成为会里的一员，但是在以后的很长一段时间内，"需要学习适应"。每天要"接受新功课的指示"，时间多半在晚上，由舵把子讲授袍哥中的条例、习俗及固定的成规，包括必须接受的十条、必须防患的十条等等。沈宝媛提高到社会学理论来认识，觉得"这种教法实则含有启迪"，是一种有效的"人为的控制法"。使用这种方法时，"教训者威望愈大，对于教训者之信仰愈坚，则制约行为的效果也愈大"。经过了训诲阶段，就由自己读书背诵，这些条条框框都是出自前面提到的《海底》，这是袍哥的"实际教材"

和"理论基础"。各个码头都以此书作为考察来客真实身份的根据。[11]

一个袍哥到新地方,首先要拜见当地袍哥的公口,与舵把子和其他弟兄见面,这个过程就叫"拜码头"。哥老会各山堂、公口之间均相互照应,将保护和接待同党视为当然:

> 凡远来会党以及犯案棒匪,身边必携有该匪本处公口名片,每至一处,即出片拜问各码头管事,该管事即代为招呼栈房,每日缴用取公项之钱为应酬,妥为保护。如案情重大者,临别时恐被盘诘,更须选派拜弟多人护送潜行,所以犯匪逃逸无处不可栖身者,职此故耳。[12]

这样即形成了一个较严密的自我保护网。据时人回忆,凡哥老会成员每到一处,由当地码头酒饭招待,同时送钱给首领,"兄弟伙"需钱时分等支取。所以当时有"望屋吃饭"的说法,即是说只要有人居住之地,即有饭吃有钱用。[13]

在"望镇",拜码头之初,必须呈上自己原来码头的"草字单片",这有点像今天的介绍信,作为身份的证明。若这个新到者是遭到官府追捕的人,片上则被撕下一角,作为"跑滩者"的标记。通常来客都要先唱"拜码头书",基本都是押韵的句子:

> 兄弟来得鲁莽,
> 望哥哥高抬一膀。
> 久闻哥哥有仁有义,
> 有志有仁,

> 在此招旗挂帅，
>
> 招集天下英雄，
>
> 栽下桃李树，
>
> 结下万年红，
>
> 将来与你哥随班护驾，
>
> 初在贵地宝码头，
>
> 理当先用草字单片，
>
> 到你哥龙虎宝帐请安……

管事则回答：

> 不知哥哥到此来，
>
> 未曾收拾早安排，
>
> 未早接驾休见怪，
>
> 哥哥仁义赛过桃园外……

在这些客套开场之后，便开始隐语对答：

> 问："不知你哥哥水路来，旱路来？"
>
> 答："兄弟水路也来，旱路也来"。
>
> 问："旱路有多少山，水路有多少滩？"
>
> 答："雾气腾腾不见山，大水茫茫不见滩"。
>
> 问："有何为证？"
>
> 答："有凭为证"。[14]

来客对这些问题必须回答准确,否则有可能被认为是"空子",即政府或仇家派来的奸细,而遭杀身之祸。

* * *

袍哥如果是在茶馆见面,最经常的就是"摆茶碗阵"。沈宝媛没有列举这些诗词和"摆茶碗阵"的情况,但是其他资料,特别是《海底》给予了生动的描述。"摆茶碗阵"是袍哥另一种主要联络方式,也是其秘密语言的一个重要部分。这个仪式中的"阵"显然是来自古代战场上军队的阵势,借用这个字显示了当袍哥在茶桌上用茶碗进行对话时,犹如战场上的厮杀,是事关生死的力量角逐。有关"茶碗阵"的许多诗都表达了反清复明的意识,从清初其组织的成立到辛亥革命这个长期的历史阶段,这种意识和目标始终存在于这个组织之中。[15]

"茶碗阵"千变万化,许多是用于联络和判断来者的身份和资历。主人可以把茶碗摆成各种阵式,而来访者则必须有能力回应,并以暗语或吟诗作答。某人进入茶馆,堂倌从其动作便能猜出他可能是道中人。管事出来相见,会把茶碗摆成一定阵势,这预示着交谈的开始(图9-2)。如果主人想测试来人的身份,他先来个"木杨阵":茶杯两只,一在盘内,一在盘外。饮者必须将盘外之茶移入盘内,再捧杯相请,并吟诗曰:

　　木杨城里是乾坤,
　　结义全凭一点洪。

图 9-2 "茶碗阵"。从上到下,从右到左:"木杨阵""双龙阵""单鞭阵""宝剑阵""忠心义气茶""五魁茶""清转明茶""一龙阵"。

资料来源:李子峰编:《海底》,第 210、213、218、227、230 页。

> 今日义兄来考问，
> 莫把洪英当外人。[16]

他也可能摆一个"双龙阵"，即两杯相对，来者则诵道：

> 双龙戏水喜洋洋，
> 好比韩信访张良。
> 今日兄弟来相会，
> 暂把此茶作商量。[17]

如果一个袍哥到异地寻求援助，他会摆一个"单鞭阵"，即一茶杯对一茶壶，喻义能助一臂之力者。若有意相助，主人饮其茶，反之则把茶倒掉，再倾茶饮之。其诗云：

> 单刀独马走天涯，
> 受尽尘埃到此来。
> 变化金龙逢太吉，
> 保主登基坐禅台。[18]

"摆茶碗阵"并吟诵相应的诗，表达了袍哥的思想、价值观、信仰、道德准则、历史和文化。他们的许多思想来自流行小说、地方戏、传奇故事等。例如"双龙阵"提到的帮助高祖刘邦打天下的韩信和张良的故事，便家喻户晓。还有不少诗涉及龙，袍哥用龙来表达其力量和政治抱负，这也反映了他们与传统文化的纽带，把自己视为龙的传人。[19] 袍哥自视为汉的遗族，自然便同龙联系在一起。在中国，龙代表一种征服的力量和精神，能彰扬正义、铲除邪恶，这与袍哥的信仰相符，或许有助于使他们的反清大业正统化。

由于其特殊的生存环境和社会地位，以及与国家力量的搏斗，促使袍哥崇拜暴力，迷信通过暴力可以解决问题。因此他们的语言和诗中有许多与暴力有关。例如"宝剑阵"称：

> 七星宝剑摆当中，
> 铁面无情逞英雄。
> 传斩英雄千千万，
> 不妨洪家半毫分。[20]

他们还相信超自然力，因此大众宗教在他们的沟通仪式中也扮演了重要角色。他们的信仰往往无一定之规，经常是佛道杂陈，如"生克阵"宣称：

> 金木水火土五行，
> 法力如来五行真。
> 位台能知天文事，
> 可算湖海一高明。[21]

五行概念来自道家，而如来却是佛祖。从根本上来讲，袍哥力图吸收各种对他们有用的东西，包括各种宗教。

他们也经常借用历史来为自己的事业服务。"六国阵"便是依据战

国时代苏秦游说六国联合抗秦的历史:

> 说合六国是苏秦,
> 六国封相天下闻。
> 列位江湖都游到,
> 尔我洪家会诗文。[22]

袍哥把苏秦视为英雄,因为他合纵各国的能力,是他们所求之不得的。

这些诗更多的是表达"反清复明"的思想。在所谓"忠心义气茶"中,有三个茶杯,一满一半一空,来访者应将那半杯饮尽,曰:

> 我亦不就干,
> 我亦不就满。
> 我本心中汉,
> 持起饮杯盏。[23]

虽然这里的"满"表面上是说茶水,但却暗指"满清"。

在"五魁茶"的诗中,阐明了类似的思想:

> 反斗穷原盖旧时,
> 清人强占我京畿。
> 复回天下尊师顺,
> 明月中兴起义人。[24]

每句诗的第一个字连在一起,便是袍哥长期所持的宗旨"反清复明"。

还有"清转明茶",茶摆好后,饮用之前需说"复明灭清",诗曰:

> 江山开基本是洪,
> 五湖四海共一宗。
> 杀绝满洲西鞑子,
> 洪家兄弟保真龙。[25]

在"一龙阵"的诗中,表达了同样的宗旨:

> 一朵莲花在盆中,
> 端记莲花洗牙唇。
> 一口吞下大清国,
> 吐出青烟万丈虹。[26]

袍哥也在酒铺、饭馆中举行类似的仪式,同样伴随吟诗的过程,以酒杯和饭碗取代茶碗。如果一个袍哥在酒席上,见一支筷子放在碗上,他可用三根手指拈起筷子,然后吟道:

> 单手使金枪,
> 手执是双铜。
> 打破你城池,
> 救出我真主。[27]

如果见五碗菜摆成梅花形,中间一碗被盖住,他便诗曰:

> 四方疆土尽归明,
> 惟有中央未灭清。
> 未必忠良分疆土,
> 兄弟齐心尽反清。[28]

如果一个袍哥请来者抽烟,他把烟筒扔给客人,客人用双手接住,然后诵诗:

> 双手抱住一条龙,
> 如今到来扶明公。
> 莫说此枪无用处,
> 反清复明第一功。[29]

虽然推翻清廷是袍哥自清初建立以来的宗旨,但直到辛亥革命他们才有机会实施抱负,在这场革命中扮演了重要角色。辛亥革命之后,"反清复明"的宗旨对于袍哥这个组织已经失去了意义,但是作为其历史的一部分,已经给这个组织及其成员打上了深深的烙印。

* * *

在"望镇",当来客通过测试以后,舵把子就会接纳和安置他,"十天半载,决无怨言",每日茶饭招待。如果来客的案件不是很严重,可留住避风头；如果是大案，舵把子则根据情况，估计冒险程度，决定他的去留。如果决定不留，可以送他一笔钱，也可以迅速打发离开。方法是点燃一根烟，对方抽完烟，迅速逃奔其他码头，继续寻找收留的地方。多数情况下，只要情况允许，当地袍哥会收留来客，因为"侠义"对袍哥的名声是十分重要的，正如沈宝媛所说："袍哥会社的中心思想，主要为训练豪杰，履行仁义。"从理论上说，"行仁义差不是他们教条上的宗旨"，这其实和中国传统伦理道德是相通的。所以他们经常在社会上为社会控制做出贡献，在社会不同阶层间建立一种桥梁，例如较富有的救济穷困的（如雷明远为小兄弟提供饭食），失业的人可以通过袍哥代找生计，弟兄间有困难大家帮助，"有冤代伸，有仇同报"。甚至为了"江湖上的豪义"，对那些并不认识的逃难者（或"跑滩"人）提供长期（整月乃至整年）的生活支持。[30]

对于"望镇"的袍哥来说，所谓做豪杰就是"以武力夺取自己的势力范围"。由于这种传统，袍哥各社之间经常是纠纷不断，甚至发生火拼，互相残杀。当然，这种暴力也是他们生存所必不可少的。他们也为地方排忧解难，能够办到政府所不能办之事，因为"有时他们的势力超出地方的统治之上"。而且袍哥实际上经常和当地政府合二为一。前面提到过，袍哥首领往往兼任乡长、保长、甲长，就是明证。所以沈宝媛看到"望镇"的袍哥首领"实际上业已和地方上的统治阶级混为一流了"。[31]地方事务经常也得依靠袍哥的力量才能推动，袍哥和国家在地方的权力，就这样形成相互依赖的关系。

当然，"望镇"还存在其他形式的社团，例如会馆、慈善、生产、宗教等方面的组织，这些组织都有某种程度的关联，它们是整个"望镇"社会中一种隐藏的力量，既分别在各自的领域内发挥作用，也共同发挥作用。社会中的大多数人都是一种或多种组织的成员，他们在不同程度上"也受着这种隐密会社的操纵"。但是，在沈宝媛看来，"望镇"的袍哥现已逐渐远离了"仁义"与"豪勇"的标准，从过去更多地挑战既定权力，到现在"往往牺牲人民大众的利益"，而争夺自己的私利，甚至堕落成"旧制度及封建残余的帮凶"，她觉得这是"非常值得惋惜的"。[32] 虽然很难说这是对"望镇"袍哥的一个准确概括，但是我充分理解为什么沈宝媛会做出这样严厉的批评，第一章所讲述的悲惨故事，充分表现了雷明远的保守、固执、愚蠢和冷血，相当程度上也印证了沈的观察。

沈宝媛还进一步分析道，"社会控制也根源于社会中之一般的社会行为、规则与制度，这种一般人之行为标准，对于个人行为也具有约束之力量"。她想要强调的是，袍哥受到规则和制度的严格约束。她提出，"这种结果又可依功能观点中的函数关系来解释"。可惜的是，虽然她意识到分析的方法，但是在论文中，并没有使用这种方法来分析这个问题。她还看到，在一个社区里同时"存在着许多不同的制度，许多不同的力量"，这些制度和力量，可以是互相交织，彼此影响和关联。但是在诸多制度和力量中，总是有一种特别强大，"甚至可以形成全社区的中心力量，使社区里其他制度都自然而然的纳入这优越制度的轨迹里面"。那么，她的结论就是，"袍哥会社之在望镇社区，便俨然得到了这种优越地位"。这种影响，"甚至超达至地方行政的领域"，而在地方上起着重要的"平衡的作用"。所以，她考察袍哥，试图"以社会制约的研究作为中心引索"。[33] 按照沈的观察，在"望镇"，袍哥的作用超过了政府的力量，可见在乡村社会中，这个秘密社会组织扮演了多么重要的角色。

这里,她并没有对"制度"和"力量"做进一步解释,在我看来,一个地方社会的"制度"和"力量"都是多维度的,可以是政治的(政策、机构)、血缘的(家庭、家族)、地域的(全国的、地方的、乡土的)、经济的、文化的(风俗和传统)、伦理的、法律的、阶级的、集团的。但是在"望镇",袍哥却把一切网罗到一起,犹如编织了一张网的蜘蛛,网上任何一个地方有了动静,这只蜘蛛能够立即作出相应的反应。通过对袍哥的考察,沈宝媛感叹于"社会制约(Social Control)的伟大力量"。这里她特别标示了英文的Social Control,暗示这里的含义是西方社会学意义上的社会控制。

应该说,社会学意义上的"社会制约"是一个现代词汇,是西方社会学所指出的社会各方面力量的相互平衡,中国历史上缺乏这样一个概念。1930年,美国俄亥俄州立大学社会学博士、大夏大学社会学教授吴泽霖,便出版有《社会约制》一书,作为美国纽约大学社会学博士、中央大学社会学系主任孙本文所主编的《社会学丛书》的第十种(上海世界书局印行)。他把社会制约分为狭义和广义两种。"凡是代表社会团体而实施的约制,就是狭义的社会约制,或可称为社会的约制(Social Control)。"[34] 如果说狭义的社会制约是从上而下的,那么广义的社会制约则是相互的,没有等级和阶级的。社会制约又可以分为武力的方法和会意的方法,前者指用暴力方法达到制约的目的,而会意方法则是用语言表达出来,还可以分为直接的和间接的(图9-3)。

而沈宝媛所表达的,是吴泽霖书中所阐述的"社会约制的组织",包括家庭、学校、政府、教会、其他组织等。另外还有不具体的制约,包括舆论、风俗、信仰等。如果我们观察沈宝媛所调查的"望镇",显然她所感叹的社会制约的力量,是一个综合的因素。可以是狭义,也可以是广义;可以是武力,也可以是意会;可以是直接,也可以是间接。其实,这里的"社会制约",就是"社会规范"。1947年辞书编译社的《新哲学社会学解释辞典》,作为"人民社会百科全书之一",连"社会制约"这个词都没有收录,而只有"社会规范（Social Norm）",其实也是讲社会制约,因为人都是要在社会的规范中行事的:"通常的社会学,把那些'规限'社会生活带有强制作用的诸形态叫做社会规范。分为道德的规范、秩序的规范、法律的规范诸种。"[35]

图9-3　乡村的权力人物。照片由美国《生活》杂志摄影记者C.麦丹斯于1941年在龙泉驿拍摄。
资料来源：格蒂研究所。

其实，传统中国乡村的社会控制，更多的是依靠人情和道德。过去中国农村地方实行乡约制度，依靠邻里乡党关系，例如乡约中一般都包括"德业相劝""过失相规""礼俗相交""患难相恤"四大纲领，包含爱惜、规劝、勉励等合作和友情关系。过去乡村社会都有三约：社学、保甲、社仓。乡约为纲，三约为目。社学是教育机关，社仓是经济机关，保甲则是自治自卫的政治机关，这样教育、经济、政治都包含进去了。但是在现代化过程中，原有的地方结构被打破了，代表地方的是乡公所和乡镇长，违法则送官惩办，按照梁漱溟的说法，"只注意事而不管人"，缺乏了"爱惜人之意"。[36]

袍哥的社会控制，应该是更接近中国的传统方法。他们以私法、以帮规、以自己的好恶代替国法。沈宝媛利用社会学理论给她的理论知识，观察"望镇"的社会，发现当时人们没有意识到的问题，看到"很多有意识、无意识或自动的社会制约"，构成"一种社会秩序"，在社会的各个方面，都能够发生很大的效力。而这一切力量均"集中于该地的社团中心，甚至超达至地方行政的领域，而与地方势力掌握起平衡的作用"。所以，要了解地方社会，就应该"以社会制约的研究作为中心引索"。[37]

※ ※ ※

所谓该地的"社团中心"，就是袍哥。袍哥可能是地方稳定的基石，也可能是地方不稳定的来源。例如上面提到过的离"望镇"不远的金堂县的贺松，根据地方文史资料的描述，贺的主要罪行是非法获取经济利益和欺负乡民。例如贩卖大烟毒品、枪支弹药——他从驻军手中弄到枪支弹药卖给外地,从外地弄回大烟毒品"强迫"卖给当地烟馆,结果使竹篙地区"烟馆林立",染上烟毒者甚多,"给社会造成很大危害"。按照这篇传记的说法,一般民众经常受到贺的欺辱。贺任乡长期间,正值抗日战争紧张阶段,国民党政府急需大量新兵,征兵不够,只好实行一些变通办法。这篇传记称,他"估卖壮丁,吮吸人民血汗"。政府给各地分配了"壮丁"任务,并拨给一定数量的"壮丁款"。贺借此机会大发"国难财",将上面拨的壮丁款"能贪污的尽力贪污",乱拉其他壮丁抵数,老百姓骂之为"吃人骨头钱"。这篇资料称,从1943年起,贺所拉所卖壮丁"不止一二百人"。被贺所拉所卖者多系"老实农民、单身客商","弄得许多户数家破人亡,笔笔命债,令人心寒"。1945年春,贺松以"同仁公"总社名义,在竹篙禹王宫庙内正殿上开设竹园茶旅社,以接待来往客商和袍哥弟兄。为了方便吃喝,还决定在庙内耳楼下开设红锅饭店。但耳楼下早已被一家酒店租用,为了要房子,贺下令将酒店赶走。老板唐某一时未找到新址,未及时搬出,贺命人砸烂唐的酒店,强行拉唐的长子作为壮丁,后其子自伤中指,成了残疾才得以脱身。唐因得罪了贺乡长,"事后还专门卖了两头大肥猪,出钱请客赔礼,说了许多好话,从庙内耳楼下搬出,才算了事"。[38]

这篇资料还称,贺松的公开身份是乡长,但是暗里却"已是坐地分赃的土匪头子",掌管了竹篙附近"黑白两道"。每逢过年过节和红白喜事,兄弟伙均要以各种名目给其送礼。贺能长期"称霸一方",主要是因有"大批爪牙为其效力"。他对"爪牙"也极会"笼络利诱",给以"小恩小惠",使一些人愿为他"奔走卖命"。但对不听招呼的,惩罚手段也极"毒狠",轻则打骂,重则处死。下面这件事就充分说明贺松的"心狠手毒"：1944年农历腊月，"同仁公"分社"仁和公"全体哥老团年，邀请贺松参加。"仁和公"因前社长病故，哥老们准备趁团年之际议出新的社长，该社大爷刘府金一贯追随贺松，贺想趁此机会立刘为社长，但"仁和公"另一个"土匪出身"的大爷郑国山，子弹上膛，拍桌子反对，使贺埋下了除郑之意。后贺命杀手在烟馆内下手，将郑国山击毙在烟榻上。虽然大家知道这事是贺指使人干的，但"谁也不敢再说什么"，死者家属只好自己领尸回去。贺松的例子再次证明，他们杀人经常不会受到法律的惩罚。[39]因此本书第一章所讲述的雷明远杀女却逍遥法外，就完全不是一个偶然的孤立事件了。

第三部分

大势已去

第十章　女人的命运

雷明远杀死女儿的悲剧之所以发生，也和他对女人的偏见和根深蒂固的歧视有关，当然这种对女人的观念，在"望镇"的袍哥中是很普遍的。他们对女人"看得非常严格"，不喜欢地方上"有自由思想的女人"，对于他们眼中的所谓"浪荡的女子"，更是仇视。从晚清以来，地方精英就不断批评女人和男人的交往，即使那些主张改良的新派士绅，对妇女的抛头露面，也是百般指责。[1] 到了1930年代，妇女仍然受到禁锢和歧视，特别在乡村，情况更为严重。实际上，有知识的女性已经能够得到社会的尊重，如沈宝媛作为一个大学生来到乡下，就是雷明远，也不得不刮目相看。但是他们对自己周围的妇女，包括乡邻和亲戚，仍然是那么粗暴。沈宝媛对此深有感触："传统的习惯，陈腐的风俗，这种无意的社会控制对于他们真有根深蒂固的影响。设若谁违背了旧礼教的俗例，就会受社会的轻视（Social Disapproval），及大众的反对。"所以我们也可以这样认为，虽然是雷明远杀死了他的女儿，但是也是这个社会杀死了她（图10-1）。[2]

社会的现代化程度往往突出表现在妇女的社会地位上。从相当

图 10-1 乡村妇女多不识字,写信需要请人代笔,乡场上有人摆摊提供这种服务。照片由美国《生活》杂志摄影记者 C. 麦丹斯于 1941 年在龙泉驿拍摄。
资料来源:格蒂研究所。

程度上说,在雷明远和"望镇"许多人的头脑中,仍然对妇女持非常保守的态度。传统社会中的妇女不过是男人的附属物而已,没有独立的人格,没有独立的经济地位。从各种地方志中,我们可以看到社会对她们的道德要求,传统伦理对妇女的控制,决定妇女在社会中的位置。地方志中所表彰的"列女",就是节、孝、贞、烈的妇女,因其"淑行懿范"成为榜样。而实际却意味着对妇女人性的压抑,身心的摧残。我们经常读到所谓"夫死从子""母以子显"这样的赞誉之词,不就是对妇女的一种道德束缚吗?[3] 利用彰扬女德,以对妇女造成强大的社会舆论和心理压力。

在四川，从 20 世纪初便已经形成了妇女解放的强大舆论，这是因为清末新学堂的兴起，新思想的传播，新媒体的发展，当时便有人大张旗鼓地提出了妇女解放："我待要举双手，打破男女尊卑级；我待要鼓双唇，吹起了女学大风潮。你看那破碎山河，全仗我素手纤纤得好。"要求男女平等，大兴女学，提出了妇女在重振河山中的重要作用。由于风气的开化，当时有主张男女婚姻自由者，有要求男女平权者，成都文明书局甚至印制有《自由结婚歌》："记当初指环交换，拣著平生最敬、最爱的学堂知己"，"可笑那旧社会全凭媒妁通情"。[4] 公开提倡自由恋爱、自由结婚、反对包办婚姻。另外还有提倡天足等的宣传，妇女特别是知识妇女的思想状况有了很大改变，到辛亥保路运动爆发时，妇女已达到参与政治生活的地步，她们甚至建立了自己的政治活动组织——女子保路同志协会。还发出《告川中妇女书》，号召全川妇女挽救危亡。她们实际把这一运动作为争取自己应有权利、反歧视和压迫的斗争。中国有所谓"女子无才便是德"，妇女亦认为自己的毕生事业就是生儿育女，外国人也认为中国"女子为玩物"，这是中国妇女的耻辱。在晚清，四川的妇女就宣布过要"以我四千余年无用之妇女，化为保国保种之柱石，并可造子孙之幸福"。[5] 但是，当我们看到她们在 1940 年代在"望镇"的地位时，不得不承认这个变化真是太艰难，太缓慢。

* * *

沈宝媛的报告中谈到几件事情，说明"望镇"妇女卑微的地位。有两家军人后代家庭，一个是何家，父亲早已去世；另一个是余家，父亲远在桂林。由于两家都见过世面,加上这两位母亲都非常溺爱自己的孩子,所以这两家的女孩子的作风难免与乡下女子有些不同,"态度活泼",举止在乡民看来"不免有些轻挑[佻]",而且还和其他中学的男学生做朋友,"差不多许多乡人们都很歧视他们"。雷明远这个"顽固头脑"怕女儿受她们的"坏影响",坚决禁止淑英与她们一起玩耍。有一次,他看到淑英跟她们在一起,暴跳如雷,"要推她下河去",幸亏雷大娘很快赶来,才没有酿成悲剧。[6]

但雷明远对于男人却有着完全不同的态度,他觉得儿子可以传宗接代,可以支撑门户。所以雷明远愿意出钱供儿子上学,还为儿子将来做生意准备了钱,但是他绝不情愿拿钱让淑英受教育。当然,这也有他是继父的因素,他只是希望早日把淑英嫁出去,平日都是以很严厉的态度对她。雷大娘常常因为他对待儿和女的不公平与他发生口角,但也没有办法使他改变主意。假如儿子具龙没能上学,淑英就更没有念书的可能。所以雷大娘总在设法让具龙报名入学。作为继母,她孜孜不倦地督促继子读书,也是为了争取淑英读书的机会,因为她可以从男孩念书的费用中拨出一部分给自己的女儿。但读书是一笔不小的开销,做母亲的用心良苦,她经常当耳环、卖手饰,来凑足女儿的学费。但具龙对念书毫无兴趣,常常逃学,而淑英则聪明用功,她在家常以小先生的姿态讲解功课给哥哥听,母亲看着心里高兴,还炫耀地告诉旁人。但是重男轻女的雷明远则非常不满,觉得丢了面子。他不喜欢淑英活泼的性格,觉得女孩子就应该规规矩矩。学校开游艺会,当有淑英表演的时候,他却很不愿意看。相反,雷大娘则高兴得有说有笑,觉得女儿是母亲的光荣。雷家夫妻常为此而产生矛盾。[7]

关于雷明远的"封建脑筋",还有更多的故事。[8] 过去的雷明远以凶狠闻名，也爱管别人家的闲事，对自己家里的女人管得更严。雷大娘的娘家姓郭，有一个姐姐嫁给成都东南龙泉驿的黄家，丈夫早早亡故，一直守寡。雷大娘被前夫抛弃以后，就把女儿淑英寄放姐姐家照管。淑英五岁的时候，雷明远把孩子接到"望镇"，雷大娘的这个姐姐也随同前来，在镇上开一家茶铺，同时也做点小生意过活。淑英与姨母关系比自己生母雷大娘还密切，而且姨母也最喜爱她。

乡村的茶馆就是一个三教九流聚会的公共场所，平日来来往往许多客人。1942年，有流言传播开来，说是某天晚上，寡妇茶馆留宿了一个马姓客人，消息传到雷明远耳里，他暴跳如雷，抓起手枪又要去杀人。雷大娘心急如焚地紧跟在后面，到了茶铺，很多人都拉扯劝说着，听到风声的寡妇拼命逃走了。雷大爷将铺里的茶碗、杯盘、碗柜、桌椅等砸得稀烂，甚至棉被、衣裳等也撕成碎片。他还发誓以后要见着"这个浪女子，一定要将她活活杀死"。以后寡妇再也没有敢回"望镇"，只得住在成都，靠做小生意度日。

我们不知道这个流言是怎样传播开来，到底寡妇和客人有何关系。但是沈宝媛觉得"冤枉的可能性极大"；即便真有其事，在别的地方，"寡妇与人同居的事实最多不过是受誉［舆］论的制裁和旁人背后的非议罢了，决不会受当众侮辱或甚至有性命之忧"。如果是有人散布的谣言，"那还会有提出名誉受侮辱的控诉"。但是川西平原，被沈认为是"在一个旧礼教笼罩下的乡村"，一个袍哥首领的家庭，不能对这样的流言蜚语坐视不管。[9] 但雷明远不是利用他的权力去调查谣言的出处，而是立刻要惩罚当事人，这和他杀死自己女儿一样地残忍和武断。他之所以这样，是因为他作为袍哥大爷的颜面是最重要的，而事情的真相，女人的名声乃至性命，则并不是他所关心的。

从社会学的角度看,除了人为的社会控制外,道德控制与宗教控制也是有必要的,如果"在正确使用方面说来,未尝不是一种好的改进社会的方式"。但是,在沈宝媛看来,社会控制,一种是人为,一种是文化和传统。在川西平原,这两者的控制对于"社会改进无甚贡献",有时甚至是"梗阻社会的进步"。知识精英把这称之为"守旧的封建积习",这种积习只会"对弱者有伤害性的作用"。当需要处理出现的问题的时候,经常发生的不是"积极的善导作用",而是"恐吓与谋杀"。这样的社会控制,就是一种可怕的控制,与文明背道而驰。[10]

* * *

雷明远对妇女的歧视,还表现在他对使女俊芳的态度上。俊芳原是离此地有百里路之远的黄家坝上谢家的童养媳,在前年,因为不堪婆婆的虐待而逃了出来。[11] 童养媳是过去中国社会中普遍存在的一种婚姻状态,无论贫富,都有可能收养。一般是穷人家的女孩,从小就被送到(很多情况下是被卖到)别人家,作为名义上的媳妇。等长大后,再和那家的儿子圆房成家。富人家买童养媳,经常是因为儿子生病要"冲喜",或者儿子有残疾、痴呆等毛病,一般人家不肯把女儿嫁给他,只好买穷人家的孩子来传宗接代。甚至平民家也可能花很小的代价,收养弃婴或者父母无法养活的小女孩,这样长大成婚的时候,也不用花聘礼了。这种风俗已经有很长的历史。据元代关汉卿《窦娥冤》的第一折:蔡婆婆不幸夫亡,只有一个八岁的儿子,邻居窦秀才向她借银子20两,一年后本利相加,应该还银40两,她数次索取,但窦秀才没有钱还。蔡婆婆见秀才有个七岁的女儿,长得可爱,于是提出要她做童养媳，以抵这 40 两银子。就这样，年幼的窦娥因父债，而到了蔡婆婆家。[12]

童养媳从小进入别人家，是幸还是不幸，就要看运气了。有的好人家待童养媳如自己女儿——如《窦娥冤》里面的蔡婆婆，这样可以逃脱饥寒交迫的处境。但有的人家却把她们当丫鬟使用，动辄打骂，如这里的俊芳。俊芳出逃后，经人介绍来到了雷家，每日烧饭、洗衣、缝补等。俊芳的性情比较孤僻，"有时候还很近于倔强"。不像其他佣人们"乐天安命"，她知道被奴役的痛苦，"常想反抗"。在紧张工作之余，她总是希望能偷得一些空闲，能多一点睡眠的时间，或者在橱柜"偷吃一点东西"。借用 J. 斯各特（James Scott）的话来说，这也可能是她作为一个弱者的反抗吧。[13]

秦牧在 1940 年代描写过中国的婢女买卖，这些买卖经常是在所谓"人市"上进行的。在乡下的交易一般是先由媒婆（她们大多兼营这种生意）把那个"可怜的小姑娘"带上门来，年龄大概都在八至十二岁，因为太小的不能做事，而太大的则容易跟人私奔。这类交易，都不在大厅，只在入门处准备给客人停轿的"轿厅"进行，由女主人负责，男主人如老爷、少爷等只在交易快成功的时候，出来看看丫头的面孔是否端正，定一个适当的价钱而已。凡是丫头生肖属虎，或头发黄，或眼睛小，或牙齿不正等，价钱则尽量杀低。谈妥当了，就在大厅交银，这丫头立刻得另改一个名字，经常用季节加花名，如春梅、夏莲、秋菊、冬桂等，以表示她的丫头身份。丫头被买进家门以后，"就开始那长夜漫漫的奴婢的工作了"。长大以后就高价嫁给农民，或者更高价卖给老爷们做侍妾。照乡下惯例，她们生的儿子得称大老婆为母亲。这些从"人市"上买来的丫头，"平凡而且卑贱的"，没有人关注她们，所以也就"没有什么轶闻可以记载"。

不过秦牧讲述了他年幼时知道的两件事。他老家从前养过一个丫头，买进来以后，她常常偷生米和"盐蛇"（即四脚蛇，或称壁虎）。"盐蛇"可入药，据说可以化痰，但人们一般都是做成"盐蛇散"之后才服用，但这"可怜的小丫头却生吞活吃"，据说这习惯是从贫穷的老家带来的。另一个故事是村子里的一出悲剧：一天夜里，几家大户家里的丫头，把彼此的衣襟缝在一起，跳河自杀。虽然这件事情传播很广，但是死的是一群丫头，"不久也就风平浪静"。[14]

巴金在他的自传体小说《家》（以成都为背景）中，也描写了丫头鸣凤的悲惨故事。主子要把她嫁给老头冯乐山做小老婆，鸣凤希望她深爱的少东家、经常同情和保护她的老三觉慧可以救她，实现他以前的承诺，给自己幸福。但是，觉慧这个时候正忙着写文章讨论政治，并没有关心她的绝境。对她来说，觉慧就是她的救命稻草，但觉慧的冷淡，使她心灰意冷。鸣凤死前，想到的是过去十七年中，她所经历的打骂、哭啼、心酸，和自己以前对觉慧说过的誓言："我向你赌咒，我决不去跟别人。"当晚她绝望地投湖自尽。鸣凤的死，就是抗争，是为爱殉情。鸣凤死后，觉慧反省道："不单单是我，我们这个家庭、这个社会都是凶手。可是在这样的环境里，我同她怎么能结婚呢？……不只是为了鸣凤，我对这种生活根本就厌倦了。"[15] 可见，哪怕那天晚上没有忙着写文章，觉慧也不会成为鸣凤的救世主，虽然他同情鸣凤的遭遇，但是对她谈不上爱，也不会为她而与自己的家庭决裂（图10-2）。

当然，俊芳不是逆来顺受的鸣凤。俊芳无法正面和主人发生冲突，但是她不甘如此被奴役，也不奢望别人的解救，而决心靠自己。当然，这样也可能给她带来更多的麻烦。她经常受到训斥，有时主人

图 10-2　乡村农家的女人和卧室。照片由美国《生活》杂志摄影记者 C. 麦丹斯于 1941 年在龙泉驿拍摄。
资料来源：格蒂研究所。

叫唤，俊芳来慢了，雷明远大声辱骂，倔强的俊芳实在忍不住，就会顶撞两句，结果招来一顿毒打，手上、身上、臂上都是一块块的瘀血青印，三四天都不会消失。挨打并不能改变她的性格，反而让她更加倔强。但是这样的反抗，使她又遭受到更凶狠的毒打。[16] 我们可以看出，这种做家务的丫头，还不是完全意义上的自由雇佣者。雷家收留俊芳，也带有收养的意味，不付俊芳工资，便证明了这一点。在一定程度上，这样的丫头是缺乏人身自由的，主人有相当的所有权。在民国时期，中国还存在一定意义上的家奴制。正因为这种关系，雷明远才能够肆无忌惮地殴打俊芳。

俊芳只有在厨房的时候,和她比较熟悉的朋友一起,像长工老周、短工老李、小王,以及其他几个田里下力的伙计,才找到一点欢乐。在这里,人们常会听到她放声大笑,甚至有点"歇斯底里"。如果有谁欺负了她,她也会骂出"最难听的烂语来"。她会暗地里诅咒雷明远早死。她代表着"没有受教育,受压榨,具有深厚野性的女人"。从"野性"女人这点看,她和雷大娘很接近。雷大娘有过比俊芳更悲惨的过去,和雷明远的结合,谈不上幸福生活,但是至少从苦海里逃了出来。俊芳却仍然留在苦海中,但她不甘就此罢休,她要抗争,虽然连富有同情心的雷大娘也说:"她的命不好,所以只能为丫头","这是雷大娘翻过了命书以后的结论。"[17] 但是,雷大娘的这个结论未免太早。第十二章我们就会看到她是怎样反击,为自己的命运抗争的。

第十一章　权势的衰弱

雷明远的经济实力其实并不雄厚，但又必须支撑着场面。虽然经济上是捉襟见肘，但是他和沈宝媛聊天时，从来不提起"家累与负担"，只是沈从旁了解到，他最近两年来"非常清苦"。袍哥活动似乎并没有给他带来经济上实际的好处。在当地袍哥这个集团中，经济活动能力最强的是管事刘大爷，其次是舵把子佟念生，雷明远基本上"未能得甚么油水"，所以只能算"瘦袍哥"。但是作为一个袍哥首领，他极好面子，对于家境的艰难，他从不提起，相反倒喜欢夸耀自己的本领和财富。遇到陌生的客人，他总要在乡场上请喝茶和吃酒菜，如果客人没有接受他的邀请，他会很不开心，认为有失面子。由于这样的挥霍，弄得家境一天不如一天。但是，在码头做大爷的人，据说就是要这样广交朋友，才能吃得开。如果舍得花钱，会吹牛皮，再加上有雄心、有武艺，就能笼络更多的人，在袍哥中的地位就会长久。[1]

袍哥首领还得经常在各码头走动，以建立一个关系和权力的网络。1943年春天，雷大爷曾周游各地，转了一大圈，到过绵竹、大足等地（见地图3），花钱十分豪爽，"好像阔佬一般的"。别人都称他为"公爷",达到了心理上的满足。花了一笔钱换得了江湖上的虚名,结交了若干外县的弟兄,他认为真是不虚此行。但他这次游历结交的结果,却是财务出了极大的亏空,只好变卖家里的谷子填充缺口。[2]

舵把子都是尽量获取经济利益,因为他们的权势也是靠经济实力来支撑的。如前面提到的金堂贺松,他为了控制更多码头,进一步扩大地盘,"便主动和各'码头'袍哥交往",对他们的活动不仅不过问不干涉,有的还"暗中支持"。最后和各码头的舵把子商量,将九个码头合并成立一个总码头。1943年春,九码头合并成立"同仁公"社,由贺松任总舵把子,总揽内外一切事务。总社成立后,有的人"除在本地抢劫外,还外出打起发"。这里所谓"打起发"就是外出抢劫。贺以各种手段,搜刮了很大一笔钱,供其"挥霍糜烂"。另外,他还唆使兄弟伙到处抢劫,他则"坐地分赃"。贺松家只有四口人,"但常吃饭的却有两三桌",他们都是"贺的爪牙、保镖",这些人"依仗贺的势力,狐假虎威,横行乡里,大干伤天害理之事"。而贺松也利用这些人"残暴欺压百姓,攫取非分无义之财"。[3]

虽然资料并没有说明贺松属于"清水"还是"浑水",但从这些描述的活动看,他似乎是属于"浑水"。不过,一般"浑水"都和政府不发生关系,贺松却有着乡长的头衔。因此,关于贺松的这些描述,或许我们可以做以下一些猜测。一是可能显示了民国时期袍哥的复杂性,"清水"和"浑水"的划分并不绝对,而且可能存在一定时间、一定地点、一定场合的合流。二是在"阶级斗争"理论指导下的地方文史资料的写作,可能片面夸大了贺松作为"坏人"的那一方面。正如从本书我们所知道的,袍哥的帮规和行为准则是反对抢杀劫掠、欺辱弱小的。如资料所述的这样一个袍哥首领,怎么能在地方建立起声誉和威望？三是贺松可能只是袍哥中的个案，并不能代表这个集体和成员一般的情况，也就是说，金堂的袍哥错误地让一个作恶多端的人物窃取了领导权。

雷明远"因着家中的田产个人的财富而挥霍的炫耀过一时，也曾因着自己英雄武行的表现，而到达黄金时代中一流大爷的地位"。[4] 但是要永远风光是非常困难的。尽管雷明远使出浑身解数来维持影响，但一个不可否认的事实是，雷明远在江湖的地位，已经逐渐不如以前，在"江山代有才人出"的江湖上，要想始终维持权势，谈何容易？雷明远也感到在外面的失意，以前的威风逐渐在丧失。虽然"望镇"的袍哥势力仍然在发展，但是他自己的威信却大不如前。心中有窝囊气，事事不如意，经常只能在家里发泄，"在家里好像一个活阎罗，动辄就上天下地的大骂"。也只有雷大娘可以制服他，但是夫妇间的关系却越来越坏。雷大爷经常早出晚归，甚至深夜才落家，显然他的整个心，都不在家庭上，不知道在哪里飘荡。雷大娘小心翼翼地维持一家的和平，但是雷明远并不在状态，"整个家庭都在不安宁的状态之下"过日子。[5]

过去袍哥是一个紧密的团体，但雷明远似乎看到他周围的人在渐渐远离。可能弟兄们已经发现，他是心有余而力不足。特别是"在家庭经济趋向于破产，在武功方面也不能维系原有的地位及领导弟兄们的时候"，他的声名"逐渐动摇"了。他"从人群赏识的最高峰中，骤然的跌下，由首领的地位几乎一变而为贤[闲]大爷了"。[6] 一个有钱有势的袍哥首领，得到的是实利。但雷明远的付出，得到的更多的是虚名，因为他毕竟财力不足，固然可以花钱买得一时的风光，但是难以维持长久。世间事情的变化，往往比预想的要快。有时候看起来一帆风顺，结果由于其中一环链条断裂，打击接踵而来，如多米诺骨牌一样倒下，要想拯救，也来不及了。

造成雷明远运转机器出问题的链条，就是他没有能按时交租。说起来有点难以理解，一个前副乡长、前保安队长、当地袍哥的副舵把子，竟然被给地主交租难倒了。由于没有按时交租，住在成都的尤姓地主把这 40 亩田转租给了蔡家。1945 年腊月，新佃户蔡家到达，接收这 40 亩田，雷家所住房屋也是属于地主尤家的，也要转给新佃客，还举行了"转佃的请客仪式"，左邻右舍及地方袍哥都请到了。新佃客给雷家 50 石米作为安抚和补偿。[7] 这说明可能当时的习惯是，如果老佃户失佃，新佃户应该给老佃户一定的补偿。也即是说，在相当一段时间内，老佃户还不至于无法生活。这些粮食给他和家人一定的时间过渡。后面我们将看到这些粮食所起到的作用。

按照乡下人的"迷信"说法，腊月里切忌搬家，但新佃客已到，他们只好退出了正屋，暂时住在偏房里，由大厨房搬到小厨房，这真"好像一个大家庭要趋向于没落的预兆"。小厨房的梁上挂着一块蔡家送来的腊肉，雷大娘曾感叹地对家人说，这几天吃着这肉的时候，想到这个家正是要垮的样子，就给这块肉起了一个名字，称为"垮杆肉"。这里也可以看到，新佃户竭力弥补给老佃户带来的种种不便。老佃户固然对转佃有种种不满，但是当面对一个谦卑的新来者，也不好把气撒在他的身上。雷大娘在这个困难的时候，倒还保持着一点幽默，也算是自嘲吧。对雷大娘来说，这真算不得天要塌下来。她经历过比这更糟糕的状况，重新过贫穷的生活，对她来讲，并不是一个迈不过的坎。

* * *

家里经济出了问题,自然会影响到他们的子女。儿子具龙一直没有把心思放在学习上,继续上学对他似乎没有什么意义了,再加上当时的家庭情况不好,他干脆去了成都外西一个汽车修理厂当学徒。他素来很内向,与自己父母又没有多少感情交流,走后二三个月都没有回家。出去当学徒,也可能是他离开这个使他不快活的家庭和逃避读书的一个借口。学徒三年才能出师。沈宝媛评论道:"学徒制度在现存的经济形态下是资本家利用幼小劳动者的一种最畸形、最无理、富有剥削性的坏制度。"许多像具龙这样年纪的小孩,名为学艺,实则整天"作牛马养活着终日无所事事的老板和他们的家小,供他们驱役",这三年中没有工资报酬,"差不多把他们成长中的生命力全部断送在这机械的劳动里了"(图11-1)。[8]

这里沈宝媛批评中国学徒制度的不公平,的确有一定的道理,我们可以发现很多老板或者师傅把学徒当成劳动力驱使的例子,许多师傅并不正经传艺,学徒只得偷偷地学,所以才有了"偷师学艺"的说法。但是问题也不是这么简单,学徒制度的建立,给许多穷人家的孩子提供了一个机会。虽然这期间没有工资,但是店里提供食宿,解决了他们的生计问题。而且许多行业,需要相当的时间,才可能掌握必需的技巧。而且,对需要学徒的行业来说,例如店员,跑堂,木工、砖瓦工等手工业者,如果要付工资的话,老板宁可去招熟练的工人。正因为他们可以通过招学徒节约开支,才给那些真正想学艺的穷人,提供了一条出路。

图 11-1　一个照顾婴儿的农村小孩。照片由美国《生活》杂志摄影记者 C. 麦丹斯于 1941 年在龙泉驿拍摄。
资料来源：格蒂研究所。

沈宝媛的老师廖泰初在1941年发表过一篇讨论学徒的文章，指出中国的学徒制度，开始是以家传为特色，农工商都是如此，隋唐以后，由于店肆、坊铺、行会增多，学徒才脱离了家庭的圈子，进入社会。学徒的训练期限从9个月到4年不等。到清以后，因为同业人数增加，收徒、合同、出师等都是根据行会规章处理。当时有人估计，中国学徒人数达到3000万，但是廖泰初估计应该是1000万—2000万。"一批是真正志愿学艺的，对某行某业发生兴趣，将来得一技之长，终身有所依靠。"但是由于供过于求，所以入店并不容易，特别是要"有钱有势或是有深厚交情者的介绍和担保"。一般是十二三岁以上，二十岁以下。合同内常有"打死勿论"，"如有自缢、投河、逃亡等，均与柜上无关"的规定。的确，有的学徒"整日生活就是三壶主义"，即管茶壶，提酒壶，洗便壶。"普通学徒就是一个奴隶。"但是，"经过生活的艰苦，工作的勤劳，各种打骂模仿的教育和训练，学徒也有毕业的时候，这就是脱离牢笼的一天，术语称作'出师'或是'满徒'"。出师是学徒"最大的一个转机，一切地位金钱身体思想都重新获得自由，人生态度完全改变"。[9]

作为一个地方上有影响的袍哥首领，自己的儿子最后落到去当学徒，可能也是他地位下降的一个标志吧。雷明远和雷大娘应该知道学徒将来是没有大前途的，然而，他们似乎也没有更好的选择。不过，对雷大娘来说，值得欣慰的是，淑英仍然能缴费上学，这样至少淑英还可以有一个比较好的归宿。对具龙去当学徒，雷明远好像并不认为是一件不好的事情，还自我解嘲地说要在这三年之中储蓄几百万块钱，等具龙学成以后，买一部车，让他开车做生意。如果真能达到这个目的，倒也是一个不错的结局。但是，从目前雷家的这种经济状况看，恐怕实现的可能性非常渺茫。[10]

这个腊月，对于雷家来说，过得真是非常惨淡。男主人终日在外不落家，雷大娘也经常在外面走动，只有淑英、长工老周以及使女俊芳在家。他们也就靠吃泡菜下饭度日。而隔壁蔡家的织机不停地响着，一副忙碌和兴旺的景象，与雷家这边的清冷，形成了一个鲜明的对比。[11] 沈宝媛的调查对这个新来的佃户蔡家描述不多，但是我们也能感到蔡家是比较殷实的。首先一下子能够拿出50石米来，就不是一般佃农所能够办到的。另外，除了经营稻田，同时进行手工业活动，一看就善于持家。与雷明远不善积累、挥霍无度真是天壤之别（图11-2）。

马上就过年了。腊月二十八，"望镇"的袍哥根据老习惯，在土地庙聚会，喝酒吃肉，猜拳行令。然后大家推牌九、打扑克赌钱。过去的惯例是，正月初一大家在自己家里过年，正月初二给正舵把子拜年，全体袍哥兄弟都要送礼，舵把子招待大家吃酒。正月初三是给副舵把子拜年，正月初四向三哥拜年，然后轮到五哥（即两个管事），依次类推。辈数小的兄弟，在正月十五以前，差不多天天都有酒席可吃，但是也需要天天送礼，这是一笔极大的开销。[12] 但今年过年，雷家已经没有能力招待百余位的弟兄，所以副舵把子雷明远很早放风，今年恕不待客，当然也就没有礼可收。当然，这也打破了多年来的惯例。新年请客拜年，都是联络感情的重要活动，也是袍哥首领笼络和感谢鞍前马后、劳累一年的弟兄的一种手段。雷家打破这个惯例，也就是说从这个感情联络的循环中自动退了出来。显然，对他在江湖上的名声和威望，无疑有着极大的伤害。

作为一个袍哥，经济基础和权力经常是联系在一起的。如前面提

第十一章 权势的衰弱 — 169

图 11-2 乡村农家织机。照片由美国《生活》杂志摄影记者 C. 麦丹斯于 1941 年在龙泉驿拍摄。
资料来源：格蒂研究所。

到过的开江县的袍哥大爷蔡兴华,他在后来的回忆中,特别提到经费是苦恼的事情,组织的收入包括每年每人交三至五元会费(有困难者可以免交),外加"办提升"(他没有解释什么是"办提升",我猜想是袍哥成员的升级)交纳的"码头钱",以及个别人对本堂的资助三项,但主要的应酬费来自"各铺子的倡捐和摊派。如年拜会、清明会、单刀会等"。当大爷的还必须多捐款,如果少了,会被讥讽为"狗(各啬)大爷"。蔡为了解决"当大爷后支多进少的矛盾",运用了原来开织布机房积攒的钱,除"做临时应酬"外,还开店铺,先后开了桐油铺、盐铺、烟茶馆、"饭客铺"(饭馆兼客栈)等,"人力不够就请兄弟帮忙"。但是蔡称,"每天虽有微利进来,仍满足不了各种开支"。"饭客铺"不对外,"专供来往过客食宿"。所谓"来往过客"就是指他的袍哥兄弟。有一点值得注意,这些铺子中的大多数,都是他当大爷以后开办的,也说明大爷的这个地位,促进了他生意的发展。

还有其他开支,如资助访客和本堂兄弟,"特别是逢着达官显贵既要留驾宴请,又要给钱送行"。逢年过节,还有"应酬各种倡捐和摊派",还要"筹备许多钱粮,强装大方地赐给在场兄弟"。具体给多少,则根据人数和交情厚薄而定,当时叫做"压岁钱"或"酒钱"。总之,当大爷要"吃得开、宰得动,不仅有钱,还要洒脱,否则便是狗大爷",因此没有相当的经济实力,这个位置是很难做的。蔡称他采用"高来高打发,低来低打发"的"应酬原则",但是仍然难以平衡,只好"拆东补西",很是焦心烦恼。蔡所面临的这个问题,和上面所提到的雷明远的情况类似,袍哥大爷必须要有经济能力款待小兄弟们。[13]下层袍哥经济状况一般都比较差,还指望在大爷那里混吃混喝,不过在大爷需要的时候,则要为之冲锋陷阵,这点也和幕府时期的日本武士类似。平时给予他们好处，在关键的时候方能利用其忠心。

雷明远没有蔡兴华这样多的渠道。虽然他也经营一个烟铺，但是并不能弥补失佃的开销。再加上他自己重新陷入吸食鸦片的深渊，因此其经济状况不但难以改善，而且变得愈来愈糟糕。雷家面临着深刻的危机，这种危机，也使过去威风凛凛的雷大爷，逐步失去了在地方袍哥中呼风唤雨的地位。

第十二章　雷家的末路

如果说雷大娘尚能冷静地面对家道的衰落，那么失了佃的雷明远似乎完全迷失了方向，不知道怎样从这个打击中走出来。他晨出夜归，借口在烟铺里料理生意，一整天都在外面晃荡。从1945年9月起，他又恢复了抽鸦片的嗜好，而且越抽越多，每星期要花八九千元，这样一月就有三四万元的额外开销，成为家里的一大负担。当时一石米4万多元，在成都，一石米大约是280斤，也就是说，每个月他抽鸦片就花费了200多斤米。[1]一方面田地没有了，收入大大减少；另一方面沉迷于鸦片，开支大大增加。这一切，都让这个家庭面临着深深的危机。

夜深时分，雷大娘早已带着女儿入睡，雷明远才蹒跚着从外面归来。完全没有规律的生活，加之鸦片的摧残，使他的身体已经大不如以往，在短短几个月内，相貌就有了很大的改变。整日垂头丧气地抽大烟，使他无法保留在袍哥里的威信，逐渐脱离与弟兄们的密切往来，"瘦弱枯槁般的脸形，皮包骨的身材，他丧失了旧有魁伟的体格与英雄的气概，他没有精力管理社团的一切活动了"。[2]

1946年的大年三十,经过几番催促,具龙被雷大娘喊回家了。正月初一,雷大爷也破例没有出去玩。早上起来,家里人互相说些吉利的话,孩子们先向父母拜年,父母也向两个孩子表达祝福。往年过年,家里比较正式的仪式是长子具龙穿起马褂,代表全家向神像及祖宗灵位磕头,然后在门口放一挂鞭炮。但是今年一切从简,这一套都免了(图12-1)。[3]

但是,雷明远却把烟具带回家里躺在床上抽,具龙和淑英兄妹乘机劝说他,轮番讲吸食鸦片的坏处,要他把家业再撑起来,把烟铺关

图 12-1 农家男女老少一家用餐。照片由美国《生活》杂志摄影记者 C. 麦丹斯于 1941 年在龙泉驿拍摄。
资料来源:格蒂研究所。

了,经营别的生意。淑英对继父说:"你看你身体多坏了,这都是烟害的,设若把烟戒了,身体恢复了原状,又有了气力,大家过得高高兴兴的,多好呢?"不知是因为过年呢,还是确实觉得继女的话有道理,今天的雷明远变得和蔼起来了,也微笑说自己以后一定要戒烟。雷大娘听了他这番表态,非常高兴,一家人吃了一顿愉快的年饭。[4]正月初三,过去这天是袍哥兄弟拜访雷家的日子,今年既然不宴请宾客了,所以清净不少,不过雷明远还是摆了一桌席,请的是抽大烟的朋友和客人。从这可以看出,要他戒掉鸦片,恐怕是非常困难的。

雷明远大年初一对家人的许诺简直就是过眼云烟。正月初五过完,他马上就恢复了他的惯例,每天又在烟馆里耗着。仿佛业已忘记自己曾经说过想戒鸦片的话,而且吸食量越来越大。等过完正月十五,家里甚至没有了菜钱,雷明远只是零零星星地给一点,夫妻俩终于大吵起来。气愤不已的雷大娘哭嚷着,要去砸他的大烟盘子。这次大吵的结果,也不过就是丈夫再拿出一点多维持几天的家用。[5]去年腊月转租时,蔡家给的50石米,可能算是雷家最大的一份财产了,但是雷明远不时三五石地往外面卖,很快就只剩下三十几石米了。雷大娘对此也是无可奈何。[6]

然而,雷明远还不至于沦落到一文不名的地步。过去作为袍哥首领保留的人脉关系,当地已经习惯给他享受的若干权利等,还在发挥一定的作用,要不情况可能会变得更糟。他开烟馆、暗地里走私鸦片、干违法勾当,却能平安无事。因为他"勾结了"一个当地的缉查(特务)一块经营,所以他的店能够免除政府方面的阻挠。"望镇"还有其他两三家这类烟铺,也都是依赖类似的地方关系,才能继续经营下去。[7]

*　*　*

雷明远经营和吸食鸦片，与当时四川鸦片的泛滥是分不开的。四川大量种植鸦片是在道光之后，1869年据上海总商会代表报告，四川的物产中鸦片已居首位。[8] 迄光绪末，四川鸦片产量居全国之冠，140多个州县都有鸦片种植。1906年全川产23.8万担，当时全国产量约58.48万担，川省占40.7%。鸦片亩产一般在50两左右，那么鸦片种植占有川省耕地约761.6万亩，相当于全川1.02亿亩耕地的7.4%。鸦片成为清末川省出口商品的最大宗，根据日本人根岸佶的估计，19世纪末20世纪初川省出口商品价值约3000万海关两，而其中鸦片就达1200万海关两，占40%。[9]

四川也是鸦片吸食泛滥的地区。清末，四川总督锡良发动了禁烟运动，先限种植，然后杜绝吸食，禁止烟馆，在成都设立戒烟总局，到清末，四川鸦片种植和销售基本断绝。[10] 但是在军阀时期，鸦片种植、销售、吸食又在四川死灰复燃。二三十年代，四川鸦片种植面积逐年扩大，烟价低迷，低价又刺激了消费，瘾民数量不断增加，进而刺激了烟馆业的繁荣，以致出现了烟馆、茶馆、酒店三脚鼎立的局面。1934年，成都有烟馆近600家。[11]

由于当时四川军阀征收高额田赋，迫使农民种鸦片交税。军阀时期的田赋已非传统的粮税，鸦片种植税占相当大比例。在这种田赋政策的压迫下，四川140余县，不种烟者仅寥寥几县。四川成了烟毒毒害最深的省份。按官方公布的1937年四川省地方预算，总收入8630万元，其中"省税"部分收入为6000万元，而以"特税"（鸦片税）

为第一位，计 2400 万元，占"省税"收入的 40%。1938 年四川每年产烟 120 万担至 140 万担，70% 需通过长江运往下游各省及上海销售，若年产 130 万担，外销 70%，即 91 万担。[12]

四川瘾民究竟有多少呢？据四川禁烟善后督办公署文件记载，四川瘾民在防区时期（1918—1935），约占全省人口 1/19，即每 19 个人之中，有 1 个人抽大烟。这一时期，四川有人口 6000 多万，所以估计全省瘾民达 310 万人之多，真可谓鸦片极盛。[13] 大范围吸食鸦片的结果，造成四川各地"烟馆林立"，在各县各乡，哪怕是极小的地方，即使没有旅店、饭馆，也有烟馆。如果外地旅客到偏僻乡间，夜间找不到旅店时，可以在烟馆借宿；白天找不到饭馆时，也可以在烟馆吃饭，"可见四川烟馆比旅店饭店还要多"。[14] 据估计，这个时期四川的烟馆数量超过 5 万家，直接从业人员多达 20 万人，加上烟灯、烟盒、烟具制作，鸦片贩运等劳动力，从业人数可达 30 万人。[15]

1934 年刘湘任四川省主席兼绥靖主任，又兼禁烟督办，禁止各军在地方参与种烟，拟禁绝鸦片计划，实行了禁种、禁运、禁吸三大政策，宣称将从 1935 年起至 1940 年止，在此六年之中把鸦片完全禁绝。到 1940 年，四川省政府宣布四川已经禁绝鸦片。其实虽然鸦片有所减少，但各地仍然不少。1940—1949 年，鸦片在四川又开始复兴。其主要原因是 1938 年从乐山到西昌的公路通车后，西康的鸦片烟能运到四川（见地图 2）。另外，这个时期禁烟机构已经取消，禁烟事务转由基层政府办理，但是地方对此并不热心，这样烟容易买，开烟馆的人重操旧业。[16]

禁烟政策对袍哥的经济来源无疑是一个极大的打击，因此袍哥进行了顽强的抵抗。袍哥势力的发展与烟馆业的兴旺有密切联系，他们可以利用烟馆聚会，经营烟馆的收入也为他们提供了活动经费。同时，一些烟馆的老板也以加入袍哥作为保护伞。有些袍哥码头的首领，其实就是烟馆的老板。面对自己利益受损，袍哥进行了公开对抗，不但不关闭烟馆，而且利用其武装运输鸦片，用鸦片收入购买武器。甚至在政府强行关闭烟馆的时候，以武力对抗。[17]正如前面所提到的，在1946年，距离省城成都不远的"望镇"这样一个小地方，就有若干家鸦片烟馆，说明了禁烟运动的失败。所谓禁烟，表面上看起来轰轰烈烈，但是对于地方并没有多大的触动。

在这样一个大背景下，雷明远经营和吸食鸦片似乎都是顺理成章了。鸦片问题对正在遭受经济危机的雷家来说，无疑是雪上加霜。但是雷家的麻烦，似乎并不仅止于此，真是应了"屋漏又遭连夜雨"那句俗话。雷家接二连三发生了一系列事情，使雷明远的处境越来越不妙。

* * *

雷家好不容易平安度过这个春节，但仍然发生了一件大事：正月十九，丫头俊芳在半夜里偷跑了。俊芳的逃跑，是对雷明远的又一次打击。雷大娘说，她偷走了淑英的新棉袍、蓝布大褂、布料、短衣裤、袜子、毛巾等，还有几百块钱。[18]经济损失不说，这个事情传出去，对雷明远的名声，无疑是进一步损害：一是他居然连自家的一个小小的丫头都管不好、管不了，那怎能管好江湖上的事情呢？二是连一个小小丫头都可以无视他的管教，那么这个副舵把子还有多少权威值得人们敬畏呢？三是丫头逃跑，说明雷家对她太刻薄。在乡村社会中，还是以朴实本分、乐善好施为荣，虐待丫头的名声，毕竟是很难听的。

这还不仅是雷家的事，甚至牵涉到地方袍哥的名望和体面。袍哥舵把子佟念生听说这事，也觉得非同小可，很是恼怒：副舵把子家中丫头，居然会给人拐跑了，这还了得！这些事情传出去，其他公口的人会怎样想？兄弟们以后还怎样在江湖上混呢？于是命令兄弟们火速破案，捉拿逃跑的丫头。袍哥毕竟能量不小，耳目众多，情报网络遍布各地，三天以后竟然打听到了俊芳的下落。兄弟们报告，俊芳现藏在距"望镇"500里左右的一处山区，带俊芳逃走的老李，也是袍哥中人，老李的哥哥在地方上当稽查，相当有势力。佟念生听到这个老李的背景，才感觉到要处理这个案子，比想象中复杂得多。

佟念生进一步了解这个案子的来龙去脉，得知俊芳的逃跑，是在遭受了一顿毒打以后，"带着遍体伤痕而逃出虎口"。[19] 在大家看来，这也是出于自卫。有了这层原委，案子的严重性无形中便减轻了一大半。再加上对手的势力也不弱，如果硬要把俊芳抓回来，势必和对方袍哥集团发生矛盾和冲突，这样做是否值得？佟念生也深知雷明远的近况，为他做出这么大的牺牲，感觉似乎也没有必要。因此对于处理这件事，开始支支吾吾、拖拖拉拉起来。

可想而知，作为一个副舵把子，家里面出了这么大的事情，竟然连自己的码头都不肯出面搞定，可见雷明远的地位已经降到何等的地步！雷明远看到正舵把子对此事的处理比较淡漠，自己的威望又不如往昔，也只有"在一种无可奈何的状态之下不了了之"。其实，作为"望镇"袍哥的正副舵把子，佟念生和雷明远之间的关系也并不是很和谐，两人数年前就因为争权夺利而结下了梁子。这次俊芳的逃跑就这么轻描淡写地过去了,佟没有过于追究,这也是一个主要的原因。雷明远只好自认晦气,表面上还得"以一种宽宏大量,不在乎的态度处之"。[20]

雷大娘对捉回俊芳也并不是很感兴趣,她也知道捉回来的可能性不大。退一步讲,即使捉回,袍哥也不好严惩,怎样处置,码头还必须开会商量,难免要追踪事情的原委,细节一旦讲出来,对雷家来说更不体面。加上俊芳已经大了,也不可能把她锁起来,如果收不住心,抓回来也会再逃。雷大娘为俊芳算过命,按照命书的说法,雷明远有五两骨头重,但是俊芳只有一两二钱,也就是说"命苦"。[21]

虽然沈宝媛没有提到雷大娘这个算法的依据,但是根据所"称"的骨头多重,预测一个人的命运,显然是按照唐代袁天罡的"称骨算命法"。袁天罡系唐初成都人,专星象预测,据传著有《袁天罡称骨歌》《六壬课》《五行相书》《推背图说》(与李淳风合著)等。"称骨算命法"宣称,一个人出生的年月日时各有定数,分别对应了不同重量。只要把这些因素对应的重量加在一起,按照《称骨歌》一查,就可确定这个人一生的命运,得知他或她的吉凶祸福和荣辱盛衰。

查《袁天罡称骨歌》,"五两重"的骨就是:"衣食无亏,一生富贵之命,为利为名终日劳,中年福禄也多遭,老来是有财星照,不比前番目下高。"其下还有一个注释:

> 此命为人正直,伶俐灵巧,有机变,平生无大难,祖业无靠,自成自立,白手成家,亲朋冷落,兄弟少力,可得四方之财,好一双挣钱手,没有一个聚钱斗,满面春风人道好,一生不足自爱知,妻迟子晚,初限奔波,中限四十岁方交大运,犹如枯木逢春,四十九岁有一灾,其年福星高照,有十年大运,财禄丰

盈大吉昌，妻宫铁硬同偕老，子息一双可送终，寿元六十九岁，卒于冬月之中。[22]

对照雷明远的人生经历，和上述说法也真有一些巧合的地方，诸如"为利为名终日劳"，可以暗示他对袍哥活动的参与；"中年福禄也多遭"，可以指他失佃的打击；但是所谓"老来是有财星照"，至少1946年还看不到这个趋向。注释则更近似于雷的情况，虽然我们不知道他是否"祖业无靠"，但是"自成自立"似乎是没有问题的。我们不敢说他是否"亲朋冷落"，但是他"兄弟少力"是肯定的——有两个兄弟，但其中一个死得早。作为一个袍哥副舵把子，他"可得四方之财"应该也是说得通的。至于"好一双挣钱手"，但是没有一个"聚钱斗"，就是说他存不住财，应该是整个描述中最准确的地方。沈宝媛的调查中没有说雷明远的年纪，但是根据第四章提到的，雷明远的原配黄氏，"现年四十"，他的长子具龙在1945年十六岁，就是说黄氏在24岁时生具龙。那个时候一般农村青年会娶比自己小的女性，因此，我估计雷明远在1945年应该是四五十岁。如果我们把他娶雷大娘算成"交大运"的话，那么他就是"枯木逢春"。至于"四十九岁有一灾"，是否就是现在他失佃之事的暗喻呢？

沈宝媛说雷大娘给俊芳算了命，她的骨重只有"一两二钱"。我估计雷大娘应该是说"二两一钱"，如果不是沈这里记错了，那就是雷大娘说错了。因为按照《袁天罡称骨歌》，这是最"贱"的命了："短命非业谓大空，平生灾难事重重，凶祸濒临陷逆境，终世困苦事不成。"这么轻的骨，只有"终身行乞孤苦之命"。[23] 我猜想，当俊芳倔强的劲发起来，和雷大爷对抗的时候，雷大娘可能也劝告过俊芳，告诉她算命的结果,让她服软、认命,免得吃更大的亏。但是,俊芳偏不认命,偏要和命运抗争,看来她的抗争,还真的为她带来了一个不坏的结局。甚至有李劼人《死水微澜》里石板滩的蔡大嫂那样的命,也并不是不可能的事。

当然,雷大娘说俊芳"命苦",也可能是找一个自我开脱的借口:不是雷家待俊芳不好,而是俊芳自己命不好。对于家道的中落,雷大娘甚至也有点怪罪俊芳的意思。她向人家诉说:"家里这一两年以来开始倒霉,都是俊芳这个苦命根子牵累的。"而且还举有例子:俊芳来了后,母鸡被黄鼠狼吃了,小鸡也喂死了,六条母猪相继得猪瘟而死,接着大门变形也关不住了,厨房的锅铲莫名其妙地发出响声,田里的收成也越来越差,到现在干脆连田也没有了,屋也住不成了,还被驱赶着马上搬家!所以,她觉得俊芳就是"败家精",她远走高飞,带走了霉运,说不定可以让雷家时来运转呢?[24]

雷大娘倒是心疼被偷的衣物,毕竟家境不如以前,如果财物的损失能够追回来,那就最好。但是以佟念生为首的袍哥对追回衣物的事,也不想费太大的力,他们觉得既然雷家从来没有给过俊芳薪金,那么偷走几件衣物,也算是两不相欠了。也有街坊劝雷大娘,俊芳偷走的东西都已经用脏了,还要它们作什么呢?自尊心强的雷大娘也不好再继续追讨失物了。

* * *

1946年2月17日,淑英的学校开始注册,但是学费要缴六万余元,怎样凑齐这笔不小的数目?雷大娘很慎重地向雷大爷提出,卖两石米筹钱。[25]但是雷明远既没有表示赞成,也没有表示反对,只是模棱两可地拖着。此时,雷大娘却从旁处听到一个惊人的消息:雷明远准备要再纳一个妾。这女人是再醮的,家里只有母亲,有30亩田,住成都外西,也是开烟馆的。据说她是一个小学教师,很时髦,还烫了头发,穿蓝布长衫。雷大娘知道了雷明远的这个计划,并没有声张,只同他吵着要给女儿交学费。但他没有应承,她就跑到袍哥管事五哥刘子兴那里去大闹,从管事那里拿了七万元,替女儿交了学费。这还真印证了前面所说的,管事五爷是"望镇"袍哥中最能捞钱的;同时这也说明,管事的钱经常会用于为袍哥弟兄们排忧解难。

2月20日那天,雷大娘就正式发作了,一哭二闹三上吊,叫喊着要与雷明远离婚。一边大骂那个"坏女人",要跟那个女人拼命,一边披头散发地到处诉说自己苦命,如何支撑这个家,如何帮丈夫在江湖上立足等。她以"最下流的话"来比喻自己的丈夫与那个"坏女人"。雷明远只是在一旁鼓着眼睛,并不直接与雷大娘交锋。最后实在听不下去,穿上衣服一走了之。但是,对雷大娘来说,真的要离开这个苦心经营的家,还是很犹豫的。她也没有想清楚,要是真的离婚了,以后怎么过日子?要是不走,自己又怎咽得下这口气?守着一个鸦片鬼,还要和他的小老婆住在一起,自己的颜面又往哪里放?

雷大娘决定双管齐下,一方面准备去法院控告丈夫,另一方面动用各种熟人关系来劝告雷明远。她坚信不能这么忍气吞声,也不甘心就此妥协,决定请律师递呈子告状,要把雷大爷的烟盘子拿到法院里去。她还独自进了城,去找一个姓刘的肉铺老板——他是雷家最熟的朋友,请他出面劝说雷明远。城里的事情办妥,回家后就把衣服、箱子等收拾好,准备离开这个家。[26]肉铺老板老刘特意出城来到雷家,想帮忙缓和这件事。雷明远见到来客,知道是雷大娘搬来的救兵,只是默不作声,对来客不理不睬,仿佛家里什么事也不曾发生过一样。雷大娘在一旁气鼓鼓地坐着。刘老板也不好开口说这件事,尴尬地坐一会儿也只好走了。

但是"望镇"的袍哥弟兄们知道这一消息后,便陆续赶来劝慰调解。正如前面第八章所提到的,袍哥经常参与纠纷调解,这次是调解他们内部的问题了——虽然这不过是家务事。首先出头的是五哥刘子兴,先是费了许多口舌劝雷大娘,要她不要想不开,然后再去探询雷明远的口风。雷依然对客人不理不睬,暗示着他的家务事不由旁人干涉。刘子兴碰到这样一个软钉子,心里很不痛快,一方面通知袍哥各弟兄,另一方面告诉雷大娘:既然雷明远不看重兄弟情分,那么你雷大娘只管向法院里去告,出了事有我们弟兄替你撑腰。[27]

这个风声传出去以后,雷明远的态度有些软化了。他也知道他的黄金时代已经过去,自己在袍哥中的威望已大不如以前,过去的弟兄对他也不一定买账;只得用比较和蔼的态度对待妻子和袍哥兄弟。为打破僵局,他给了淑英3000元零用钱,又给了雷大娘买菜的钱。另外,前主人房的暂住期也到了,必须转交给蔡家了,所以开始和雷大娘商量搬家的事。其实雷大娘也没有多少选择,所以也借此下了台阶,不再吵闹,纳妾的事谁也没有再提起。后来他们找到一处房子,和两家推车的人做邻居。[28] 推车人都是劳力者,雷明远失去了他旧日的威风,日暮途穷,开始了一个普通下层人的生活。

看到这里,读者可能也觉察到了,雷明远不过是外强中干的人。实际上,他所谓的权威,也就是在家庭内部而已。我们所看到的若干例暴力事件,都是对家庭成员实施的。对逃跑丫头的情人、接佃的蔡家、尤姓地主,我们看到的都是他的无能为力。这时的雷明远,已经全然没有了过去的精干和威武,鸦片的摧残不只是肉体上的,精神上也萎靡不振了。搬家的时候,雷明远挑着一担日用家具,后面跟着雷大娘,住进这狭小阴暗的两间陋室。他把烧烟馆的家具也都搬来了,打算在这里继续经营贩卖鸦片的生意,但依旧终日躺睡在榻上,过着烟瘾。雷大娘心里面也没有底,照这样下去,雷明远到底还可以活多久?沈宝媛对他的未来也不抱乐观的态度,觉得"他会断送未来短促的余生"[29](图12-2)。

图12-2 推车的苦力在休息。甘博拍摄于1917—1919年间。
资料来源:美国杜克大学 D. M. 鲁宾斯坦珍稀图书和手稿图书馆。

第四部分

寻找真相

第十三章　讲故事的人

到底雷明远最后的结局如何？特别是1949年以后的命运？沈宝媛的调查报告是1946年4月完成的，其中的信息只记录到该年2月。如果要知道进一步的信息，找到沈宝媛可能是最好的办法。从报告中，我知道她和雷家建立了密切的关系，在论文完成后继续和雷家保持联系，也不是不可能。但是，毕竟时间已经过去了快70年（我2014年开始动笔写作本书），如此久远，我甚至不知道她是否还在人世。

2014年7月初，我开始寻找沈宝媛。但是如本书序言所说，结果令人失望。尽管如此，往积极的方面想，或许这也有有利之处。即使没有记忆的问题，她今天能告诉我的，一定是她对过去的回忆，是按今天对过去历史的理解来讲述这段经历。这种记忆可能会发生误导。我们知道在这篇报告完成之后，中国政治发生巨变，以无与伦比的力量干涉和冲击了一切人和事，对人们的思维也产生了天翻地覆的影响。因此，与其去了解她今天对过去的记忆，还不如回到原始历史文本——也就是沈宝媛的报告，同时挖掘她当时的家庭影响、思想倾向、知识结构、学术背景等等。事实证明，这些努力得到了丰厚的回报。我了解到沈宝媛的一些社会活动,以及政治思想倾向,这对我理解这个报告的背景,以及更准确地运用这个历史资料,都是非常有帮助的。

* * *

大学时代的沈宝媛应该受到了以下三方面的影响:一是燕京大学社会学系开放的学风以及左翼和共产党的影响,这些思想上的影响,对沈宝媛深入乡村的调查,都起到了推动和指导作用;二是家传,父亲是留美学生,家庭环境使她成为一个思想开放的青年女性;三是1920年代以来中国知识分子关注农村问题,推动了社会学和人类学学科在中国的发展,这使得沈能够受到专业的系统训练(关于第三点的讨论见第十四章)。

对沈宝媛受左翼和共产党的影响,我收集到的不少资料可以证明这一点。虽然关于沈宝媛的直接资料很少,我还是发现了一些她的活动轨迹。1949年以前,她是一位思想"左倾"的大学生,是燕大海燕剧团的活跃分子。这个剧团成立于1942年秋,当时燕大刚在成都复课不久。文学研究社分为若干组,其中爱好戏剧的有十多位同学:卓顽麟、陶慧华、沈宝媛、唐振常、王世祯等。[1] 王世祯为经济系学生,经常带着一本厚厚的精装的奥尼尔原文剧本,有空就读,表示要为戏剧事业奋斗终生。[2] 因此他被选为戏剧组召集人。海燕剧社得名于苏联作家高尔基著名诗篇《海燕》。他们希望成为与暴风雨英勇搏斗的"海燕"。后来规模日益扩大,称为海燕剧团。1943年春节,海燕剧团推出成立后的第一台大戏——阳翰笙编剧的《塞上风云》。这出戏的主题是蒙汉团结抗日,反对分裂投降。后又公演夏衍编剧的反映现代知识女性内心世界和爱情的话剧《芳草天涯》，陶慧华、沈宝媛等参加演出。[3]

她的名字还出现在 1945 年 9 月 29 日有 248 名左翼文化人士签名的《成都文化界对时局的呼吁》上，其余署名者包括当时或后来中国文艺界的一些名人，如叶圣陶、刘开渠、吴作人、黎澍、张友渔、唐振常、张天翼、马思聪、李劼人等，要求国民党政府"立即结束一党专政"，"无条件保障人身、言论、出版、集会、结社、信仰"等基本人权。[4] 这份呼吁的发表，正当毛泽东赴重庆谈判之时，想来是配合共产党关于重庆谈判的主张。

沈宝媛从燕京大学毕业以后，在香港基督教女青年会劳工部工作，担任劳工妇女部干事。她于 1946—1948 年陆续在《香港女声》杂志上发表文章，都与女青年会的活动有关，如《女青年会劳工部工作介绍》《中英友情的交响曲——记香港女青年会欢迎克里浦斯夫人大会》《友光团圣诞大会于复团典礼》《假如我是一个女工》《一个新生的嫩芽——劳工小童班》《参加劳工及民教事工研究会归来(上)(下)》等。1947 年，她在上海《消息》杂志上发表《圣阿连夫日游行记》，记叙了她出席奥斯陆世界基督教青年大会的见闻。1949 年 3 月，她还在香港《女青》杂志上发表《"把根据安在磐石上"——记港、穗区劳工部教师进修班》。[5]

1950 年年初，因为停办 7 所妇女夜校，使千余女工失学，她与教师和干事等 33 人发布《告社会人士书》，呼吁各地"基督教的同工们，热心支持青年会工作的社会人士们"，"一致起来，共同挽救"。[6] 不过这份呼吁书后面有一些复杂的背景，从这个背景中，我们可以看到沈宝媛的左翼倾向和与共产党的联系。1946—1949 年间，劳工妇女部在旺角、中环、铜锣湾等地开办 7 所劳工妇女夜校，1949 年有学生总数 1300 余人，以女工为主，还包括小贩和失学、失业的女青年。学制三年，相当于小学毕业的水平。1949 年 11 月，左翼的香港《文汇报》刊登了一封由"女青年会劳工夜校校友"撰写的给解放军的慰问信，并刊登"回国观光团"名单，其中有香港基督教女青年会劳工部干事参加，引起了港英当局的注意，怀疑青年会的夜校已被中共渗透，便派大批便衣搜查劳工妇女宿舍。这造成了青年会董事部宣布停办 7 所劳工妇女夜校，要求劳工部干事沈宝媛等全体教职员工三十多人离职。后来因学生抗议，一个多月后才陆续复办其中 5 所夜校。这个事件应该是当时港英当局压制亲中共人士和团体的措施的一部分。[7]

1950 年以后很长一段时间，不见有关沈宝媛活动的任何记载。她的名字重新出现在媒体上，已经是 2005 年以后，而且多是与她的父亲沈祖荣有关（图 13-1）。这样，倒使我知道了她的出身和家世。她的父亲沈祖荣（1883—1977）是中国图书馆学的开创者和奠基人。他出身贫寒，祖辈是长江上的纤夫，其父后来在宜昌的江边开了一家小饭馆，沈祖荣从小便在饭馆里帮忙干活。15 岁时，沈祖荣进入宜昌圣公会教堂做工，后到文华大学学习，毕业后在美国图书馆专家韦棣华（Mary Elizabeth Wood）创办的"文华公书林"任职。1914 年，得到韦棣华的资助赴美国学习图书馆学，1916 年获得哥伦比亚大学学士学位，是中国获得图书馆学专业学位的第一人。次年回国后，继续在"文华公书林"工作。1920 年，韦棣华与文华大学合作创办文华图书科，沈祖荣与韦棣华都在那里任教。1920 年代，沈祖荣参与发起中华图书馆协会，并作为中国的唯一代表参加在意大利召开的国际图书馆协会联合会第一次大会。后任武昌文华图书馆专科学校校长。在 1930—1940

年代，为中国培养出一批图书馆专业人才。1952年，文华图书馆专科学校并入武汉大学，他也随之进入武大，1977年逝世。

2005年，沈宝媛及其亲属在中山大学设立了"沈祖荣沈宝环纪念奖学金"。沈宝环是沈祖荣的长子，1946年赴美留学，此后竟然父子永诀，沈祖荣直到晚年都没有得到儿子的任何消息，不知道这个儿子已经从美国到了中国台湾，在那里继续从事其父的图书馆事业。沈宝环2004年在美国去世。[8] 巧合的是，2017年夏天，我参加在三峡大学由华中师范大学中国近代史研究所和"中研院"近代史研究所共同举办的近代中国学术研习营，在和近史所前所长、前"国史馆"馆长吕芳上先生的聊天中，得知他认识沈宝环先生，沈担任过东海大学图书馆的馆长，也是当地图书馆管理方面极有影响的人物。

显然，沈宝媛在1950年以后，并没有进入学术界，从网上很有限的资料看，她和她丈夫都是燕京大学的毕业生。和她著名的父亲相比，她默默无闻。但这里我想指出的是，她在1945年做的这个调查，对我们今天了解四川的秘密社会，有着十分重大的资料价值。如果没有她的调查，我们将没有可能这样深入地进入1940年代的一个袍哥家庭和袍哥组织的内部世界。

* * *

沈宝媛在论文中也清楚表明，她写这篇论文的目的是"研究一个秘密社团，及其旧有领袖之一的家庭概况"，其动机是"纯为学术上之探求，与兴趣之趋使"，而并非有任何"发掘个人、家庭或社团之隐密，是非和明暗，用以作为政治报告，或供给侦探材料，或任何不利

图 13-1　老年沈宝媛在庐山沈祖荣墓前（2016 年）。
资料来源：沈宝媛之女张维萍女士提供，使用得到授权。

于个人或团体的举动"。[9] 虽然是学术的目的，但是袍哥们"对于泄漏帮内秘密常有戒心，对于询问者发生疑惧心理"。所以初识雷明远和雷大娘，"未敢公然露出祥[详]细调查的意思，唯恐生疑"。随着交往渐深，"始敢逐渐探问，故此材料之取得需时极多"。但她对于进度颇不满意，因为"规定的期望往往不能达到"，有时花费了许多时间，"与其周旋"，却"未能获得丝毫材料"，经常是"煞费苦心才得一点零星消息"。[10] 由此可见沈宝媛这项考察的不易。

平心而论，沈宝媛选择的这个题目具有相当的挑战性。从当时社会学和人类学调查的题目看，这个题目可以说是最难的一个。大多数调查都是关于行业、经济、生活方式、风俗等等，一般被调查的对象没有敏感和排斥，在提供信息方面的顾虑要少得多。对袍哥的调查却不一样，虽然民国时期这个组织已经半公开，但是毕竟是政府明令取缔的，而且这个组织内部有一套严密的帮规，违规可能受到惩罚。当然，沈宝媛的这项调查也有有利之处，特别是地点离成都很近——不像她的老师林耀华，1943—1945年间三次到小凉山、西康等地，都是路途遥远，千辛万苦，有若干次险有生命之虞。[11] 费孝通1935年和新婚妻子王同惠到广西大瑶山考察，妻子遇险身亡，更是在业内众所周知的悲惨故事。[12] 正是由于距离不远，沈宝媛即使是在考察结束后，还可以与主人公的家庭保持频繁交往。可以说，如果没有后期的继续交往，这项调查的质量，可能就要大打折扣，特别是缺少了雷明远失佃后的状况。

从沈宝媛自己的描述看，她在下乡之前对要调查什么内容、毕业论文要写什么并不清楚；她来到乡村后，发现袍哥无处不在，而且当人们需要了解地方权力关系的时候，袍哥正是这个关系的中心。结果，地方社会的这个现象，引起了她"对此种会社研究的兴趣，愿意藉着这个机会搜集有关的材料"，这也是她"作此文的正式动机"。[13] 沈选题的过程也证明了袍哥在地方社会强大的势力。可以这么认为，要了解1940年代川西平原的乡村，不对袍哥进行深入的考察，是不可能的。

她和同伴们的工作首先从打好基础开始，先和乡民们建立"友谊的交往",尽量先了解"农村生活的概况,农民家庭的情形,地方势力的梗概等"。她们知道,要真正了解这个地区"地方势力"的情况,还必须从上面着手,打通"地方关系",因此她们拜访了"地方首长们",先做自我介绍,以"作为对工作的引见"。她们首先需要拜访哪些人呢?乡亲们告诉她们,必须拜访本乡乡长、保安队长以及保甲长等人物,而这些人"多属于'入社会'的人物"。这里的所谓"入社会",就是加入了秘密社会,或者秘密会社,即那些"本地袍哥内的首长份子"。[14]

她就是这样有机会认识了雷明远。雷就住在燕京大学暑期活动办事处不远的地方,"是当地社会上的人物"。在她的论文中,包括论文的题目,经常使用"社团"和"社会"这两个词,后者除了在表述"社会、经济、文化"这类意思的时候是我们常用的"社会"的意思,在沈的这篇论文中,大多数情况下,就是袍哥的另一个说法。因此,这里所谓"社会上的人物",就是加入了袍哥的意思。其实,这里也可以有第二个意思,即作为袍哥的成员(特别是首领人物),他们在地方社会中(这里是指一般意义的社会),便成了一个"人物",就是指有影响、有地位的社会成员了。

沈宝媛更多的是通过雷明远的妻子——她称之为"雷大娘"——来认识这个家庭的。她说雷大娘为人"精明厉害"。由于雷家的女儿和儿子都报名参加了她们的农村补习学校,这一层师生关系,使她有更多机会去接近和了解他们。因此,她想以这个家庭"作为对袍哥社会研究的开端"。每天上午是补习班上课时间,学生都是初中及小学程度的农民的孩子。这个倒是说明了,当时农民的孩子已经有机会上学,但是由于种种原因,特别是农村的孩子家庭负担都很重,放学后都要帮助家里劳动，比如在田里拾稻麦穗、打猪草、集柴火、照顾弟妹等，加之缺乏家庭的辅导，因此学习都不同程度存在着困难。下乡的大学生提供这样的暑假补习学校，对农民来说，真是求之不得，非常欢迎。雷家夫妇还热情帮助学校，所以沈说，"我们补习学校的筹办仰赖于雷家夫妇的许多助力"，例如向当地小学借桌椅、搬抬桌椅等事都由雷家夫妇经手，另一方面他们成了"学校的义务宣传员"，并且还在课余学校人手不够的时候，帮助管理那帮学生。虽然沈觉得他们的管理方法"不很得当"，但是他们的协助的确给予了她们的工作"极大的助力"（图13-2、13-3）。[15]

虽然雷明远是一个大老粗，但是他"相当尊崇读书人"，尤其对于沈宝媛等几个在乡下服务的学生更表示"极端的友善"。他津津乐道地和这些年轻人谈论枪炮和军事方面的知识。他有一把白朗宁手枪，每天用油布仔细擦拭。他的枪法极佳，还时常教学生们射击。这把枪跟随他将近20年了，他曾经用它"杀死无数条性命"。[16]

雷氏夫妇的参与，对沈宝媛的调查和报告"有决定性的作用"。她每天下午进行调查，拜访各方面人物，晚上整理调查日志。她逐步发现，应该把论文的范围限定在"这个家庭"，把这个家庭"作为中心"，来了解袍哥的世界，因此，她注意的焦点也就集中在"搜集及整理雷家的材料方面。"[17] 沈宝媛的这个调查限定，对我看重这份资料并以此做进一步的学术研究是至关重要的。虽然目前关于袍哥的资料不甚系统，寻找有一定困难，但如果是一般性的叙述，或者是关于一些地方的著名袍哥首领，或者他们所干的惊天动地的事情，相关资料还是能够找到的。而沈的这项调查的独特之处，就是能够进入他们家庭的内部，了解他们的日常行为和生活。

图 13-2 田里帮忙的小孩。甘博拍摄于 1917—1919 年间。
资料来源：美国杜克大学 D. M. 鲁宾斯坦珍稀图书和手稿图书馆。

图 13-3 牧童。甘博拍摄于 1917—1919 年间。
资料来源：美国杜克大学 D. M. 鲁宾斯坦珍稀图书和手稿图书馆。

在访谈的开始,沈宝嫒还是遇到了一定的困难。毕竟袍哥是一种带有秘密色彩的社团,其成员不可以开诚布公地讲出自己的故事,调查工作可能面临"地方势力的支助及阻挠",所以调查的策略就非常重要。她尽量把调查变成日常的聊天,通过对袍哥的"有意无意的询问",来得到他们"全盘真诚的回答"。[18]例如她有时故意询问雷大娘一些老药方,或者在厨房中向她学习做菜,营造接近的机会,由此逐渐了解这个家庭生活的情形,以及"袍哥社会的一般内幕"。[19]她在提问的时候,尽量运用"含蓄的询问方法,异常随和的态度",以期得到"真实的回答"。她并没有向他们说明是为了收集论文资料,而只说是"为了好奇心的趋使"。[20]

因此,沈宝嫒对自己的调查能够得到真实的信息还是充满信心的,她觉得对"袍哥会社有了一个清晰与整体的认识"。[21]在一个多月的时间里,"从早到晚,雷氏夫妇几乎成了我们经常的客人"。同时,沈也经常到他们家里去拜访,"在许多个漫漫的黄昏,当夕阳的光辉斜照在金黄色的稻田中的时候,我在他们家里作着客人"。由于雷的女儿淑英要到沈宝嫒那里去补习英文,经常去燕京大学暑期办事处,因此她们交往非常密切,在一个月中,"友谊建立有更深的基础"。[22]

沈宝嫒在"望镇"只待了一个月零十天,时间有限,不像人类学家能长时期待在一个地方进行考察。不过,由于成都和"望镇"距离不远,而且她和这个袍哥家庭建立了一种密切的关系,所以在调查结束以后,她和这个家庭继续保持着往来,论文中所讲到的许多事情,特别是本书第十一和十二章的内容,都是当时正在发生的,是在调查结束以后的持续交往中,雷的妻子和女儿向她讲述的。这是一个没有结尾的故事,但是我们也大体可以预测主人公的结局。

在考察结束以后，沈宝媛在1945年8月和9月的几个星期天，特意下乡去看过雷家几次。11月15日，雷大娘与她的女儿亲自来到成都陕西街的燕京大学校区（见地图4），12月8日又到学校玩了一整天，淑英还观看了学校学生演出的话剧《芳草天涯》，当晚就住在学校，第二天才回家。[23] 这些后来的交往，也有助于沈对雷家的了解，毕竟她在乡下只待了一个多月，持续的交往，才使她的材料收集"有了大体的轮廓"。由于没有限制的日常闲聊，"可以更深入的说到许多具体的东西"。次年1月19日，沈又带英国人克来礼女士及一位叫锦娟的学友一同到"望镇"，"乡下友人们热诚招待"。[24] 当天下午回学校时，沈宝媛又带淑英一同回校，淑英住了一晚，次日午后才回家。1月26日，淑英又进城看望沈宝媛，给她讲述了"许多新鲜的材料"。以后的几乎每一个星期日，她都到学校来，有时候是同她的母亲一起来。在"XX中学开学以后，她更搬来了陕西街"，这样她们每天都可以见面，这样使沈宝媛的资料收集更方便，最终使她的论文得以顺利完成。[25]

虽然沈宝媛没有在这里透露淑英到成都所上中学的名字，而以"XX"代替，但我可以确认是陕西街27号的教会学校"华美女中"。抗战期间因为空袭，华美女中和隔壁的启化小学都停课疏散，燕京大学成都复课就是在这两个学校的原址。[26] 而华美女中的疏散地，应该就是"望镇"（即崇义桥，关于"望镇"与崇义桥的关系，见第十四章），因此淑英进入华美女中，应该是顺理成章的了。根据1940年11月18日叶圣陶的日记，他"与颉刚至崇义桥华美女中，颉刚应其校长范希纯之招宴，余则从子杰之嘱，顺便往视其校之国文教学"。[27] 崇义桥下辖的13村，其中之一就称为"华美"，很可能来源于这所中学抗战期

第十三章 讲故事的人 — 199

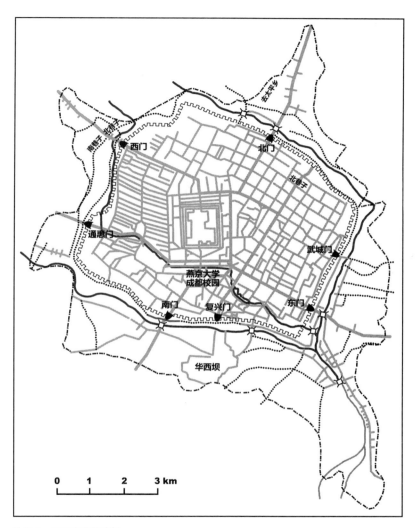

地图 4　1940 年代的成都

间疏散至此地的历史。[28] 战后，华美中学也复校了，淑英"搬来了陕西街"，就是说住校了。在这段时间里，沈宝媛其实和淑英就住在同一个地方。到这个时候，沈宝媛的论文也快水到渠成了。

第十四章 "农村工作者"

从沈宝媛论文的封面,我们知道她的导师是徐雍舜,评阅者是社会学系主任林耀华和法学院院长郑林庄。另外,在前言中,沈还特别提到廖泰初提供了他自己关于哥老会研究的英文论文。[1] 由此可以看到,和沈宝媛这篇调查有关的论文指导老师,都是中国人类学和社会学大名鼎鼎的先驱者(见图1-3)。

在这项调查中,沈宝媛把自己看成是一个"农村工作者",这正是当时许多关心农村问题的学者,特别是中国社会学和人类学先驱者们的自我定位。[2] 他们从一开始,就有着认识和改造中国农村的目标。从燕京大学社会学系的学术渊源上看,沈宝媛进行的这项关于四川袍哥的调查,应该说不是偶然的,而是1920—1940年代中国乡村教育运动与早期中国社会学和人类学重视乡村调查的一个延续。

1926年,中华平民教育促进会(平教会)在留美博士晏阳初的带领下,到河北定县进行乡村教育的实验。1930年代初,晏阳初利用在美国募集到的资金,把总部从北平搬到了定州城,并招募到不少大学生和留学生志愿者参加平教会的实验。[3]1929年,梁漱溟在河南省北部辉县创建以乡村重建为目的的村治研究院，1931年在邹平创办山东乡村建设研究院，并在北平出版《村治》月刊，他写有《乡村建设大意》《乡村建设理论》《答乡村建设批判》等一系列著作，阐明他的乡村建设主张。[4] 卢作孚在重庆北碚也进行了乡村建设的实验，在1930年写的《乡村建设》一文中，强调教育是乡村第一要务。1934年写有《四川嘉陵江三峡的乡村运动》。[5]

抗战爆发后，大后方四川便成为乡村建设的重要基地。抗战后晏阳初的平教会把重点放在四川的乡村教育方面。1936年春，平教会和四川省政府合作，筹组设计委员会。次年4月，四川省政府定新都为实验县，直属省政府，计划三年完成实验。1939年9月，国民政府公布了《县各级组织纲要》，其中采纳了许多平教会多年来在定县、新都等地实验积累起来的经验。基于四川的特殊情况和在抗战中的重要地位，国民政府决定在四川率先实施，由平教会协助。国民政府指定四川全省各县于1940年3月1日实行新县制。[6]

在1920—1930年代，全国从事乡村建设工作的团体和机构有600多个，先后设立的各种实验区达上千处。如以晏阳初为代表的河北定县，梁漱溟为代表的山东邹平，燕京大学为代表的北平清河等地的乡村建设实验区，大多是以平民教育为中心，形成了广泛的乡村教育运动。[7] 这些乡村建设计划主要关注农村教育、农村地方自治、改良农业、推广优良品种、防治病虫害等；还力图解决农民的借贷问题，如成立借贷合作社和信用合作社、发放贷款，以解决他们资金上的困难；提倡合作，帮助组织农民成立各种合作社；设立乡村医院，预防各种传染病，建立乡村公共卫生保健制度；教育农民移风易俗，在缠足、吸毒、赌博、早婚、买卖婚姻、溺杀女婴、婚丧陋习等方面，开通民智。1945年夏天沈宝媛在"望镇"调查的时候,燕京大学也在那里设立了补习班。正是由于补习班的工作,才使沈有机会接触和深入了解雷氏家庭。

* * *

从一定程度上来讲,沈宝媛的这项调查,也是和当时的民族危机分不开的。抗战爆发后,各地高校因战事停办的非常之多。国民政府颁布了《战区内学校处置办法》,布置战区学校的内迁等事宜,抗战初期,东南沿海各高校,除燕京、辅仁等教会学校未动外,大多迁往西南和西北,据国民政府教育部统计,战事起后,迁入后方复课者77校,停课者17校。1941年12月太平洋战争爆发后,原迁上海租界内的高校继续内迁,滞留北平的燕京大学亦迁往成都。[8] 次年燕大在成都复校(定英文名为 Yen Ching University in Chen Tu),在战争环境中继续进行教育事业。燕京大学为复校的选址颇费周折,最后终于选在陕西街华美女中和启化小学的旧址(地图4)。[9]

社会学系主任先后由李安宅、林耀华担任。学校还根据战时形势,进行边疆社会调查、城市社会服务、农村社会服务等工作。在这种学术的大氛围下,沈宝媛选择这样一个调查题目,就顺理成章了。当时燕京大学学生深受共产党的影响,学生中的共产党组织有相当的发展。1944年10月15日,各大学的进步分子成立"成都民主青年协会"(简称"民协",代号 M.S.),其中包括燕大的地下党学生。中国共产革命的基础在农村,了解农民和农村一直是共产党人十分强调的。所以当时的燕大学生深入农村,除了受那些社会学和人类学老师们的影响，也是响应共产党"到农村去"的号召。

1945年春，"民协"组织青年学生到农村与农民接触，利用暑假组织同学参加"农村工作队"，到成都附近的农村送医送药，举办夜校，宣传抗日，进行农村调查，了解租佃关系等。[10]燕大的共产党员通过"民协"认真组织了这次活动，使参加活动的同学初步体会到知识分子与工农相结合的必要性。有的同学说："一个月的农村生活，决定了我一生的道路，农村的实际教育了我，使我下决心一生走革命的道路。"[11]因此，虽然我没有发现直接资料说明沈宝媛的这次考察是由共产党组织的，但可能也存在着某种联系。

这种注重理论联系实际、深入民众、鼓励学生实地调查的风气，对沈宝媛来说，真是求之不得。她说自己从孩提时代起，就非常向往农村的生活，喜欢田园间的自然景色，对于熙熙攘攘的城市兴趣不大。她还觉得乡下人淳朴，而对"城市狡猾人们"有所提防。所以来到乡村，徜徉于青山绿水之间，欣赏着秀丽天成的景色，使她有一种找到归宿的感觉。因此她承认，这次调查，也是"由于自私的原因"，因为她觉得"在烦嚣的城市里永得不着宁静，使我更思恋于寂静的乡村生活"（图14-1）。[12]

作为一个年轻的大学生，在当时燕京大学"左倾"思想的影响下，她有着同情下层民众的情怀。当她欣赏田园之美的时候，想到农民耕耘的辛苦与劳累，心里就会有一种"深深抱歉的感觉"。她把自己看成是一名"农村工作者"，对农民有着"同情与爱戴"，渴望"与农民一块生活、一块玩耍、一块工作的机会"。可以看出，当时的沈宝媛是一个理想主义者，她对自己优越的家庭和教育条件，有一种内疚感，试图以"学习纯朴与勤苦来改变一下浮夸的积习，回复到人类自然的天

图 14-1　川西平原上的巨大水车。李约瑟于 1943—1946 年间拍摄。
资料来源：英国剑桥大学李约瑟研究所。

性",所以她有着要为"农村服务的志向"。[13]

的确,当时知识分子到农村去了解农民、改造农村,已经成为一种风气。沈宝媛写道:"一九四五年的夏天,'知识份子下乡去'的口号到处在散播着,利用这个休闲的假期播下一点农村工作的果实,一方面表示对农民大众致崇高的敬礼,向他们学习书本以外的知识。"[14] 例如教育系廖泰初教授,于 1943 年春便率师生在成都北郊崇义桥夏家寺建设农村研究服务站。[15] 社会学系主任林耀华在成都复校的四年教学中,有三个假期都是到凉山、西康等少数民族地区进行考察。[16]

* * *

  这种社会学和人类学调查的风气，是从 1920—1930 年代以来中国社会学和人类学的许多先驱们共同努力的结果。中国的社会调查研究活动，开始于 20 世纪初一些教会学校中的外籍教授。1917 年清华学堂美籍教授狄德莫（C. G. Dittmer）指导学生在北京西郊调查 195 家居民的生活费用。1918—1919 年间，美籍教士甘博与燕京大学教授步济时（John Stewart Burgess）调查北京社会状况，于 1921 年在美国出版《北京，一个社会调查》。同年，上海沪江大学教授葛学溥（Daniel H. Kulp）带领社会学学生在广东潮州凤凰村，对 650 户人家进行调查，后以《华南农村生活》为题，1925 年在美国哥伦比亚大学出版。[17]1922 年，华洋义赈会救灾总会请马伦（C. B. Malone）和戴乐尔（J. B. Tagler）教授指导 9 所大学的 61 个学生，在河北、山东、江苏、浙江等省 240 个村落进行调查，1924 年出版英文著作《中国农村经济研究》。[18]1921—1925 年，金陵大学卜凯（John Lossing Buck）教授组织学生调查了 7 省 17 县的 2866 个农场，出版了英文著作《中国农家经济》；后来又组织调查了 22 省 16700 多个农场，出版了英文著作《中国的土地利用》。[19]

  关于甘博，这里有必要多说几句，因为本书收入的若干图片，就是他拍摄的。甘博来自于美国俄亥俄，1908 年曾与父母一同到中国旅行，后在普林斯顿大学和伯克莱加州大学学习。1917—1919 年间他作为基督教青年会干事到北京，开始了在中国的社会调查。甘博也是一位业余摄影师，他在 1908 年与家人第一次访问中国时便拍了不少照片。1917—1932 年间，他持续地拍摄中国人的日常生活、社会和政治事件、城市和乡村。他拍摄的大多数照片在他生前从未出版或展示。在甘博去世大约 15 年后，他的女儿柯兰（Catherine Curran）在纽约家中衣柜里的红木盒子中发现了他的大量底片，底片上有甘博给每张照片所做的说明。为了更好地保护这些图像资料，柯兰请专家进行了整理。1986 年，柯兰成立了甘博中国研究基金会（Sidney D. Gamble Foundation for China Studies），以保存和利用这批珍贵图片。2006 年，这批照片转交给美国杜克大学图书馆保存，并开始数字化，为全世界的学者使用它们提供了方便。

一些中国社会学学者也进行社会调查工作。1920 年代，中华教育文化基金董事会设立社会调查部（1929 年改为北平社会调查所），1926 年接受美国纽约社会宗教研究院资助，由陶孟和、李景汉主持，做了不少调查研究工作，先后出版了 20 多种书籍。1930 年代，南京中央研究院成立社会科学研究所，由陈翰笙任所长。该所于 1929—1930 年先后在江苏无锡、河北保定进行农村调查。同时，晏阳初领导下的中华平民教育促进会于 1926 年在河北定县设立实验区，1928 年始由李景汉任促进会定县试验区调查部主任。李景汉主编了《定县社会概况调查》，83 万字，17 章，包括地理、历史、县政府以及其他地方团体、人口、教育、健康、卫生、农民生活费用、乡村娱乐、风俗与习惯、信仰、财税、县财政、农业、工商业、农村借贷、灾荒、兵灾等方面的信息，是中国首次以县为单位的大型调查报告。[20]

其实，中国社会学的建立，一开始就和农村紧密联系着。那些早期在大学从事社会学教学和研究工作的学者，如燕京大学社会学系的杨开道、李景汉、吴文藻以及吴的学生费孝通等，研究的重心都是农村调查。[21] 还出版了不少农村社会学教材。1924年，上海商务印书馆出版了顾复的《农村社会学》，这是中国这一领域最早的教材之一。此后，杨开道的《农村社会学》、冯和法的《农村社会学大纲》、言心哲的《农村社会学概论》相继出版。[22] 这些教材都是联系中国农村实际，研究农村社会性质、人口、土地、经济、金融、教育、组织、自治等问题（图14-2）。

沈宝媛所就读的燕京大学社会学系，聚集了早期中国农村社会调查最优秀的学者。该系创办于1922年，由美国普林斯顿大学在华同学会步济时、艾德敷（D. W. Edwards）倡导发起，目的是为美国在中

图14-2　一个四川农村小乡场。甘博拍摄于1917—1919年间。
资料来源：美国杜克大学 D. M. 鲁宾斯坦珍稀图书和手稿图书馆。

国设立的社会团体及社会福利设施培养社会服务工作的专业人才。[23] 吴文藻在美国哥伦比亚大学获博士学位后，于1929年初回燕大任教，他竭力探索一种可以用来指导中国国情研究的理论构架，培养出相关研究人才。1933年芝加哥大学教授R.E.派克（Robert Ezra Park）受邀来燕大讲授社区调查方法，吴文藻听从了派克的建议，1935年邀请英国功能学派人类学创始人之一的A.R.拉德克利夫－布朗（Alfred Reginald Radcliffe-Brown）到燕大社会学系讲学三个月。[24] 随后，吴文藻安排李安宅先到伯克莱加州大学人类学系，后又到耶鲁大学人类学系学习；派林耀华到美国哈佛大学人类学系攻读博士学位；送费孝通到英国伦敦经济学院人类学系，随功能学派大师马林诺夫斯基（Bronisław Malinowski）读博士学位。这些学生学成归来后，大都成了中国社会学、人类学最有影响的学者。[25]

燕京大学社会学系在系主任吴文藻的领导下，以社区研究法和社会人类学的方法及理论为指导，纷纷前往各地农村调查。特别是1936年费孝通以文化功能主义为中心，运用社会学的调查研究方法，深入开弦弓村进行调查，完成《江村经济》一书。[26] 沈宝媛的指导老师徐雍舜发表有《东三省之移民与犯罪》等。[27] 此外，社会学系主任林耀华、法学院院长郑林庄、教育学系廖泰初等人研究的重点都是农村。这些老师对沈宝媛的这项乡村袍哥的调查，无疑有着直接的影响。

结构功能学派在1930—1940年代十分盛行，在中国社会学界居于主导地位。拉德克利夫－布朗在访华期间担任过林耀华的硕士论文指导教师，该文深受他的结构功能理论影响，主张以之为研究家族的新方法，注重社会学和人类学的结合，偏向以社区方法研究社会组织。林耀华的家族研究成果也多是以田野调查为基础，运用结构功能理论研究中国村落家族的结构和功能。[28] 这与燕京大学的学术渊源有关，在论文中沈宝媛简单提到林耀华教她"功能观点"。林耀华的家族研究显然对她选择这个题目有一定的影响。芝加哥大学的派克在燕京大学访问时，也曾对田野调查和社区研究做过指导。这种方法启发了吴文藻、林耀华、费孝通等人把社会学和人类学结合起来。

* * *

沈宝媛就是在这样的学术环境下来到了"望镇"，她在燕京大学的学术训练和政治思想倾向，都影响到她的这项调查。她怀着关注农村、农村问题，同情农民处境的初衷，无疑对她观察农村现实，提出问题，发现问题，思考问题，有着至关重要的作用。从她的身上，我们可以发现她的老师们的影子，她的调查，无疑是那个时代中国社会学和人类学发展的一个有价值的成果，虽然长期以来，人们忽视了它的存在。

沈宝媛当时所接受的训练，决定了她调查的目的、理论和方法。她采用的是什么理论和方法呢？她自己说是"运算方法（Operational Method）"（英文是沈宝媛加注），就是"人与人之间互动关系的测量，研究不易捉摸的微妙生活关系以内的材料，以达到了解现象的目的"。她还解释说运算方法是继批评学派（Critical School）与功能学派（Functional School）以后，美国社会人类学发展中的一个新方法，这种方法是"二者观点综合以后的结晶"，即主张用功能的观点和数学的方法，来研究文化现象，"并预测未来事态之发生"。她觉得这是"一个极有趣味，具有真实意义的预测"。她试图用这篇论文，来对这个新的研究方法进行一个"小小应证的实验"。在"论文提要"中,她感谢林耀华老师教她"运算方法及功能观点"。[29] 她同时也表示,运用收集的资料,还要根据"个案方法或生活史方法",这样才能从雷氏家庭来"透视袍哥社会的真象",她称之为"关系叙述"。[30]

就是说,她表明这篇论文采取的是数学方法和关系叙述。而且她认为,关系叙述也是"科学上的任务",因此是"运算方法中所必不少的要件"。在她看来,两种方法是相辅相成的。不过,通读全文,我并没有发现她对这个新方法的具体运用。数学的方法一般采宏观的视野,它将统计学原理和数学方法应用到调查研究中来,运用公式计算,了解影响或决定事物变化的各种条件和因素在数量上的增减或消除情况。[31] 也可能她有采用这样的方法进行下一步研究的打算,不过等她完成了毕业论文,似乎没有机会再考虑这个研究课题了。

对我来说,她使用什么方法和理论并不十分重要,我关注的是她怎样真实地记载了田野调查的所见所闻。从她的描述看,尽管她不时用现代化的精英的眼光,对她所记述的人和事进行一番评论,但是她的描述是公允的,尽量不带偏见的。她力图去了解调查对象的生活和内心世界,对他们进行客观的观察。在我看来,她更多采取的是田野调查中的微观手段,与个别访问和观察的调查方法。在这种方法中,观察是十分重要的,从各种细节来了解经济情况、社会地位、性格爱好、宗教信仰等。

沈宝媛在论文中提到林耀华教授了她数学的方法,但是林在全面总结自己研究方法的《社会人类学讲义》中,对这个方法着墨不多,只是在评论人类学的批评学派时说:"惟在研究技术方面,应用统计数字去分析文化,因而复原民族文化的历史,似嫌机械化,且与事实毫无补益。"[32] 不过，燕大成都时期林耀华的学生在论文中，倒是反复提到在林教授的指导下运用这个理论，如杨树因在其论文《一个农村手工业的家庭——石羊场杜家实地研究报告》中说，在1942—1943年"社会制度"课上，林耀华将这个观点"介绍给同学"，这一理论是"在注重文化功能研究、实地描写之外，同时考察历史过程"，是用"比较的数学方法"，"用划一的单位来考察人与人之间的互动关系，并预测未来"。[33] 林耀华的学生用这个方法撰写的论文还有《厂工研究——成都市一个制版印刷工厂》《杂谷脑的喇嘛寺院》等。[34]

为什么林的学生反复提到数学方法，而林本人好像并未对这种方法作多么正面的评价？可能的解释，一是林本人的研究和研究方法，从1940年代以来也在不断变化。也可能他对西方社会学和人类学的理论与方法，从早期的热情接受，变为后期的批判性思考。二是林虽然早期教授学生时，对这个方法有热情的介绍，但是自己始终没有付诸实践，可能在操作的过程中还面临诸多困难，以至于最后将这种方法束之高阁。

应该指出的是，沈宝媛的这篇论文，在论述方面还是很表面的，此时她毕竟只是一个尚未毕业的大学生，所使用的理论和方法还都比较粗糙，没有真正深入的分析和细致的论述。她这篇论文的可取之处，在于她所学到的理论和方法，促使她去思考和提出问题，尽管她对这些问题的综合分析能力还十分有限，但是她所记录的资料却弥足珍贵。从某种程度上说，我的这本书就是试图接着完成她所未能完成的任务，尽管已经相隔多年。我们可以吃惊地发现，七十多年后的今天，我们对袍哥的了解，竟仍然如此之少，文史资料固然提供了许许多多的个案，但是罕能深入到袍哥内部，观察他们的日常生活的细节,他们的家庭背景,他们的喜怒哀乐,他们的家庭经济。尽管沈宝媛在论文中希望"以社会制约的研究作为中心引索"[35],但是纵观论文,她的主线并不清楚,只是尽量把收集的资料如实地叙述出来。作为一篇论文,这或许不能算非常成功;但是正因为她的资料缺乏处理,才最大限度地保持了真实性。当然,她对调查主人公的评论,也使我了解了她对袍哥的态度和看法、对他们的社会功能和作用的基本理解。总之,作为一个了解中国秘密社会的历史文件,它的价值是难以估量的。

第十五章　何处是"望镇"?

作为一项社会学调查,为了保护被调查者的隐私,沈宝媛在论文中并没有使用真名。她在"论文提要"中写道:"因为本文是研究秘密结社与其领袖人物,故对所论及之对象无公开之必要,此为社会工作者所必须有之职业道德也。所以,在此特书假名,尚祈院长、系主任、导师及阅者诸君原谅!"另外,我们从沈宝媛的论文中,已经知道她的调查地点是在"成都外西望镇"。我查了不少资料,没有找到"望镇"这个地方。虽然沈宝媛在论文中并没有表示这个地名也是为了保护隐私而杜撰,但是显然和人名一样,应该也采取了隐蔽的措施。

在通过沈宝媛本人了解情况的努力失败以后,我继续从文献中寻找有关沈宝媛这次调查的信息,力图找到她进行田野调查的确切地点。我开始阅读关于燕京大学在成都复校后的一切资料,意外地在《燕京大学史稿》书后列的大事记"1945年7月"条下面,发现这样一段文字:

中旬,暑假开始,以"未名"、"启明"、"可犁"团契及"燕京生活"、"燕京文摘"社成员为骨干,得华西坝五大学"学生公社"经费赞助,与华西、金女大同学组成两个乡村工作服务团,由燕大李中、卫永清分别带队,分赴龙泉驿和金堂县姚家渡,进行为期一个半月的乡村教育、卫生及抗日宣传服务,并开展乡村社会调查……[1]

这个时间,与沈宝媛在论文中描述的时间完全吻合:

> 我们来乡下的头一天是七月十四日,一直到十九号整整五天之中,都在拜访,尤其本地执政及大爷们更是我们首先拜访的对象。……从七月十九日到八月二十四日这一个月零五天的功夫中,每天也收集我论文的材料。[2]

因此,沈宝媛的调查可能是这次暑期活动的一部分,她在论文中写道:"当时,藉着学生救济会及本校社会系分发同学至乡间服务的机会……与两位同学连同本校的一位助理一同进行拓荒的工作,大家坚定志向,准备在此地苦干一番。"她还提供了所做的具体工作:"我们的工作基础首先打定在友谊的交往上,先要知道的是农村生活的概况,农民家庭的情形,地方势力的梗概等,而我们所预计的工作有办农民学校,特别补习,医药治疗,防疫协助,卫生指导,代写书信,讲解时事,展览新闻图画及开放电影等等。"[3]这里提到的"农民学校",应该就是沈的报告中数次提到的"农村补习学校"。

上述大事记提到,学生被分派到龙泉驿和金堂县姚家渡两个地方;而论文中提到,沈宝媛所去的地方,是从"西门北巷子"出城。

我查了1940年代的成都地图,发现北巷子更靠近成都北门,如果是前往位于成都东南的龙泉驿,应该出成都东门,往东南方向走,因此龙泉驿当被排除。北巷子在成都东北,刚好是去金堂县的方向(地图1,图15-1)。因此,我开始猜测她所称的"望镇",可能就是金堂县的姚家渡。在其他人的回忆中,也提到这次活动。如苏予写道:"我一个暑假都在金堂县姚家渡,参加党的地下组织'民主青年协会'举办的乡

图15-1 乡场的街上。照片由美国《生活》杂志摄影记者C.麦丹斯于1941年在龙泉驿拍摄。资料来源:格蒂研究所。

村服务活动,当时我已读完大学新闻系一年级。日本投降的消息传到偏僻的乡村小镇,我们提前返回学校。"[4]

在一段时间里,我倾向于认为沈宝媛的调查地就是金堂县的姚家渡。但是让我困惑的是,沈在调查中几次提到出"西门"或者成都的"外西",难道是她的笔误吗?还是由于她不熟悉成都的方位?随着研究的深入,我越来越相信"望镇"是位于成都西北方向的崇义桥,那里有燕京大学设立的一个固定的"农村研究服务站"。在成都复校以后,燕大社会学系开展了一系列社会调查和社会服务工作,据《燕京大学社会学系三十年》,太平洋战争爆发、迁校成都后,地区特点和战争环境给服务实习活动带来困难,也增加了一些新的内容。这期间实习地点分为边疆、农村、城市三方面,其中农村方面,法学院在崇义桥建立了"农村研究服务处",实习工作包括农民补习学校、发行农民消息月刊、小农借贷、农家拜访指导、农村青年集中训练等。[5] 另外据《燕京大学史稿》,1943年春"教育系廖泰初教授率师生在成都北郊崇义桥夏家寺建农村研究服务站。此后三年中,服务站开办农民识字班,进行民众教育与社会调查、小生产加工服务,举办两次农业科学成就展览"。[6] 服务站的这些活动与沈在她的论文中提到的她所参与的各种实践,基本上是吻合的(图 15-2、15-3)。

据一篇回忆廖泰初的文章称,燕大在成都复校后,没有设立教育系,也没开设教育学课,他便"加入了法学院的教师队伍,致力于社会研究与社会服务的同时,见缝插针地搞些乡教工作"。廖发现,成都附近农村"文化十分落后",而且"地方上的恶势力也很大",他选定在成都北门外崇义桥为燕大的社会系办起了一个农村研究服务站,其目的有好几个:"一、为燕大法学院学生暑期实习,采集论文资料提

图 15-2　今日老崇义桥。作者于 2014 年秋拍摄。

图 15-3　今日崇义桥的小店铺。作者于 2014 年秋拍摄。

供便利；二、为当地失学儿童创办补习学校；三、为当地文盲的贫苦人民代写书信；四、为当地办一些生产事业，如一个制造花生酱的工厂；五、办农业展览，传授农业新知识；六、向当地人民进行公共卫生教育，并进行简易的医疗。"[7] 因此，按照第一个目的的说法，沈宝媛选择崇义桥作为调查地，便顺理成章了。更不用说，还有一个有利条件，就是老师廖泰初对袍哥已经有一个初步的研究，即廖1947年在英文刊物《太平洋事务》上发表的文章，而在发表之前，廖泰初把这篇文章的手稿给沈宝媛做过参考，沈的"论文提要"中也提到过。[8]

又据雷洁琼、水世琤的《燕京大学社会服务工作三十年》："燕大法学院接受洛氏基金会经费补助，在成都崇义桥成立农村服务研究处，服务工作分为社会调查及社会服务两个方面。法学院师生对当地政治、经济、社会情况进行深入调查，写出调查报告和学术论文。'哥老会'、'私塾'、'中国偏方'、'学徒制'等多篇。"[9] 这里"洛氏基金"当是指洛克菲勒基金会。文中提到的"哥老会"的研究，有两种可能，一是廖的上述文章，一是沈宝媛的调查报告。

资料对这个机构的名称说法不一，有的称"服务处"，有的称"服务站"，可能当时两种名称并行。由于燕京大学法学院在崇义桥建有"农村研究服务站"，作为法学院的学生，到这个地方进行农村调查有许多有利条件。在沈宝媛的调查报告中，也提到过在她调查的地方有"燕大的农村服务处"，很可能就是廖泰初的这个服务站。[10]

一个偶然的发现更坚定了我的这个看法。我在翻阅《成都街巷志》的时候，在"北巷子和南巷子"的条目下，看到这样的说明"今天的北巷子与南巷子的位置，是清代老西门城墙外面的南北通道"（图15–

4)。[11]这个描述提示我再去认真研究地图,竟然发现,在成都西城门外,几乎就顺着城墙,有一条西南—西北走向的小巷,以老西门为界,以北称北巷子,以南称南巷子(地图4)。显然,沈宝媛所提到的"北巷子",就是这条北巷子,而非靠近北门的那条。

这样,沈宝媛的描述就比较容易理解了:"出成都西门北巷子,通过平乡,再往前行,约五里路远的地方,就可到达望镇。"由于北巷子是南北走向,虽然是出成都西门,但其实出城后是往北走,而非朝西走。她说的"平乡",应该就是崇义桥和成都之间的"太平乡",是当时成都县的14个乡之一。她还说平乡是"战时疏散区域",这里"人

图15-4 成都西门外的城墙和马路,可能沈宝媛到崇义桥便是走这条路。照片来自法国档案,时间不详,但是根据城墙上的大幅广告"及时钟表眼镜公司——成都春熙路"可知,照片一定摄于1925年以后。1924年军阀杨森修建春熙路,江浙帮商人于1925年在春熙路开办及时钟表眼镜公司。

资料来源:杜满希编:《法国与四川:百年回眸》,成都时代出版社,2007年,第211页。

烟稠密",有"城市与乡村混合之风"。再往前走"五里路之地,便是望镇的范围了"。[12] 从地图上观之,这正是崇义桥的方位。据雍正《四川通志》,"崇义桥铺"在成都县"西北二十里"。[13] 另外,"崇"与"望"在字义上相通,沈宝媛在给她的调查地取名时,可能也有某种暗示。

* * *

另外,引起我特别注意的是她所提到的平乡是"战时疏散区域"。战时和战后的一些描述也提到这个区域,不少著名文人曾在这里居住或记录过这个地方。叶圣陶战时住成都,日记中数次提到到崇义桥拜访顾颉刚:1940年11月17日"晨餐后,出南门访郭子杰,坐谈半时。郭谓将乘汽车至崇义桥赴宴,要否附车访颉刚,余欣然。遂登车,行约一时半至崇义桥,余独坐鸡公车向赖家院"。在那里逗留了一晚,次日下午,他与顾颉刚一同进城,"仍乘鸡公车,不向北门而向西门,一路有竹树溪流,颇有趣。行二时半而进城,改乘人力车"。[14] 这里叶圣陶所描述的沿途风景,与沈的报告十分相同,叶说是"竹树溪流",沈说是"绿树成荫,小溪天成"。[15]

有趣的是,当时这些大知识分子,出城后都普遍坐"鸡公车",这是成都平原最流行的交通和运输工具,其形态看起来像一只公鸡。这是一种手推的独轮车,适合于成都平原崎岖的小路和田坎。我们可以想象文人坐在车上的情景,真是别有一番风味。当时轿子也很流行,但是属于高档的交通工具。这些大文人也并不是雇不起人力车,为什么坐鸡公车呢?在叶日记的另外两处,我似乎找到了答案。他记叙说,

1940年7月26日他第一次去崇义桥拜访顾颉刚，出北门，由于道路泥泞，行两小时而至崇义桥，然后改乘鸡公车，"行于阡陌上，两旁皆禾苗也。鸡公车低，推者在后，并不颠簸，在泥路上胜于黄包车矣"。11月27日的日记再次提到坐鸡公车的好处，他去崇宁，"坐鸡公车动身。三十里路，车价四元。车路殊不平，若坐人力车，颠簸当不可耐"。[16]就是说，虽然鸡公车看起来坐着不舒服，但是由于速度慢，故颠簸比较小（图15-5）。

当时顾颉刚在迁到成都华西坝的齐鲁大学执教，主持齐大国学研究所。由于城内比较嘈杂，有严重失眠症的顾得不到很好的休息，

图15-5 川西平原上的鸡公车，上面为客人搭有遮阳布。甘博拍摄于1917—1919年间。
资料来源：美国杜克大学 D.M. 鲁宾斯坦珍稀图书和手稿图书馆。

还因防日机轰炸，研究所乃租用崇义桥赖家院子大部分房屋，作为他和研究所的驻地。顾写有"赖家院子罗家书，引来门前问字车"的诗句，描写当时的盛况。后来钱穆也来到这里，并在此修改他的名著《国史大纲》。赖家院子是一座很大的中式院落，翠竹环绕，景色清幽，是理想的读书之处。由于战时道途梗塞，齐大图书未能迁来，不得不借用当地罗家的藏书，勉强应付需用，这便是诗中"罗家书"的来历。[17]

* * *

崇义桥是一个小地方。清康熙年间（1662—1722），这里渐成集镇，过去属于成都县的一部分，成都县共辖场镇 14 个，崇义桥是其中之一。[18] 1950 年 1 月解放军接管成都县后，崇义桥成为成都县辖的第二区四个乡之一的崇义乡，1952 年成都县撤销，崇义乡划归新繁县。1958 年"人民公社化运动"中，改为新繁人民公社的崇义大队。1959 年成立崇义乡人民公社，不久又改崇义乡为大丰乡。1965 年随原新繁县并入新都县。1982 年恢复为大丰乡人民政府，现辖 13 个村。[19] 在本书所涉及的时期，崇义桥还属于成都县一部分，但是由于所处的地理位置，它除了与成都县的其他场镇——犀埔场、土桥场、青龙场、天回镇等——联系密切，与周围县的一些场镇如新繁县的龙桥等也都有着密切的交往。

需要特别提到的是，由"崇义"变为"大丰"，是 1959 年 2 月毛泽东的秘书田家英到崇义调查"大跃进"的情况时建议的。崇义桥是田家英的家乡，在这次调查中，他发现了基层干部浮夸产量、农民缺粮、饥荒等严重问题,哀叹"崇义"并不崇义。当然,他建议改名,可能是因为崇义已经名不符实,也可能是希望这里来个大丰之年。可惜,对真相的探索,执着的性格,让他付出了生命的代价,1966年,在"文化大革命"开始后,他以自杀来抗争对他的不实指控。[20] 从沈宝媛的调查,到田家英的调查,中间也不过相隔了14年。与个人命运一样,崇义桥这样的地方也经历了种种沉浮和变迁,不免令人唏嘘。

上面我们可以看到,小小的崇义桥把若干历史人物和事件连接在一起,袍哥、顾颉刚、钱穆、燕京大学、田家英、大饥荒……如果我们仔细阅读史料的话,或许还可以把五四时期"打倒孔家店"的风云人物吴虞加入到这个链条之中。虽然他对于崇义桥来说,只是一个匆匆的过客,但是毕竟留下了踪迹。在吴虞的日记中,有若干地方记录他到过崇义桥。他在新繁县的龙桥有上百亩田佃出,不时会去巡视,路过崇义桥时歇脚。如1915年阴历三月初三,他雇轿下乡去龙桥见佃户,"周视各处",初六早上雇轿回成都,"在崇义桥午饭"。次年正月初二,他又雇轿出城,先到崇义桥,和新繁的朋友喝了好长时间茶,然后才又出发,"到龙桥尚早"。[21]

如果我们再追踪早一些的历史的话,还会发现崇义也是一个移民的世界,这是川西平原各县乡镇的一个普遍现象。清代以来,崇义场便有不少会馆,都是清初来川开垦的外省籍移民的后代先后兴建的:乾隆三十五年(1770)修文武庙,称湖广会馆;乾隆四十七年(1782)修南华宫,称广东会馆;乾隆五十八年(1793)修楚南宫,称江南会馆;嘉庆二年(1797)修三圣宫和嘉庆八年(1803)修万寿宫,称江西会馆;嘉庆二十年(1815)修帝主宫,称黄州会馆;道光二十年(1840)修三元宫,称陕西会馆;咸丰二年(1852)修火神庙,称省会馆。崇义场先后修建七座会馆,其中广东会馆、江西会馆为客家人的会馆,说明客家人在当地占有一定的比例。[22]

我们知道崇义桥还有一座关帝庙,一份资料记述了1932年秋天,国民革命军第二十九军第三路游击司令部,便设在"成都县崇义桥关帝庙内"。而且还讲述了司令江健龙和当地袍哥的关系。当时崇义桥的袍哥舵把子是周景星,他决定拜访江司令。周家很有钱,他卖了50亩水田,想拿钱买官,并且欢迎江健龙把司令部设在他的码头上。这位江司令过去也是在袍哥里混的人物,为了显示军威,他令卫兵在外面列队欢迎。周到了以后,先在关庙对面的茶铺吃茶,作为袍哥首领、在江湖上混的人,疑心最重,看到一拨军人站在门口,唯恐被人出卖暗算,便赶快撤退,从茶铺后门飞奔而去。当军人把场面布置好,去茶馆请周时,才发现人早溜了。一连几天周景星都没有回崇义桥,江健龙只好派副官持自己的亲笔信去看他。后来江给了周景星一个上校参议官的闲差。[23]

王庆源在1944年调查川西平原的茶馆时,在"在崇义场(成都北门外的一个乡下集镇——原注)三十几家茶铺中","发现十几家门口有旅馆的标志"。[24] 这里透露了更多的关于崇义桥的信息。小小乡场上,竟然有30余家茶馆。如前所述,成都平原上的许多茶馆,就是袍哥的公口所在地。我们也已经知道,雷明远一天到晚都在茶馆里耗着。我们甚至可以想象,王庆源到崇义桥调查茶馆的时候,雷明远也可能在那里,他们面对面地碰见,也不是完全不可能的事情。

* * *

作家铁流写了一部长篇自传体的纪实性作品，展示了自己一生的沉浮和坎坷，其中包括他对家乡崇义桥的回忆，使我们对崇义桥的乡村生活有了进一步的细节认识。他老家是崇义桥乡高家巷村，距成都二十里。可以想象，他在家乡的时候，也正是雷明远作为袍哥舵把子风光的时候，崇义毕竟是小地方，说不定他们在某个时间、某个地点、在某件事情上，还有过交集呢！那里的庄稼人，并不经常去成都，农民一般去附近的三个乡场赶场，即崇义桥场，逢二五八，距家五里；天回镇，逢三六九，距家九里；两路口，逢一四七，距家十二里。由于崇义桥最近，去得最多。我们可以看到这些场期安排都是错开的，如果农民和小贩想赶场，几乎每天都有机会，只需按照日期选择不同地点。"赶场天一街是人，叫卖叫买，乱哄哄闹喳喳，人挤人肩擦肩，煞是热闹。乡下人卖的多是鸡鸭蛋，差急钱时才去卖点粮食；买回的东西多半是油盐酱醋，花布洋布之类。女人们多半是将平时织的网笓，每半月拿去找庄头（又称贩子）换点钱，以做零用。"

抗战时日本飞机常来轰炸成都，警报器装在四个城门的城墙上，只要一发现日本飞机，就开始报警，城里人携老扶幼，没命地往乡下跑，"钻树林藏坟坝到处是人"。当时铁流的家庭刚搬到成都，但是由于成都不安全，便把他送回乡下老家崇义桥，寄居在二伯家。由于不能在家吃白饭，就帮二伯做一些田里活。在乡下躲警报的那段日子，使他对老家留下了很深的印象：这是一座品字形院子，有四间住房，外加两个横厅、一个下屋、一个装稻谷的仓屋，外加磨坊、牛圈、堂屋。院子四周是泥坯土墙，院子后面是茂密的竹林，竹子又多又密，四季阴凉。每隔三五天，他都去竹林里收集落叶，背回厨房当柴火。厨房特别大，灶台上有三口锅，一口煮饭，一口炒菜，一口煮猪食，灶口前挂有一个吊壶，随时都有热水用。柴房里堆着菜秆、麦秆、胡豆秆以及树干树枝，烧过的草木灰是非常好的农家肥料。院子前后都有小河沟，后面那条是从董家堰流下的，清凉的水围绕竹林缓缓流淌，还有一小段进入了竹林，上面放上几块石板，作洗衣服之用。夏天，他喜欢光着足在沟里玩水，凉凉的感觉使人心旷神怡。前面那条河沟很宽，是陈家碾流下来的水，水深湍急，他从来不敢下水，驾打鱼船在河面上打鱼。他们并不用网，而是靠鱼老鸹，一叶扁舟，鱼老鸹站在船舷上，打鱼人手一挥，它们就钻进水里，不一会儿就把鱼衔上来，渔夫把鱼放在鱼篓里，然后奖励一条小鱼。它们的脖子上戴着一条铁箍，使它们无法吞进大鱼。家乡留给他的美好的记忆，像是"一幅画，一组诗，一首歌"，深深地刻在他心里。

铁流这里对崇义桥老家的描写，和前面第二章白锦娟所记叙的九里桥傅太婆的房屋和环境状况，真是非常相似。可见当时川西平原农民的居住环境，基本上和这些描述差不多。他们的居住环境和条件，比我们过去想象的"旧社会"的农民状况，实际上要好得多（图15-6）。

抗战胜利后，内战爆发，秩序很不安定。为了维持治安，乡和村都组织了自卫，铁流的二伯家有一支马枪、一支步枪，晚上轮流去不远的腰店子守夜，防范土匪。乡间的生活越来越困难，到了二三月青黄不接的时候，穷人成群结队到有钱人家抢粮，叫"吃大户"。但到庄稼成熟的时候，"吃大户"便不见踪迹了。"乡长宋炳光又是哥老会的大爷"，穷人听他招呼，只要"吃大户"不闹得太过分，他也就睁只眼

图 15-6　典型的川西平原农家院落，左边是瓦房和一尊神塔，右边是茅草房，一出院子就是稻田。甘博摄于 1917—1919 年间。
资料来源：美国杜克大学 D. M. 鲁宾斯坦珍稀图书和手稿图书馆。

闭只眼。这里他提到的乡长兼袍哥大爷宋炳光，从时间和当时所担任的职务看，有可能就是沈宝媛报告中的佟念生。

铁流的二伯精打细算，省吃俭用，很会经营，从不浪费一分钱，甚至赶场天不在外面花钱买水喝，不到农忙绝不雇长工短工。这样，家道逐日兴旺，到 1949 年前夕积攒了不少钱，购置了田土，常常翻地契看，并告诉家人："我种了一辈子田，现在才有了自己的土地，这东西贼娃子偷不走，棒客（土匪）抢不走，只有不争气的子孙才卖掉。"[25] 但是好景不长，土改时他差点被划成地主成分，他好说歹说，经过反复查实，最后定为自耕富农，买的田土全被征收，因为按土改政策规定：地主的田产是没收，富农的田产是征收。他为此气得半死，常常捶胸顿足地说："那田地是我辛苦大半辈子挣来的钱买的，怎么一下就成了人家的了？"此事对他打击甚大，自此闷不作声，不久开始吐血，后来在大饥荒中饿死。[26]

铁流的这些描述，生动反映了在政权更迭的那个时期，一个普通农户的经历。对不少完全没有田产的佃农来说，他们可以从土改中分到一块田地，实现祖辈没有实现的梦想。对几代人辛苦积累田产的地主和富农来说，便是他们噩梦的开始。对于本书的主角袍哥来说，他们近三百年的历史，也终于走到了尽头。

第十六章　袍哥的覆没

崇义桥这个小地方，在成都和平解放中，还扮演了一个小小的角色。据川西和平起义的主要角色之一，原四川省政府主席邓锡侯回忆，在起义前，他和川军另两位首领刘文辉、潘文华的心情相当矛盾：虽明知蒋政权必败，但没有预料到崩溃得那么迅速；虽明知共产党必胜，但对中共政策和个人前途仍疑惧重重，因为他们都曾经和红军打过仗。当时蒋介石的嫡系四川省主席王陵基对他们也有防备。淮海战役后，蒋介石政权岌岌可危，当时这些川军首领不希望溃败部队退到四川，但王陵基不可能与他们合作。王为了表示对蒋介石的忠心，帮助蒋作垂死挣扎，积极扩充保安团队，"不惜糜烂地方"。邓、刘、潘预见到共产党很快将进入四川，他们所要做的就是"保境安民"，"和平迎接解放，使四川免于战祸"。1949年夏，他们实际上已经和解放军刘（伯承）邓（小平）大军建立了联系。

12月7日上午，他们在刘文辉家聚会。蒋介石约见刘文辉，邓和刘担心可能蒋要逼迫他们上飞机去台湾，便与刘密商出走办法。当时两家门前暗探密布，出入皆受到监视，他们决定不带行李，先后出北门,邓携带猎枪,以出城打猎为借口。刘则称有病,要去医院看病。他们先后通过外北检查站,在城隍庙会合,然后在梁家巷乘车去崇义桥,次日转移到龙桥,开始进行军事部署,并联络各乡民团。12月9日,刘文辉、邓锡侯、潘文华三人发布告全川民众书,正式通电起义。邓锡侯后来说:"这是我们公开与蒋介石决裂、投向人民的开始,也是我们接受中国共产党领导、走向新生的开始。"尽管蒋介石命令胡宗南对他们施加压力,但是川军也在崇义桥以西布置了重兵,一直坚持到月底解放军逼近成都。[1]

12月27日解放军进入成都,川西平原基本上为共产党所控制。各郊县的地方政府和地方武装,看到国民党大势已去,也纷纷改换门庭。袍哥有着和政府对抗的丰富经验,这是他们能够发展壮大的必不可少的保障。但是他们完全没有预料到,当新政权来临,袍哥庞大的组织,过去的丰富经验,以及手中的武器,几乎在一夜之间就被摧毁。袍哥的一般成员向政府自首后,基本可以不受冲击,但是除了那些和中共有密切关系的袍哥首领,其他舵把子的结局就很不妙了。

不少袍哥头目被处决,大量袍哥成员受到各种形式的惩罚,当然也有一些幸存下来。这些幸存下来的袍哥,大概有几种情况:一是那些底层袍哥,本来参加这个组织就是为了寻求保护,没有任何权力,属于共产党所称的"人民"和"被压迫者"。二是那些与共产党有一定关系的袍哥,他们与国民党地方政府有矛盾,暗中同情和支持共产党的活动。[2]三是虽然在袍哥中有一定的地位,但处事比较温和,在地方上没有什么敌人,也没有干过"坏事"。本书多次提到的蔡兴华属于第二类,所以他有机会在晚年时(1987)讲述自己的历史,说出自己当袍哥的经历。也由于与共产党的这层关系，蔡才得以在"镇压反革命"的运动中幸存，这个运动中袍哥上层几乎被一网打尽，很多受到镇压。礼号袍哥都是下层人，因此共产党不会太为难他们。蔡表示，当袍哥大爷给他带来经济压力和无穷烦恼，"真正要解除这种烦恼，只有终结袍哥这种组织。直到新中国成立，我才算脱离苦恼"。[3] 我们不清楚这是不是他的肺腑之言，他对失去大爷的地位是不是没有一丝一毫的遗憾；我们知道的是，在当时的政治环境下，他并没有多少选择。而且他与"进步人士"的长期来往，使我们有理由相信他对新政权持欢迎的态度（图16-1）。

袍哥的舵把子们，除了像蔡兴华那样的共产党的朋友，1949年以后几乎都在劫难逃。由地方政府主持的文史资料的编撰和写作，对他们也多持讨伐的口吻。在过去的若干年里，我翻阅了四川省、市、县、区各级所编撰的几乎全部文史资料中关于袍哥的文章，特别是对地方袍哥著名人物的描写。本书多次提到的关于金堂县袍哥舵把子贺松的那篇文章，便是文史资料对袍哥的一个典型的叙事，是在《霸踞竹篙集党、政、军、匪、袍于一身的反动人物贺松》这样的标题下展开的，我们不用看内容就知道是一个地方恶人的传记。也就是说，这些资料的写作目的，就是把这样的"坏人"和所干的坏事，记载下来进行鞭挞。我们也知道了贺松最后的结局：1949年12月，解放军进入金堂县，贺松为了"挽救自己的灭亡，疯狂地垂死挣扎"，多次"组织暴乱"。1950年7月被判处死刑，"在金堂县城厢镇原县立中学校园内执行枪决"。[4] 其实，金堂距崇义桥，也不过五六十公里而已。

第十六章 袍哥的覆没 — 233

图 16-1 龙泉驿的乡场首领,估计是一个袍哥大爷。照片由美国《生活》杂志摄影记者 C. 麦丹斯于 1941 年在龙泉驿拍摄。
资料来源:格蒂研究所。

＊＊＊

目前缺乏关于崇义桥袍哥覆灭的具体记载，但是我发现了距崇义桥不到 20 公里的新繁袍哥的末日（见地图 1）。我有幸得到新繁县公安局于 1950 年 9 月所编制的《新繁县袍哥概况》手稿复印件，了解到十分详细的信息。从这份资料，我们知道新繁县的哥老会总名称叫"同乐社"，总部设在新繁城内，由五个码头混合改组而成，其中四个从清光绪末年就存在，即"协和公社"，活动范围在西门和东门一带；"南集公社"，在南门和北门一带；"天一公社"，在城内；"凤仪公社"，在禾登场。在清代，"社会制度非常严格"，百姓要到县政府进行诉讼困难重重，为了沟通二者之间的关系，遂由县衙门内"文武两班九房老典联合成立一个码头室"，称为"九合公社"。也即是说，这个袍哥公社实际上是由县衙吏组成的。因而晚清的新繁有五个袍哥公社。

民国初年，"为了减少纷争"，五个社的负责人磋商研究，把五个码头合并起来成立同乐公社。1923 年之后，同乐社发展到乡镇成立分社，几年之内前后成立者计有"心一社"（南桥）、"云龙社"（龙桥，即第十五章提到的吴虞经常路过崇义桥去巡视地产的地方）、"三益社"（斑竹园）、"三杰社"（竹友乡）、"琴鹤社"（青白江）、"长寿社"（清流乡）、"兴隆社"（兴隆堰）、"永安社"（严家桥）、"集和社"（王家船）、"永乐社"（新郫桥）等 11 个码头（但是资料只列出 10 个）。1942 年，板板桥和公毅场各成立一个码头，分别叫"一友社"和"公毅社"。这样，连同同乐总社，共 14 个码头。在这个时期，清水袍哥和浑水袍哥，"逐渐开始合流"，1948 年同乐总社改选，贺海廷出任舵把子（社长），孙宏章、何载之任副舵把子。

根据这份资料，1939年之前的新繁袍哥多是清水袍哥，"除了在封建社会中有一般所谓'忠义'形式上的活动外，别无其他"。但是从1939年始李树驿任疏散区的守备司令，侯俊德任新繁县长后，他们"消极利用袍哥"，结果袍哥"气焰为之大炽"。除了组织日趋严密，而且"人数日益加多"，同乐总社实际上是何载之、黄国栋掌权。在这个时期，各分支社的舵把子都竭力"扩充武力"，还暗中支使兄弟伙"杀人劫货"。多数袍哥"表面上是清水，而实际上都仍是通匪通盗的"。袍哥"把持掩护全县的烟馆、赌场"。凡操营此种业务者，必须要到管事那里取得同意，并抽出所获利润的一部分，捐作码头上的开支。在经营过程中无论做什么事情，只要得到袍哥许可，就"有了保障"，就是"杀人放火"一类的事情也不例外。如果有人敢于出面干涉，就会受到袍哥打击，龙桥乡和新隆乡的乡长就是这样被打死的。

这篇资料还注意到，"一般的民众如果没有袍哥，就会失掉一切保障，因此如入袍哥就成了会受人羡慕的光荣行为"，以至于在当时社会中已经出现了"无袍可耻"的倾向，所以"土豪地主之流都群起参加"，在县参议会的若干人，也都"掌握着哥老会的实权"。他们和袍哥的清水浑水都有联络，"坐地分肥"，甚至指使兄弟伙到邻县去抢劫，因此"成都、新都、彭县等处发生抢案，十之七八都是新繁人干的"。他们还经常以"请会"的方式来向商人"榨取"保险费，又抽耕牛税。当吕松云就任新繁县长的时候，新繁匪盗横行，弄得"商旅止步"，在"多方清剿亦无成效"之后，全体参议员到成都把何载之找回来，"管理上不三天，土匪便全部绝迹"。所以吕松云感叹说，他这个县长的法令还当不了"何载之走一趟"，可见袍哥"力量之大"。

1949年5月，新繁的袍哥在城东门外召集大会，进行改组，同时通知各乡分支社奉行，更改原来的社长制为委员制，改选结果多半仍为原来的负责人。同乐总社主任委员为贺海廷，副主任委员为何载之、孙宏章，下设仲裁、交际、财务、福利、纠查、审核、常务总务、社务等八部门，"宣誓以保卫乡土为旨"。如果个人间出现纠纷，由社员们公开解决，"不许再有私下报复的行动"，要求会员们必须做到"上下齐心，团结一致"。可以看出，在共产党接管前夕，这个组织开始注意其社会形象，力图摆脱"黑社会"组织的暴力火拼，其主要目的是"增大力量，以观察大局的演变"。在这场历史的变局之中，清水袍哥考虑更多的是"如何见风使舵"，希望仍然能够"保持一部分权力和特殊地位"；但是浑水袍哥和"实力派"的袍哥，则由于"不能了解共产党的政策办法和眼光短浅的缘故"，想乘动乱时刻，"时势造英雄"，干一番事业，或者"发一笔横财"，并和"特务土匪勾结"，进行了具体行动。

在解放军入川前的两三个月，何载之等便筹组便衣队，"保护地方安定"，召集开会，多方活动，制订计划，决定各乡"设立游击大队"，并筹备经费，购买枪弹，而且有的还是县参议会副议长、参议员等出面，召集各乡镇长会议，"把新繁的袍哥游击化"。又在城内关帝庙召开会议，"各码头五排以上的人都出席参加"，把全县的浑水袍哥编组为一个游击大队，何载之为主任，支茂为支队长，所有乡公所的队丁也归游击队指挥，每人月支食米石二斗，并派出管事分往各县各社联络，灌县的袍哥也派人前来联系。"土匪叛乱以后"，新繁袍哥"里应外合"，随时派人"互通音讯"，报告城内解放军的调动情形，在新繁多次的叛乱中，那些"匪首"几乎"全是袍哥"。因此资料的结论是，

"新繁的叛乱可以说是以哥老会为主表现出来的"。新政权设立后,"袍哥们都知道哥老会是一种封建社会的组织,不应该继续存立",便逐渐"销声匿迹",在"无形中等于解散了"。[5]

* * *

根据新繁公安局的资料,新繁县的袍哥在"暴乱"被平定后就自动消失了。可以肯定的是,暴乱的平定对新繁袍哥是一个严重的打击。其实,袍哥应该知道其势力是无法与解放军对抗的,为什么要鸡蛋碰石头呢?过去我们对解放军进入大城市的情况了解比较详细,但是怎样接管和控制乡场则比较模糊。新繁袍哥的覆灭,或许可以帮助我们解答这个问题。1990年代出版的文史资料,补充了不少细节,使我们对其前因后果有了比较详细的了解。

新繁县像成都一样,是和平解放的。在解放前夕,原国民党新繁县地方的党、政、警、地方武装、乡、镇、保、甲一整套人员均原封未动,等候解放军"前来接管"。尽管国民党在解放军进入之前进行了游击战的安排,但最后权衡利弊,加上川军首领都宣布支持共产党,对那些下级军人、地方官员、袍哥来讲,任何抵抗已经失去了意义。我们要问的是,既然这个时候袍哥和地方武装都没有打算反抗,为什么随后又发生暴乱呢?新繁县的个案,为解答这个问题提供了不少细节。

解放军是1949年12月27日进入成都的,几天以后,即1950年1月2日,派了军代表、征粮工作组组长和组员"几个人到新繁县接管"。和原新繁县长张洵接了头,并说明了来意。4日,由张洵在县政府会议室召开了原县有关机关主要人员及乡镇长会议，军代表在会上讲了话，大意是：他们奉川西党委指示前来接管，今后一切重大问题，均要通过军代表同意。当前的中心工作，是开展征粮，"以保证入川大军和起义部队的粮食供应问题"。各种资料表明，当时反抗征粮应该是引发暴乱的主要原因（图16-2）。

根据征粮组组长曹云生的回忆，征粮工作是一场"政治运动和激烈的阶级斗争"。工作组在深入农村征粮时，依靠基本群众，"征粮对象绝大多数是大地主、大豪绅、富农，一般农民的粮赋早已交清。因此征粮工作十分困难"。正如我在第二章中已经研究过的，川西平原实际上很少有大地主、大土豪，因此，在征粮过程中，一般自耕农有时也成为对象。所以才出现了"地方上的封建势力、地主、恶霸、豪绅、土匪、袍哥勾结一起，阴谋组织叛乱，破坏征粮"。[6] 所谓的"暴乱"其实就是武装对抗征粮。

一篇题为《一九五零年新繁县平叛剿匪始末》的文章称，本来就没有征足数额的各乡田赋粮仓，又经胡宗南军的抢劫和地方恶势力的倒卖，存粮所剩无几。新繁、成都等城市粮食奇缺，奸商又趁机哄抬粮价，囤积居奇，"制造混乱"。当时驻扎成都地区的部队中，解放军和起义、被俘的国民党军队各有数十万人，仅靠原国库中不多的存粮，"远远不能保证军需民用的"。当时征粮的对象，主要是那些"在解放前享有不纳或少纳粮特权的乡、保长和地方上与官府有关系而漏纳的粮户"，但是也要"催征自耕农应交而未交的公粮"。可以这么认为，如果不是因为征粮，暴乱应该不会发生。和平接管之初，政府的政令，暂时还由原任乡、保长推行，"地方上的封建势力还未受到根本上的动摇"，因此他们可以和新政权合作。但是征粮对他们的直接利益

图 16-2 乡场上买粮食的农民。甘博拍摄于 1917—1919 年间。
资料来源：美国杜克大学 D.M. 鲁宾斯坦珍稀图书和手稿图书馆。

产生了威胁，所以"他们对征粮工作阳奉阴违，采取软拖硬抗，敷衍塞责的手段，甚至暗地里与邪恶势力勾结，制造谣言，煽动群众抗交公粮"。[7]

这篇文章还透露了一些细节，称是"土匪"组织了抗粮，如工作组在召开"调征公粮群众大会时"，"一个叫王二哥的土匪头子就公开煽动群众抗交公粮"，并宣布散会，"群众一哄而散"。显然这个王二哥对征粮的态度在农民中有一定代表性，所以得到了响应。这里所称的王二哥这个"土匪"头子，应该不是我们一般意义上所说的打家劫舍的歹徒，很可能就是袍哥首领。后来在官方文献中，把参加和组织暴乱的人统称为"土匪"，把镇压抗粮的运动称为"剿匪"。王二哥也因为参与"土匪叛乱，杀害我工作组员，被人民政府逮捕枪决"。[8]

我们对崇义桥征粮的细节缺乏了解，但是根据一项对1949年底和1950年初四川江津的所谓"大户加征"的研究，江津县人民政府当时按照当年征粮配额，"增加六成普征"，主要针对所谓的地主和富农"大户"，而实际加征率是将近80%。因此造成有些地主拿不出粮食，"用地来抵公粮了"。当地主无法承受高额加征时，"普通农民被要求增加税额"，不少所谓"富户"，只好通过"借贷"来"完清公粮"。而且完粮的运输也是由他们自己承担的，"纳税越多，运输成本越高"，有的家庭"连六十岁老头，十二岁小女、太太、小姐都参加了运输"。那些没有存粮且无处借贷的"大户"，情况更为糟糕，征粮人员到这些人家坐催，交不上粮就不走，甚至"开大会批评"，或"送政府暂时扣押"，乃至"处罚打骂"，成为实际上的"暴力征粮"，他们面临着"经济与肉体的双重打击"。[9]

江津县的故事实际上反映了当时四川的普遍情况。正如我们前面已经讨论过的，川西平原的所谓"大户"非常之少，因此这些加征负担不得不转嫁到普通农民身上，在他们（无论是大户还是普通农民）无法生存下去，不得不铤而走险之时，作为地方势力的代言人，袍哥再次充当了地方利益的保护者，开始以组织的力量与新政权对抗。地方政府所称的"土匪"暴乱，也因此引发。

崇义桥也可能是武装暴乱的发源地之一。1950年1月，一支24人的征粮工作队到新繁县征集粮草，28日，在步行至崇义桥时，"天色已晚，就地宿营。是夜，土匪抢劫群众。我们用喊话和鸣枪的办法，虚张声势，土匪摸不清虚实，被迫退去"。天快亮时，继续行军，傍晚时分，赶到了新繁城，这个地区，有以集军警、袍哥、土匪为一身的"通天土匪"何载之为首的"土匪势力"进行抵抗，新繁地区"匪患猖獗"，甚至"大白天杀人越货"也时常发生。[10] 我们知道何载之是新繁袍哥同乐公社的首领。这里已经很清楚地说明，参加了武装抗粮的袍哥，在这时都统统被称为"土匪"。

1950年2月10日夜，新繁突然发生"土匪暴乱"，下乡征粮工作人员30人遇难，还有不少"农民征粮积极分子"惨遭杀害。一时"谣言风起"，例如一首童谣称："空空空，四川粮食要集中，饿死贫穷汉，气死富人翁。"充分说明这一次所谓"土匪暴乱"，实质就是反抗征粮，而并非"妄图一举摧毁我新诞生的人民政权"。叛乱在解放军的"军事围剿、政治瓦解下"，很快便平息了。[11] 在平息叛乱的过程中，新繁县政府共计镇压了600余人。最多的一次，是八乡一镇同一天召开公审、公判大会，"处决了匪首、恶霸分子"100余人。何载之后来到公安局"登记""自首"，最后死于狱中。[12]

可以说袍哥在共产党到来后，和前此其他时期一样，只要自己的利益受到威胁，就采取武装对抗的办法。但是共产党稳定地方的能力不是清政府和国民党政权所能同日而语的。当袍哥选择和新政权对抗的时候，他们的末日就来临了。崇义桥与新繁县几乎属于同一个地区，因此这份资料从相当的程度上也透露了崇义桥，或者说"望镇"袍哥的最终结局。共产党也在崇义桥进行了征粮，这是毫无疑问的。雷明远会有怎样的反应呢？可能他加入暴乱组织，和新生政权进行对抗；可能他由于抽鸦片，已变得一无所有，没有任何财产值得他拼命去保护了；也可能鸦片已经彻底摧残了他的身体，当共产党到来的时候，他的坟头早已经长满了青草。

第五部分

事件重构

第十七章　叙事与文本

过去研究秘密社会，我们可以依靠的大概有以下若干种资料：档案、个人记录和回忆、文史资料、报刊、社会调查等。随着新文化史的兴起，文学资料也进入历史学家的视野。虽然档案是最基本的资料，也是历史研究最可靠的记录。但是，历史学家越来越认识到档案的局限，因为档案形成过程中必然有曲解历史事实本身的情况，N. 戴维斯的名著《档案中的虚构》对这个问题有深入的阐述。孔飞力在《叫魂》中，也指出清刑部档案中的许多供状，是屈打成招的结果，不足为信。[1] 因此，我们在使用档案的时候，既把其作为历史的记录，也作为一种需要分析的文本。当我们把一份档案作为历史资料使用的时候，一定要清楚这个档案背后的故事，它是怎样制作和保存下来的。而当我们把其作为一种文本，就要问这个档案为什么会出现，其形成和保存之后隐藏的含义。

关于袍哥的档案资料并不丰富，档案馆保存的资料多是情报性质，一些由政府收集，另一些是地方上所谓"绅民"的密报，往往只有动态，缺乏故事。但是沈宝媛的社会学调查，通过雷明远的故事，提供了关于袍哥生活的生动细节。正如我们所知,从清朝到民国,政府对秘密社会的态度始终是敌对的,这些情报的收集,也是为了进一步控制。而地方"绅民"的密报,则有着多种可能性:一是按照政府的法令,知情者必须报告,否则将受到惩罚;二是可能受到袍哥的侵扰,要求政府施加保护;三是地方权力的竞争者,试图以密报的形式,利用国家的力量,在权力的争夺中将对手置于死地。不过,从这些档案中,我们可以知道政府对袍哥活动的信息掌握,了解他们对袍哥信息收集的程度。

关于袍哥,有各种不同的叙事和叙事方法。这些叙事,有不同的时间,不同的目的,不同的观察,不同的政治背景,因此它们之间存在较大差异是毫不奇怪的。我们可以比较这些叙事,从多个角度来构建这个已经消失半个多世纪的秘密社会组织。在各种袍哥叙事中,有些是当时人留下来的记录,是同时期(如本书所使用的1940年代的资料)人们对袍哥不同角度的观察。有些是官方的,有些是知识分子的记述,有些是社会学的调查。也有不少是1949年以后的记述,离故事发生的年代已经有相当的距离,这包括袍哥个人回忆亲身经历,或者是别人为袍哥撰写的历史。我想指出的是,这些资料,都不能简单地看作是信史,但是它们为我们了解袍哥提供了不同的视角,都是珍贵的记录。

本书以沈宝媛的调查作为基本资料,同时也使用了上述各种形式的资料,力图写出一部对袍哥的多维度观察。认识历史是一个复杂的过程,每一种资料都提供了对某个历史事件和某位历史人物的一种文本,从不同的角度、不同的背景、不同的意识形态、不同的时代、不同的描写方法,为我们提供了一种认识。它们都在不同程度上存在真实和虚构两方面的因素，即使虚构在大多数情况下是无意识中产生的。因此它们在帮助我们认识历史真实的同时，也可能误导我们对历史真实的探索。

这些资料从哪些方面让我们看到袍哥的不同面相？从官方的角度，我们看到虽然政府也的确采取一些措施限制袍哥活动，但收效甚微，在共产党1949年年末接管四川之前，地方政府都未能阻止袍哥势力的扩张。虽然民国政府公布了那么多禁止哥老会的禁令，但在档案中却看不到真正意义上打击这个组织的运动，这是和1949年以后的情况截然不同的。应该认为，民国时期袍哥之所以能够有如此巨大的发展，与地方政府这种纵容的态度是分不开的。当然，袍哥在四川的发展和四川民国时期的历史有着密切的关系。我们知道，四川直到1935年以后，才真正纳入了国民政府的管辖之下，正是在军阀混战时期，袍哥奠定了自己权力的坚实基础。由于缺乏一个统一的强有力的政府，1920—1930年代，袍哥弥补了地方权力的真空，包括参与税收和地方治安。如果没有袍哥，社区的日常生活将会更加混乱。当国民政府在抗战爆发前夕终于把四川置于统辖之下以后，袍哥已经发展到一定规模，政府不但无法对它们进行有效的控制和打击，而且必须更多地依靠这股社会力量。

沈宝媛的社会学调查再次证明，在抗战时期的四川，地方领袖几乎都是袍哥成员。这也印证了本书开篇所引用的廖泰初在《太平洋事务》上发表的关于袍哥在四川成年男性中比例非常高的说法。在雷明远捉匪的事迹中，袍哥是土匪的克星，在地方安全上扮演了一个活跃的角色。但在官方——从清朝、到民国，再到共产党——的历史记述中（包括本书引用的关于贺松的记述），他们却与土匪联系在一起，特别是在清代,干脆就称哥老会为"会匪"。1949年以后的马克思主义历史学,也基本继承了这个话语传统。[2] 这个现象可以有若干种解释:因为袍哥背景的复杂性,不可否认某些袍哥的土匪背景;官方话语的影响,使袍哥消极的方面被放大;1949年以后政权对袍哥形象的再创造。在现代国家话语中,袍哥都是无恶不作的恶棍,但是沈宝媛这个年轻的女大学生却和一个袍哥家庭建立了友谊,这是否暗示当时他们的形象并非那么可怕,或者说相当大部分袍哥,看起来和一般平民也差不多?雷明远失佃的事情是耐人寻味的。在我们的观念中,作为一个袍哥首领,他似乎可以轻易迫使地主继续将土地租佃给他,但事实上并非如此。尽管他可以杀人,但是在佃田的问题上确实无能为力,最后导致了其权力的衰落。

对历史研究者来说,小说是最上不了台面的资料,其实,文学对于我们研究历史,有着独特的用处。正如 M. 德·塞尔托(Michel de Certeau)所指出的:如果说"标准的历史写的是权威势力的谋略",那么那些"编造的故事"则提供了了解文化的基础。[3] 沙汀所描述的故事离真实的历史到底有多远?如果我们了解沙汀的写作方式和故事源泉,就会发现其创作的小说具有强烈的纪实性。沙汀的写作类似另一位四川乡土作家李劼人,李在1920年代写了《市民的自卫》,1930年代写了《死水微澜》《暴风雨前》《大波》等历史小说,被文学批评者称为历史的"纪事本末",缺乏革命的浪漫主义。[4] 李劼人小说的背景,即成都和成都周边的乡镇,和崇义桥(或"望镇")几乎拥有完全相同的自然条件和社会状况。同李劼人类似,沙汀的小说都是根据他对四川乡场的个人观察和经历写出来的。例如《在其香居茶馆里》所涉及的茶客、聊天、文化、习俗等都是有所根据的,诸如联保主任、壮丁、兵役科、讲茶、喊茶钱、团总、哥老会、打醮、派款、收粮等等。沙汀后来回忆《在其香居茶馆里》的创作时,也承认这基本上是写实:"听来的故事就那么一点点,被摆在小说的最后,用来点题。虚构的是几个人物争吵的过程,一次不可开交的吃讲茶场面。这一定是在一个乡镇的茶馆里进行!想象中那是安县的西南乡,桑枣、秀水一带的样子,叫它回龙镇。茶馆定名'其香居',却是综合所见各种乡镇茶馆的情形的。每人有每人的与身份相称的茶座。尊贵的客人一进来,人人抢着喊'看茶'。闭起眼睛也想得起来那种氛围。"[5] 就是说,沙汀所写的人物和场景,都是现实生活中所出现过的。

怎样理解对个人经历的回忆?袍哥大爷蔡兴文的回忆,有相当的资料价值,但是我们也必须意识到存在的问题。首先是有些事情回忆者并不愿意讲出来,所以我们所知道的这个袍哥的面貌,很可能不是完整的,而只是讲述者愿意让我们看到的面貌。另外,这些老人在回忆历史的时候,也难免落入国家话语的俗套,他们对自己的历史的回忆,也难免用敌我分明的思维方式,尽管这经常是无意识的。同时我们还应该注意到,这样的回忆,由于年代久远,其准确性一定会受到影响,不能仅仅依靠他们的回忆来重构历史,而需要其他材料的补正。

对文史资料的使用是我们最要小心的。尽管文史资料所提供的事例具体生动,但由于其政治化的表达,明显的先入之见和政治倾向,会影响其作为史料的价值,因为撰写人难以完全持公允的态度。本书所引述的关于贺松的叙事便大量使用情绪化的形容词,诸如"专横独断""残忍狡诈""危害革命""滔天罪行""罄竹难书""疯狂地垂死挣扎"等等,代表了1949年以后官方对所谓"反面"人物的评价。当然我们应该理解，一个地方文史资料的撰写人很难置身于政治之外，地方政府、政策、人事、历史、文化、习惯等因素，都会影响到他们的写作，地方文史资料的编写体例留给他们的自由空间并不多，我们不能苛求。而且我们应该意识到，正是因为他们长期的努力，才抢救了大量地方的历史，如果没有他们，一些资料和故事就永远消失了。如上一章关于征粮的文史资料，就从字里行间透露出中共建政初期地方暴乱的一些背景。

不同文本所讲述的故事有些什么共同点呢？综合多种袍哥叙事，我们可以发现在若干方面显示了袍哥的共性。很多地方精英都加入了袍哥，如本书所提到的贺松是学校教师。不过其成员大多不是正统精英，而是以下层和边缘阶级为主，所以袍哥难免被正统精英所歧视。袍哥的公开活动和影响引起一些精英的不安，虽然他们表示"对于任何帮会的正规活动"并不干涉，因为"我们是拥护结社结会自由的"，但担心现在"帮会的活动已经达到极点了"。以成都为例，"哪一街莫有码头？哪一个茶铺里莫有袍哥？现在的地方自治人员，不通袍的究有几人？甚至在机关里，在议会里，也有不少人以什么公社社员的姿态出现"。他们指出帮会之所以这样活跃，是由于"政治低能、法律失效，社会秩序紊乱所引起的"。支持政府"重申前令"，加强控制，不准学生加入帮会，凡参加者予以开除，校长亦须受管教不严的处分。[6] 其实，许多学校的校长也是袍哥成员，所以有人才指出，袍哥控制了教育资源，对学生大量参加袍哥组织，有着十分的担心。[7]

袍哥在 20 世纪上半叶的剧烈扩张，其实是与中国现代国家形成和现代化过程紧密联系的。过去四川地方社会有着各种民间组织，在地方治安、经济、日常生活中扮演着重要角色，如清明会、土地会等。晚清民国时期的现代化，摧毁了这些社区和民间自治组织，但是政府又无力填补留下的权力真空，从而给袍哥的发展创造了条件。这些资料还证明袍哥进入了地方政权，特别是基层政权，本书的主角雷明远，以及多次提到的贺松，都是极好的例子。他们甚至通过地方选举，进入地方议政机构。我们还看到，虽然袍哥是政府所宣布的非法组织，但是他们却在相当程度上为政府服务，地方上许多事务都要依靠他们来实行，如贺松成为修机场的民工大队长。甚至有些袍哥从秘密社会组织的首领，转身成为合法政党组织的负责人，贺松成为青年党县党部主席就是一个典型例子。就是说，袍哥在四川乡村权力结构中，扮演了一个重要的角色。

* * *

当研究边缘化的人群时，我们都会面临怎样发现他们自己的"声音"的问题，因为在传统的历史资料中鲜有关于他们的真实记录。即使我们发现一些有关信息，也几乎都是由精英们记录的。过去关于中国秘密社会的研究，大量地利用了档案资料，特别是地方官（包括从总督到知县各级官员）的报告，还有那些屈打成招的供词。在这些资料中，下层人民的声音消失了。正如 C. 金兹堡（Carlo Ginzburg）所指出的："我们所能知道的（如果可能的话）过去农夫和手工工匠的思想、信仰以及期望，几乎都是经过了扭曲的观点和中介而得到的。"这也导致 G.C. 斯皮瓦克（Gayatri Chakravorty Spivak）发出"庶民是否能发声"的疑问。[8] 在这个问题提出之前，早在 1950 年代霍布斯鲍姆研究"原始的叛乱"（primitive rebels）时，便把叛乱者的信件、谈话、秘密誓词等作为"他们自己的声音",力图用他们自己的语言去建构边缘人群的历史。[9] 沈宝媛的这项调查,也是找到他们自己声音的一种努力。她从家庭生活的角度,来发现他们的日常生活和喜怒哀乐(图17-1)。

寻找记录袍哥这个组织历史的最佳的资料,就是他们自己创造的独特的语言。我们缺乏了解秘密社会隐语形成的详细资料,不过,从袍哥的"圣经"——《海底》和《江湖切要》等资料,我们有充分理由相信,社会的挑战,加之这个组织更进一步卷入政治,使其语言更加政治化,手势和茶碗阵也显示着反清意识。这样,黑话成为与政府对立的反文化的表达,袍哥组织也借此日益扩大其影响。

在本书中,我试图利用秘密社会的文书《海底》这样的文献,来考察他们的隐语和暗号,以揭示他们的政治思想、身份以及行为,

图17-1 乡场上搬运木头的苦力。甘博拍摄于1917—1919年间。
资料来源:美国杜克大学 D. M. 鲁宾斯坦珍稀图书和手稿图书馆。

观察一个特定的社会集团怎样创造了一种特殊的语言,在清政府的镇压下,这种语言成为帮助其组织及成员生存的工具。《海底》其实也是袍哥的历史,是他们自己声音的表达,从一定程度上讲,可以认为是 J. 斯各特所说的"隐藏的文书"(hidden transcripts),即那些显示"下层集团政治"(subordinate group politics)的文字。或者如 R. 古哈(Ranajit Guha)在研究庶民史时所界定的"历史的微声"(small voice of history)。在分析"隐藏的文书"或"历史的微声"时,我们可以发现"下层社会集团的公共话语"(public discourse)。[10] 袍哥的秘密语言与教规是当时社会和政治的反映,是清代次文化发展的一个结果。[11] 在研究他们的语言及文本时,我们不必像斯皮瓦克所认为的"庶民不能发声"(the subaltern cannot speak)那样悲观。[12] 就袍哥而言,我们可以从他们自己的语言和文书规则中找到他们的声音,揭示他们的活动,为我们理解他们的思想、行为、组织、成员、内外关系以及政治文化,打开一扇窗口。

《海底》包含着丰富的关于袍哥早期历史的资料,揭示了这个组织反清政治的一部分。通过研究其文本,我们得以了解袍哥一部分真实的历史,另一部分却与想象的历史相纠缠。我们所看到的袍哥,既是反清的政治团体,亦为打家劫舍的帮伙。通过使用加密的语言和手势,一个陌生人可以建立与其同党的联系。通过摆弄茶碗、吟诗,以及谨慎的对话,来自三教九流的袍哥们都能够汇到反清的大旗下。按他们自己的话来说,袍哥是正义的勇士,负有推翻清廷的使命;从政府的观点看,他们是叛乱者和犯罪团伙,因此必须毫不留情地予以镇压;而对一般民众而言,对袍哥的态度取决于他们自身的经历,得其保护和关怀者,当然心怀感激之情,反之则难免有愤恨之心(图 17-2)。

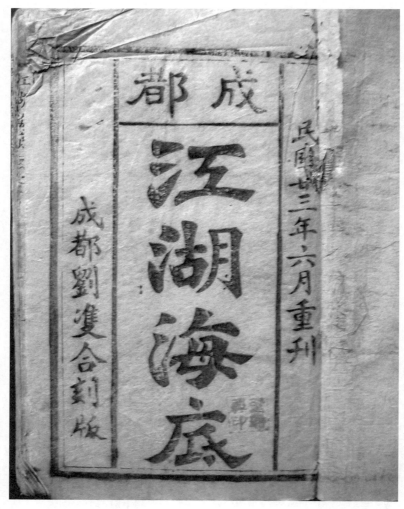

图 17-2 《成都江湖海底》书影。
资料来源:《成都江湖海底》,成都刘双合刻板,1934 年。

语言学家把隐语定义为"由某些特定的行业或秘密社会"所使用的社会方言,这种语言"不为外人所理解",但它又"区别于其他'私语'、行话以及'俚语'"。因此,隐语"产生于一种特别的次文化,这种次文化在社会中是被边缘化了的",而且它"成为了交流和生存的主要工具"。在语言学家看来,一般而论,隐语的使用是为了保护本集团的利益,逃避公众眼光,稳定组织和成员。秘密语言没有标准语稳定,一旦其为外界所知,那么新的词汇便取而代之。[13]

但是,袍哥的情况与这个一般的模式似乎并不相同。袍哥在四川广为散布,但却没有一个众望所归的中心,各分支自立山头,各自为政。因此,即使某些黑话已为人所知,新词也已出现,但旧词继续为成员使用。随着袍哥势力的扩张,特别是辛亥革命后以半公开的形式活动,外部所知道的"袍哥话"越来越多,与此相应,新词汇和说法也不断出现。

通过研究袍哥的秘密语言,我们发现可以把其大概归纳为三种类型。第一类反映了强烈的政治倾向,在使用中总是潜藏着诸如"明""清"这样的字和词。第二种则多与这个集团的仪式有关,诸如"龙""木杨城""桃园"等等。第三种最多,即袍哥日常在合法和非法活动中所使用的词汇,许多涉及抢、杀、绑架等。这些词汇的运用,不仅反映这个组织有着政治的雄心,也暴露种种非法行为。这些非法行为的存在并不奇怪,在世界各地的类似组织,都存在政治上的宏大目标与实际生存中"痞子""流氓"或"黑社会"行为间的矛盾。

当然,我们还应该估计到,由于袍哥是边缘化的人群或社会集团,他们的"不法"行为经常可能被掌握着话语霸权的精英和国家政权所夸大,以为其压制这些"危险的"社会集团提供依据。这个组织希望他们的反清思想得到散布，从这个角度看，袍哥的秘密语言的广泛流传，也未尝不具有积极意义。这样，他们的黑话和暗号从秘密到公开，在街头或茶馆等公共场所为人们所听所见。通过与像孙中山、同盟会这样的革命者结成联盟，袍哥也极大地改善了他们的形象。不过，许多参加这个组织的下层民众对于其政治理想并不清楚或理解，他们加入的目的是寻求保护或作为生计的一种选择。

应该指出的是，我并非宣称袍哥的秘密语言是四川所特有的。相反，我们可以在其他地区找到类似的现象。我们知道，袍哥与其他秘密社会有着共同历史渊源，其起源也与三点会、天地会、洪门等有着千丝万缕的联系。袍哥的经典《海底》也为其他秘密社会团体所使用。因此，这些秘密社会集团有着类似乃至共同的沟通联络方式也并不奇怪。事实上，隐语也不像一般人们所想象的那样隐蔽。当袍哥讲黑话、摆茶碗阵、吟诗时，从他们神秘的联络方式，外人可能大体猜得出他们的身份。当一个袍哥遇见同样讲隐语的人，即使他们此前从未谋面，也会视之为同伙，信任并义不容辞地提供帮助。所以这些秘密的惯习和协定都反映了一定社会环境中特殊政治文化的发展。当一个与这个群体毫无瓜葛的普通人，在公共场所看见两个袍哥正在接头，对他来说无非是在观看一个有趣的表演而已；但对这两个同道中人，则可能是生死攸关，因而仪式是非常严肃而认真的。

神秘的行为把袍哥与他人区别开来，自然也会引起不相干之人的好奇。而且，他们令人疑惑的行为本身既是谋生的手段，亦为向地方权威的挑战。不过，因为袍哥对他们的身份和对《海底》之类的秘密知识是如此骄傲，有时看起来仪式的形式比联络本身更为重要，他们仿佛沉浸于自己的表演，在真实的社会戏剧中扮演着栩栩如生的角色。虽然政府在其反复颁发的政令中，要求人们报告这类所谓"形迹可疑"的行为，但是在实际操作中则难以奏效，因为无论是地方官还是一般民众，只要袍哥成员不捅大娄子，或危及他们自身的利益，他们还是乐意睁只眼闭只眼，尽量与这个地方的强大势力和平相处，只有在"上面"严令督察时，才会有具体的行动。这种各方力量的默契关系，可能也是这个组织能长期兴旺发展的公开的"秘密"之一吧。

第十八章　历史的记忆

本书以沈宝媛的调查为基础，利用档案、文学作品、回忆录等文献，试图从多角度考察基层袍哥的背景、活动和日常生活。这些资料都从特定的角度，分别描述了1940年代四川乡村袍哥的故事。贯穿本书的线索有两条，一是调查者，即事件观察的主体，也就是沈宝媛和她的老师们——曾经开创中国社会学和人类学的先驱们；二是被调查者，或事件中的人物，即那些社会学和人类学研究者所关心的对象，包括农民、农村，以及最重要的农村地方势力。这两条线索相互交叉，展示了故事记录者和故事中心人物之间的密切关系。

由这两条线索构成了相互依存的两个中心论题：第一，1920—1930年代社会学和人类学在中国的发展，使我们认识袍哥成为可能。那些受西方影响和教育的早期社会学家和人类学家，自称"农村工作者"（第十四章专章讨论了这个问题），认为要了解中国，就必须了解中国农村和中国农民，他们的农村社会调查，成为当时中国乡村建设和乡村教育运动的一个组成部分。他们深入农村、深入农民的社会调查，留下了丰富的记录，成为我们今天了解袍哥的珍贵文本和历史记忆。

第二，作为在四川历史悠久、最有影响的秘密社会组织，袍哥在乡村社会中扮演了一个主宰的角色。虽然它是一个长时期与国家进行对抗的非法组织，但依靠其深厚的历史文化土壤，严密的组织结构，广泛的社会网络，兄弟般的成员关系，它发展成四川最具影响的民间势力。在1940年代，它的力量已经扩张到地方政府在处理日常事务时不得不和它合作的地步，这个组织的地方首领，实际上成为地方基层组织的领导。一方面维持着地方社会和日常生活的稳定，另一方面亦是地方抵抗国家控制的最顽强力量。

本书试图回答四川秘密社会的许多问题：到底袍哥及其组织是怎样在农村社会发挥作用的？这个组织与乡村社会有什么样的联系？人们的生活怎样受到这个组织的影响？我们将从这些故事中看到什么，发掘什么样的秘密？这个研究从微观的角度，观察四川乡村袍哥与地方权力操作的细节，使我们进一步了解这个组织在社会基层的角色和作用，特别是通过雷明远和其他一些袍哥首领的个人经历，从最基层来建构袍哥的历史和文化。

其实，在这本书中，我写的是两个人，一是袍哥雷明远（也包括他的家庭），二是故事的讲述者沈宝媛。他们生活在两个完全不同的世界，有着完全不同地域、教育、社会和经济背景，但是由于某种机缘，使他们在1945年的夏天有了交集，一个是被调查者和被描述者，一个是调查者和讲述者。两者互动，述说历史。不过，我们也可以把这本书看成是三个人的三种叙事，除了雷和沈外，我自己也在与他们进行对话，试图通过沈宝媛的描述，理解袍哥大爷雷明远。因此，这本书所讲述和观察的历史有三层，首先是这个历史的主角：雷明远和他的一家的活动；其次是记录他们故事的人，透过一个受过西式社会学训练的大学生的眼睛，来观察袍哥活动及其家庭；最后，本书作者作为一个历史研究者，用今天的眼光来看70多年前的秘密社会，观察当时的知识分子怎样认识和看待袍哥这个秘密社会团体，并从中发掘认识中国乡村社会和其政治生态的一般模式。

* * *

在英国马克思主义历史学家霍布斯鲍姆看来，绿林好汉和盗匪都是反抗政府的力量，他们经常在不公平的社会寻求正义。他指出侠盗们往往是农民出身，被政府与地主乡绅视为罪犯，但是"民众却把他们作为英雄来崇拜"。因为在民众的眼中，他们成为"勇士和复仇者，献身正义的勇敢斗士"，甚至是"自由的领路人"，所以他们能够"得到崇拜和帮助"。侠盗甚至得到当地士绅豪族的援助，因此，侠盗活动并不是那么非黑即白的，"普通农民与匪徒、暴民之间的关系"也变得十分复杂。他认为在传统的农业社会不复存在的情况下，侠盗活动也就消失了。例如在欧洲，17世纪以后完全看不到罗宾汉这样的侠客了。[1]

当代学者在四川所做的关于袍哥的调查和口述资料，在相当程度上也给我们展示了霍氏所指出的那种侠盗的面相。例如崇州元通镇百姓讲到大袍哥黄氏几兄弟的时候，仍然显示出崇敬之情，他们还记得黄氏兄弟"几乎每年过年的时候都会做一些慈善救济的活动，例如施米等"，而且也"少见到其欺压百姓的事情"。不过他们的手下人，也有"仗势欺人"的事情发生。黄氏兄弟在镇上开有一家药铺，"会有施药给穷人的善行"。在年关时,还会免除"这一年赊欠的药费"。袍哥大爷在年关时也会召集保长,要求他们每甲捐出几斗米,分与困难的百姓。[2] 因此,相当一部分袍哥并非十恶不赦的歹徒,而是有点像梁山好汉那样的草莽英雄。霍氏把落草的好汉、黑手党、暴民等,都看作是"原始的反抗",即对国家暴力的一种反抗。如果霍氏研究袍哥的话,几乎毫无疑问会将其划入这样的集团。这和中国马克思主义历史学形成了鲜明的对比。在后者的研究中,袍哥是作为人民的对立面,以及人民的压迫者出现的。

在《原始的叛乱》(*Primitive Rebels*)一书中,霍布斯鲍姆发现,绿林好汉产生于乡村而不是城市,他们对于贫富、强弱、治者与被治者的情况都很了解。民众几乎不会帮助当权者去逮捕杀富济贫的盗匪,反而是保护他们。只有那些扰民的盗匪才会被人出卖。[3] 在《盗匪》(*Bandits*)一书中,他继续阐发这样的观点。在霍布斯鲍姆的笔下,侠盗并不是"因为犯罪而走向匪徒的道路",恰恰相反,他们往往是"违法行为的牺牲品",要不就是因为触犯了"权贵的利益",而非"侵犯了老百姓",因此"深受迫害"。他们能够"锄恶扬善""劫富济贫"。除了自卫和复仇,"从来不滥杀无辜"。当他们金盆洗手以后,会回到曾经生活过的社区,成为一个"被人尊敬的普通居民"。这些特质,和我们所熟知的被"逼上梁山"的英雄好汉们,如出一辙。因此,霍布斯鲍姆提醒我们,这个意义上的"匪徒",和我们今天的犯罪分子不可同日而语。因为他们渴望建立一种"正义"的世界。他还指出,侠盗属于农民,如果不了解农民社会,就不能深入了解匪徒。[4]

霍布斯鲍姆还发现,侠盗活动一般有其固定模式,他们想"维护传统"，试图把被打破的社会秩序恢复到"其原来应该的那个样子"，所以他们"锄恶扬善，匡扶正义"。在进行这些活动的时候，他们在穷人与富人之间、强者与弱者之间，建立了"一种公平和公正的原则"。这样的原则一点都不激进，例如允许富人剥削穷人，是在被传统所接受的"公平"范围之中；也允许强者去压迫弱者，但不能超过一定的限度；还要求富人与强者加强社会良知以及道德责任感。因此在这种意义上，"侠盗们只是改革者，而并不是革命家"。[5]

但是无论是作为改革者，还是作为革命家，匪徒们的活动本身"并不会造成一种社会运动"，也许"不过是社会运动的一种替代者"。霍布斯鲍姆指出，最容易产生匪徒的地方，是那些对劳动力的需求较少，或是穷得雇不起当地劳力的农村，就是说在农村剩余劳动力过多的地方。他注意到游牧经济、山区、贫瘠的地区最容易产生这种剩余劳动力。另外还有一些无法融入主流的农业社会的人，处于"社会的边缘状态"，也容易成为匪徒。[6]

我们所看到的袍哥，与霍布斯鲍姆笔下的盗匪，既有相似的地方，亦有很多不同。如果我们把清代的袍哥和霍氏的盗匪进行比较的话，会看到他们都是反体制的团体，都是和国家机器与权贵抗争的勇士。如果说霍氏的盗匪多来自农村，那么袍哥在城乡都分布广泛。但是，1940年代的袍哥，与霍氏的盗匪已经有了很明显的区别。袍哥在乡村社会中，已经成为地方权威的一部分。一方面他们并非政府承认的合法社团，另一方面他们在地方行政，特别是乡及以下的管理中，扮演着重要角色。

在1949年以前，报纸关于袍哥的文章一般是誉多毁少，或者至少是毁誉参半，和1949年以后的记载形成鲜明对比。昔日的袍哥成员，现今几乎都一一作古，只有极个别留下了自己的回忆，而且他们的回忆还是在1949年以后限定的政治话语中形成的。目前我们对袍哥的认识，基本依靠历史上保存下来的资料，这些资料以官方的档案为主，加上其他有关的公私记录。这些现存的资料，其实也就是从清初到现在三百多年时间内，政府和精英塑造袍哥形象的一部分。由于这种塑造，使我们对这个集团的观察经常只是从资料记录者的角度，必然妨碍我们对袍哥的整体认识。资料是多元的，我们对袍哥的认识也是多元的。由于我们现在从资料所知的袍哥历史，只是真实存在过、发生过的历史和故事非常微小的一部分，因此我们对他们的认识也是非常有限的，无非是对现存资料的一种解读。不过，这种解读，可以使我们对他们的认识逐步深入下去。

* * *

袍哥的覆灭，固然是国家机器打击的结果，也是这个组织传统地与国家机器对抗的必然归途。虽然在民国时期，这个组织试图与地方权力结合，并由此扩张了组织的规模和影响。也有袍哥试图与共产党合作，但是新政权却绝对不允许这样一个与国家机器对抗的组织继续存在。这个组织被摧毁了，但是它所留下的许多问题，今天仍然值得我们去认真地回答。

袍哥首领雷明远留给我们一个真实具体的形象，成为袍哥历史记忆中不可缺少的一部分。沈宝媛的调查告诉我们，在共产党到来之前，他已经走向了衰落。对于雷明远的衰落，沈宝媛也认为是袍哥内部"新陈代谢力量"的结果。[7]尽管她没有具体介绍这个"新陈代谢"

是怎样发生的,但是我们知道,一个袍哥首领是依靠道德(忠义)、力量(暴力)、财力支撑其领导权,这三个方面是相辅相成的,每一个环节都不能中断。当雷明远在财力上出问题的时候,如他取消了过去一贯的春节期间的宴会,袍哥内部自然会有人利用这个机会填补空缺。当以往受雷照顾的小弟兄们察觉到这样的变化时,当他们在财力上得到另一个人更多的关照时,那么他们的忠心也自然会发生转移。所以沈宝媛预测到了,"也许在最近一、二年中,雷大爷在这新环境中更会销声匿迹,雷大爷的前途无疑的是可悲哀的,而类似雷大爷这种人物的其他社团领袖的前途也是可悲哀的"(图18-1)。[8]

当然,袍哥的衰落,并不是雷明远一个人的问题,沈宝媛认为,根本原因在于现在的袍哥已经抛弃了其"反清反贪官的宗旨",

图18-1 今日崇义桥的茶馆。作者于2014年秋拍摄。

忘掉了他们"本身的历史意义与价值"。这个组织是一个"从人民中生长起来"的,"富有革命性"的,以及"维新意义"的团体,但是却"背叛了人民的利益",而与"腐朽的官僚集团"同流合污。如果这样的"腐化,恶化,死化下去",再不积极改造自己,没有"前进的目标,不事生产,而只聚会了一推[堆]无业游民、小偷、强盗,到处耍枪逞凶,贩烟土,开赌局,强刮民脂民膏",这个组织将不可避免地死亡。特别是"乡长以袍哥及地方首长双重资格刮地皮,不合理征赋税入腰包",还"欺压妇女",干"无耻的勾当",这些都是"望镇社团命运遭受打击"、其首领们的"声誉趋向于没落"的主要原因。她认为自己的调查,其实就是揭露了"一个乡村中很可悲哀的在衰颓中的袍哥内幕",她发现"这个乡村腐朽的社团将要淹没在新时代的浪潮里",这是她根据"功能观点而观察出的一个未来事态的预测"。[9]

这些都非常清楚地显示出,她对"望镇"袍哥的社会存在价值,基本上是持否定态度的。沈宝媛对袍哥的这些评论,与1949年以后共产党的定义非常接近。我们可以看到,作为一个学社会学的大学生,她在记录考察对象的时候,并没有表现明显的政治判断。但是在进行具体分析的时候,其政治倾向性还是非常明显的。沈宝媛写下这些话的时间是1946年,也许她当时并没有想到再过三年就会发生政权更迭,没有想到那将给袍哥带来灭顶之灾,但是她至少感觉到了"望镇"这样的袍哥不可避免地会面临危机,这个前现代的秘密组织,很难在急剧发展的现代化浪潮中,继续生存和发展。

当然,沈宝媛也并不认为袍哥的前程看不到一丝光明,她认为在其他地方,还有"那些富有进取及革命意识的袍哥社团",因为那些"开明进步的袍哥集社让人兴奋",他们的成员"正走向光明的途中"。她举例说成都发行的《大义周刊》,就代表着一个"言论正确,态度严肃"的袍哥机关报。这个杂志上发表的文章,皆以"发扬袍哥固有美德及精神为前提",并阐述袍哥"结社之理论基础",尤其对中国"和平民主团结运动呼吁不遗余力",其思想"颇多精辟独到之处,是值得一般民众所学习的"。因此在沈宝媛看来,这样的袍哥团体"是值得赞扬的",因为他们"没有脱离中国人民"。[10] 也就是说,在沈宝媛看来,像《大义周刊》所表达的这种袍哥发展的方向,才是袍哥的未来。

* * *

沈宝媛从《大义周刊》看到了袍哥光明的一面,但她有所不知,而且当时的人们也不知道的幕后故事是:这个表面上由中国民主同盟主席张澜领衔创办的袍哥刊物,实为共产党利用袍哥进行革命活动的一个工具。[11] 关于这个刊物创办的内幕,很多年以后才披露出来。

1944年9月,原"中国民主政团同盟"改组,正式成立"中国民主同盟"。当时的共产党组织认为,国共合作已经成为过去,但是在民盟中的共产党员身份"绝对不宜暴露"。为了便于以后在知识分子中"进行民主活动"和"统战工作",需要"民主人士"出面从事宣传工作,特别是出版公开发行的刊物。因此,袍哥身份的共产党人杜重石加入了民盟,开始筹办一个刊物。杜重石为此专门面见张澜,向他详细叙述了自己受共产党委派,到成都组织袍哥"蜀德社",以在川康军政人员中做"统一战线工作"。现在"国共合作,共赴国难"的统战口号已经"不再适用",要转到"反内战、要和平、反独裁、争民主"的新目标上去。故打算以袍哥社团为背景,创办《大义周刊》,希望张澜领衔当发起人,其他发起人都是川康将领中的袍哥大爷。当时为了得到国民党政府的批准,他们声称办刊物的宗旨是"宣扬袍哥的民族意识、爱国思想,激励袍哥抗日救亡"。[12]

这份杂志的确在争取民主的斗争中,起到了宣传的作用。1946年7月,特务在昆明先后杀害了李公朴和闻一多。[13]两大血案,震动全国,在成都举行的李和闻的追悼会上,杜重石送了一副悼念李、闻的挽联:

> 怪!拥护三民主义,竟遭毒手,应留者未留,何弗思国中人群,要誓死争回民主。
> 妙!维持法西斯政权,定下阴谋,该杀的不杀,试环顾海外局势,应狠心抛却独裁。

当天这副挽联就被军警派人搜去,继而查封了《大义周刊》,以"袍哥流氓,包庇烟赌"的罪名,逮捕了杜重石。同年冬天,杜重石被营救出狱。[14]

据1946年《快活林》上的一篇文章,张澜也参加了这次追悼会。这篇文章介绍,张澜系四川南充人,早年留学日本,在四川历任省长、成都大学校长、国民参政员,而且"川省的哥老会,全国知名,简称袍哥",张是袍哥的"大哥"。由于他年高,外加可以"领导袍哥",所以中国民主同盟推举他做主席。但是这篇文章讥讽道:"想不到在袍哥当中知名的大哥,最近会在成都追悼闻一多李公朴大会上，挨了打，这一打'不打紧'，岂不坍了袍哥的台！"到底是谁打了张澜，这篇文章并没有说明。作者似乎对于张参与政治非常不满，称："袍哥的组织，是很严密的，轻易不预闻政治，专心注重社会内层，这张大哥，凭着袍哥领导者身份，要往政治圈里钻，放着社会事业不干，要上政治舞台，同［原文如此］一救国，应该从底层做起，这回挨打，岂不辜负了袍哥。"[15] 另外，根据一本杜重石的传记，在会上，当张澜代表民盟向李公朴、闻一多家属致谢词时，台下口哨声和"打倒共产党的走狗民主同盟"的口号声响成一片，"特务们纷纷敲打桌椅，制造噪音，登时秩序大乱"。混乱中，有特务向张澜投掷秽物，撕扯悬挂在会场上的挽联。杜重石写的挽联，也被特务分子抢走了。[16]

虽然不同文章对这个事件的描述略有出入，但是证实了张澜的确参与了追悼会，会上的确发生了冲突。以张澜这样的背景和声望，参加反对国民党一党专制的民主运动，自然有相当的号召力，当然也引起某些人的不满。《快活林》上这篇文章就是对他持批评态度的，认为他不应该以袍哥大爷的身份介入政治。但是，袍哥介入政治并不是一天两天的事情了，这篇文章不满的是，不像大多数其他袍哥站在政府和地方权威一边，张澜却成为一个左翼分子。当然，共产党在取得政权以后，对张澜的贡献给予了充分肯定，他在新政权中任中央人民政府副主席。在1949年10月1日开国大典中，那个站在毛泽东旁边的"大胡子"，就是张澜（图18-2）。

但是杜重石在1949年以后的经历却十分坎坷。杜曾是川军少将参议，当过袍哥大爷，支援过红军，参加过淞沪抗战，到过延安，并在抗日军事政治大学学习，两次受毛泽东接见，是中共的"特别党员"。

图 18-2　1949 年 10 月 1 日张澜和毛泽东等国家领导人在天安门城楼上。
资料来源：网络照片。

1948 年杜重石在香港加入了中国国民党革命委员会，接着被选为民革中央执行委员会委员。1949 年 12 月，杜随贺龙的第一野战军到成都，任贺龙的政治代表，利用在川康的社会关系，协助接收起义部队，为"解放大西南"做出了贡献。但 1950 年由民革中央执委降为一般的委员。性格倔强的杜重石决心走出政治圈，到上海自行谋生，与好友和同乡开办木材行，1956 年公私合营后被安排到木材公司工作，月薪仅 43 元，难以维持六口之家的生活。后来杜又到上海一所学校任语文老师。1957 年被打成右派，次年以"历史反革命"罪被判刑劳改，一直到 1976 年才回到上海，1980 年获平反。[17]

* * *

  然而,在沈宝媛看来,雷明远和"望镇"的袍哥永远不会走向《大义周刊》所指出的道路。沈宝媛在调查报告的结尾总结了雷明远一生,并把这篇报告看作是"他一部简略的传记式的兴衰史"。雷明远的兴衰与袍哥紧密联系在一起,其"成长与没落和社团势力的增减起互相刺激的功能关系"。雷明远之所以在地方上是一个人物,就是因为他在袍哥中的角色和地位,是他的众兄弟把他"捧上了社团舞台",但是当他没有了金钱的挥霍,没有了武力的支持,没有了才能的展示,没有了心腹的帮助,同时也正是这些弟兄们将他"遗弃在大众的鄙视里"。[18]

  我们不知道雷明远在新政权下的结局,我们甚至不知道他是否活到了1949年解放军的到来。鉴于鸦片极大摧残了他的身体,我们可以想象他不可能颐养天年。如果他活到了那一天,可能会庆幸自己的衰落。沈宝媛的调查没有反映他1946年2月以后的经历,但从第十二章所展示的他的处境来看,他的副舵把子之位,估计很难再保持下去。这或许能使他因祸得福,在袍哥中地位的降低,也许能够使他逃脱新政权的整肃。

  但是他毕竟当过副舵把子、袍哥的首领,是新政权打击的主要目标,加上他本人还欠下了几条命案,如果他能活到1950年,我想他的结局会有以下几个可能:一,作为袍哥首领和引起"民愤"者被镇压,毕竟他杀死女儿的事在地方广为人知,此外还有其他命案;二,受到惩罚,在历次政治运动中受到冲击,但是得以活命;三,由于到1949年他已经穷极潦倒，没有受到新政权的打击，在共产党依靠贫农的政策下，作为一个佃户，他可能不会遭到什么为难。在土改运动中，已经不是袍哥首领的雷明远，或许还能以佃户的身份分到一块田地。

沈宝媛所描写的雷明远，远不及文史资料描写的金堂竹篙场贺松那样劣迹斑斑，也不像开县蔡兴华那样代表下层的利益。我们看到的是一个复杂的人物。他曾经为地方的安全，和土匪进行过搏斗；他过去作为一个袍哥首领，在地方享受威望和尊重；他杀死女儿，被人看成是一个冷血狠心的父亲；他帮助燕京大学下乡的学生，俨然是一个朴实的农民；他保守固执，哪怕亲戚违反了他心目中的道德准则，也不惜置之死地；他是一个鸦片烟鬼，从一个英雄式的角色，变成一个羸弱的病人；他是一个说一不二的人物，但是在泼辣的老婆那里，也经常妥协；他是一个佃农，娶有两个老婆，还打算娶第三个，最后因二老婆的强烈反对而作罢；他曾经豪请各方来客，但是有时家里老婆竟然没有钱买菜，如此等等，不一而足。因此，我们很难用简单的好坏来判定这样一个复杂个体。进而言之，袍哥这样的秘密社会组织，也是一个复杂的复合体，判定它在历史上的角色和作用，经常需要我们区分不同时代、不同地区、不同事件、不同个人、不同前因后果等，才能接近其组织和人物的真面目。

＊ ＊ ＊

人们始料未及的是，一个组织虽然在形态上被摧毁了，但是在无形中却仍然顽强地留存下来。袍哥作为历史已经消失了60多年，时间越来越遥远，我们对这个集团的认识越来越模糊，但是这个集团似乎并没有从我们的生活中消失。例如从一个特定的语言角度看，其遗产仍然存在于人们的日常生活和大众文化之中。

在今天的四川，虽然我们已无法再见"摆茶碗阵"的奇妙场景，但袍哥的许多词汇却仍然存活在人们的日常用语中。如"落马"原是指袍哥遇难，现在指官员因贪污或其他原因下台；"拉稀"原指一个人不负责，现指在发生冲突时的胆小行为；"抽底火"原指秘密暴露，现指暗中损害他人利益；"落教"原指做事按规则办，现指实现对朋友的承诺。有些表达则完全沿袭旧意，如"打滚龙"指一个人落难，"扎起"指冲突时相助，"下扒蛋"指关键或危险时刻临阵脱逃，"关火"指一个人有决定权，"乘火"指一个人勇于承担责任。这种现象并非中国所独有，正如 D. W. 马尔（David W. Maurer）在关于美国和加拿大的有关研究中所指出的："今天黑话的许多词被主流文化所熟悉，这是由于非法的次文化以及在小说和电影中的表现逐渐地渗入，不知不觉地进入到日常语言的使用。"[19]

本书主要考察了四川地区最有影响的社会组织的一个首领和他的家庭，观察其政治、经济、社会、文化的交错盘结和内在关系，以帮助我们认识过去中国的社会、文化、社区控制，以及今天中国社会的许多问题。作为一个反清的政治组织，在长期的生存和斗争过程中，袍哥形成了一整套仪式、语言和行为模式，渗透到各种社会、经济活动之中。这个组织既垄断了地方政治和经济资源，也给许多平民提供了保护伞，所以大量民众加入这个组织，并创造了其独特的次文化，这种次文化至今仍然潜伏在中国的社会之中（图18-3）。

这个研究告诉我们，要懂得中国的农村、农民和农民问题，必

图 18-3　今日崇义桥。日夜奔流不息的河水,带走了多少历史和故事,它们可能从我们的记忆中永远消失了。作者于 2014 年秋拍摄。

须了解过去他们在怎样一个政治生态下生活。透过雷氏家庭这个微观世界,我们进入到川西乡村社会复杂的内部,揭示了这个社会隐藏的秘密,看到了一个内陆地区在民国时期的社会暴力和秩序,一个占人口相当大比例的人群的思想、文化和生活,以及他们对国家和地方政治、对一般民众的深刻影响。这样一个暴力团伙一度是具有远大抱负的"革命"组织,貌似建立了坚固的地方秩序,但是无论它多么强大,成员数量多么众多,所掌握的资源多么丰富,却可悲地走到了民众的对立面,最终难逃覆灭的命运。

注　释

第一章　杀死亲生女

[1]　沈宝媛:《一个农村社团家庭》,第 23 页。
[2]　"望镇"是沈宝媛为了保护被调查者的隐私所杜撰的一个地名,所以本书在使用这个地名时,都加了引号。在第十四章,我将详细考察"望镇"的实际所在地。
[3]　沈宝媛:《一个农村社团家庭》,第 23 页。
[4]　沈宝媛:《一个农村社团家庭》,第 23—24 页。
[5]　沈宝媛:《一个农村社团家庭》,第 24 页。
[6]　孔飞力(Philip Kuhn)在《叫魂》中,便讨论过灵魂与躯体的可分离性,但他所讨论的"叫魂"和现在这个例子相反。进行叫魂活动,是为了让灵魂返回体内,使家人复生。*Soulstealers: The Chinese Sorcery Scare of 1768* (Harvard University Press, 1990), chapter 5. 而这里,雷明远则并不希望女儿的灵魂回家。
[7]　沈宝媛:《一个农村社团家庭》,第 24 页。
[8]　沈宝媛:《一个农村社团家庭》,第 25 页。
[9]　沈宝媛:《一个农村社团家庭》,第 26 页。
[10]　法务编辑小组编:《家庭号六法全书:宪法、民法、刑法》,华闻网股份有限公司,2001 年,第 57 页。1928 年《中华民国刑法》也有类似的惩罚:第 21 章"杀人罪",第 282 条:"杀人者,处死刑、无期徒刑,或十年以上有期徒刑。本条之未遂罪,罚之。"第 283 条:"杀直系尊亲属者,处死刑。杀旁系尊亲属者,处死刑或无期徒刑。本条之未遂罪,罚之。预备犯本条之罪者,处三年以下有期徒刑。"第 284 条:"犯杀人罪,而有下列情形之一者,处死刑:一、出于预谋者;二、肢解、折割,或有其他残忍之行为者。本条之未遂罪,罚之。"第 285 条:"犯杀人罪,而有下列情形之一者,处死刑或无期徒刑:一、意图便利犯他罪而犯者;二、意图免犯罪之处罚,或意图防护犯罪所得之利益而犯者。本条之未遂罪,罚之。"(王宠惠编:《中华民国刑法》,中国方正出版社,2006 年,第 74—75 页)关

于民国刑法的研究，见罗旭南：《1935 年〈中华民国刑法〉对中国传统法的继承》，《社会科学家》2012 年第 1 期，第 95—98 页；郭建等：《中华文化通志·制度文化典，法律志》，上海人民出版社，1998 年；Klaus Mühlhahn, "Visions of Order and Modernity: Crime, Punishment, and Justice in Urban China during the Republican Period," in David Strand, Sherman Cochran, Wen-hsin Yeh, eds. *Cities in Motion: Interior, Coast, and Diaspora in Transnational China* (Berkeley: Center for Chinese Studies, Institute of East Asian Studies, University of California, 2007), pp.182-215; Jennifer M. Neighbors, "The Long Arm of Qing Law? Qing Dynasty Homicide Rulings in Republican Courts." *Modern China*, 35.1 (2009), pp. 3-37; Jianhong Liu, Lening F. Zhang, Steven Messner eds., *Crime and Social Control in a Changing China* (Westport: Greenwood Publishing Group, Incorporated, 2001)。关于清代四川对通奸案的处理，见 Mathew H. Sommer, *Sex, Law, and Society in Late Imperial China* (Stanford: Stanford University Press, 2000)。关于清代和民国法律实践的比较研究，见 Philip C.C. Huang, *Code, Custom, and Legal Practice in China: The Qing and the Republic Compared* (Stanford: Stanford University Press, 2001)，不过本书的重点是民法，而不是刑法。

[11] 沈宝媛：《一个农村社团家庭》，第 25 页。

[12] 关于新文化运动，见 Merle Goldman, *Modern Chinese Literature in the May Fourth Era* (Harvard University Press, 1977); Edmund S. K. Fung, *The Intellectual Foundations of Chinese Modernity: Cultural and Political Thought in the Republican Era* (New York: Cambridge University Press, 2010)。伍启元：《中国新文化运动概观》，现代书局，1934 年；陈少廷：《五四新文化运动的意义》，百杰出版社，1979 年；耿云志、陈于武：《开放的文化观念及其他：纪念新文化运动九十周年》，国家图书馆出版社，2009 年。关于新生活运动，见新生活运动促进总会编：《新生活运动》（无日期和出版地）。有关研究，见刘文楠：《规训日常生活：新生活运动与现代国家的治理》，《南京大学学报》2013 年第 5 期，第 89—102 页；周蕾：《国民政府对女性的塑造和训练——以抗战前新生活运动为中心的考察 (1934—1937)》，《妇女研究论丛》2009 年第 3 期，第 49—53 页；左玉河：《论蒋介石发动的新生活运动》，《史学月刊》1990 年第 4 期，第 70—75 页；关志钢：《论抗日战争时期的新生活运动》，《抗日战争研究》1992 年第 3 期，第 143—159 页；乔兆红：《论抗战时期的新生活运动》，《天府新论》2005 年第 5 期，第 120—123 页；Jennifer Lee Oldstone-Moore, *The New Life Movement of Nationalist China: Confucianism, State Authority and Moral Formation* (University of Chicago, Divinity School, 2000); Llyoyd E. Eastman, "Nationalist China during the Nanking Decade, 1927-1937," in John King Fairbank, Denis Crispin Twitchett, Albert Feuerwerker eds. *Cambridge History of China*, vol. 13, *Republican*

China, 1912-1949, Pt.2 (Cambridge: Cambridge University Press, 1986), pp.116-167。

[13] 秦牧：《私刑·人市·血的赏玩》，收入中国社会科学院文学研究所现代文学研究室编：《中国现代文学创作选集》，第七卷《中国现代散文选 1918—1949》，人民文学出版社，1983 年，第 359—365 页。

[14] 吕思勉：《中国近代史，1840—1949》，华东师范大学出版社，2011 年，第 16 页；曾宪义主编：《中国传统法律文化研究》，第三卷《身份与契约：中国传统民事法律形态》，第 4 章，中国人民大学出版社，2011 年。

[15] 胡国台：《家谱所载家族规范与清代律令——以钱粮、刑名与社会秩序为例》，联合报文化基金会国学文献馆主编：《第六届亚洲族谱学术研讨会会议记录》，联合报文化基金会国学文献馆，1993 年，第 267—311 页。

[16] 关于中国家庭和家族研究，见 Ai-li S. Chin and Maurice Freedman ed., *Family and Kinship in Chinese Society* (Stanford: Stanford University Press, 1970); Hugh D. R. Baker, *Chinese Family and Kinship* (New York: Columbia University Press, 1979); Maurice Freedman, *The Study of Chinese Society: Essays By Maurice Freedman*. Selected and introduced by G. William Skinner (Stanford: Stanford University Press, 1979)。

[17] 沈宝媛：《一个农村社团家庭》，1946 年。

[18] 沈宝媛：《一个农村社团家庭》，第 26 页。

第二章　川西的乡村

[1] 黄廷桂等纂修：雍正《四川通志》卷五，《户口》；王笛：《跨出封闭的世界：长江上游区域社会研究，1644—1911》，中华书局，1993 年，第 52 页。

[2] 黄廷桂等纂修：雍正《四川通志》卷五，《户口》，第 1 页。

[3] 关于清初四川移民问题，见王笛：《跨出封闭的世界》，第 2 章；陈世松：《大迁徙："湖广填四川"历史解读》，四川人民出版社，2005 年；曹树基：《中国人口史》，第 5 卷，《清时期》，复旦大学出版社，2001 年，第 7 章；孙晓芬：《清代前期的移民填四川》，四川大学出版社，1997 年；蓝勇：《清代四川土著和移民分布的地理特征研究》，《中国历史地理论丛》1995 年第 2 期，第 141—156 页；王炎：《"湖广填四川"的移民浪潮与清政府的行政调控》，《社会科学研究》1998 年第 6 期，第 111—118 页；赖悦：《清代移民与四川经济文化的变迁》，《西南民族学院学报》2000 年第 5 期，第 147—153 页；黄权生、杨光华：《四川移民地名与"湖广填四川"——四川移民地名空间分布和移民的省籍比例探讨》，《西南师范大学学报》2005 年第 3 期，第 111—118 页；梁勇：《清代四川客长制研究》，《史学月刊》2007 年第 3 期，第 28—35 页；梁勇：《清代四川的土地清丈与移民社会的发展》，《天府新论》2008 年第 3 期，第 69—74 页。

[4] 有学者对四川有 4 所以上会馆的 85 个县进行过统计，总共有会馆 727 所，其中直接称会馆的 174 所，以宫名馆的 471 所，以祠名馆的 20 所，以庙名馆的 62 所。

会馆最多的为屏山县，城乡共计52所，其次为灌县、绵竹、威远，分别有会馆37所、36所、34所不等（吕作燮：《明清时期的会馆并非工商业行会》，《中国史研究》1982年第2期，第90—104页）。关于四川的移民会馆的研究，见王笛：《跨出封闭的世界》，第527—535页；王东杰：《"乡神"的建构与重构：方志所见清代四川地区移民会馆崇祀中的地域认同》，《历史研究》2008年第2期，第98—118页；刘正刚：《清代四川的广东移民会馆》，《清史研究》1991年第4期，第10—15页；蓝勇：《清代西南移民会馆名实与职能研究》，《中国史研究》1996年第4期，第16—26页。英语世界的中国会馆研究，见 Peter J. Golas, "Early Ch'ing Guilds," in Skinner ed., *The City in Late Imperial China*, pp. 573-576; Rowe, *Hankow: Commerce and Society in a Chinese City, 1796-1889*, pp.75-76, 252-53, chaps 8 and 9; Ho Ping-ti, "The Geographic Distribution of Huikuan (Landsmannschaften) in Central and Upper Yangtze Provinces," *Tsinghua Journal of Chinese Studies* n.s. 5, no. 2 (1966), pp.120-152。

[5] 关于四川军阀的研究见匡珊吉、杨光彦主编：《四川军阀史》，四川人民出版社，1991年；涂鸣皋：《关于四川军阀割据混战的几个问题》，《西南师范大学学报》1980年第1期，第48—59页；傅曾阳：《试析四川军阀长期混战之因》，《四川师范大学学报》1989年第6期，第80—84页；唐学锋：《四川军阀混战频繁之原因》，《西南师范大学学报》1990年第2期，第49—53页；张建基：《川系军阀的形成》，《军事历史研究》2003年第3期，第84—94页；刘正美：《抗战前后国民党中央对四川的控制》，《民国春秋》1997年第3期，第16—17页；黄天华：《国家统一与地方政争：以四川"二刘大战"为考察中心》，《四川师范大学学报》2008年第4期，第94—101页；王友平：《四川军阀割据中防区制的特点》，《天府新论》1999年第2期，第68—71页。**Robert A. Kapp**, *Szechwan and the Chinese Republic: Provincial Militarism and Central Power, 1911-1938* (New Haven: Yale University Press, 1973)。

[6] 川西平原区即成都平原，过去民间也多称"川西坝子"，所谓坝子，即平坦的地形。其实这个地区，也多丘陵。综计全域，包括绵竹、什邡、彭县、灌县、崇宁、广汉、新都、新繁、成都、华阳、郫县、温江、双流、新津、彭山、眉山、青神、崇庆、大邑、邛崃、蒲江、名山、丹棱、洪雅、夹江25县的全部，以及峨眉、乐山、金堂、德阳4县的一部分（见地图3）。岷江流域面积达2万余平方公里，过灌县（今称都江堰市）的都江堰后，山势开展，江水豁然开放，遂行分流，分支愈来愈多，形成冲积扇，造成冲积平原。成都平原形如三角，以灌县为顶，从灌县至成都相距约60公里，海拔相差约300米，以平缓坡度自灌县倾斜而下。岷江至都江堰有内江、外江之别。外江即岷江正流，内江系因都江堰自岷江引水而成。内外江都有支流数以百计，或由人工开挖，或属天然河道。灌溉方法一般分两种：其一为拦河作坝，以引水入渠；其二则为沿河岸作堤，以引水入渠，其入口处用闸门节制，这统称为"堰"。据民国时的调查，内江范围内大堰有名者约130余，外江达140余，小

堰不计其数 (张肖梅编：《四川经济参考资料》，上海中国国民经济研究所，1939 年，L 第 5—7 页)。

[7] 叶懋、潘鸿声：《华阳县农村概况》，1941 年，《民国时期社会调查丛编》，二编，第 716 页。

[8] John King Fairbank, *The United States and China* (fourth edition, Cambridge, MA: Harvard University Press, 1983), p. 7.

[9] 方志戎、周建华：《人口、耕地与传统农村聚落自组织——以川西平原林盘聚落体系 (1644—1911) 为例》，《中国园林》2011 年第 6 期，第 83—87 页。

[10] Philip C.C. Huang, *The Peasant Economy and Social Change in North China* (Stanford: Stanford University Press, 1985), chap. 3.

[11] 方志戎、周建华：《人口、耕地与传统农村聚落自组织——以川西平原林盘聚落体系 (1644—1911) 为例》，《中国园林》2011 年第 6 期，第 84 页。

[12] 白锦娟：《九里桥的农家教育》，燕京大学法学院社会学系学士毕业论文，1946 年，北京大学图书馆藏，第 19 页。感谢李德英教授提供这份资料的扫描件。

[13] 白锦娟：《九里桥的农家教育》，第 22 页。

[14] 王笛：《跨出封闭的世界》，第 4 章。

[15] 《巴县八庙场市规章》，四川大学历史系藏巴县档案抄件。

[16] 施坚雅曾研究过场期的安排问题，他认为决定场期时最主要的考虑不是避免同邻场冲突，而是不和上层市集的集期相冲突。相邻的市场同期举办并不罕见。G. William Skinner, "Marketing and Social Structure in Rural China." *The Journal of Asian Studies.* 24.1-3 (1964-1965), pp.3-43, 195-228, 363-399。

[17] 李之青等修：民国《郫县志》卷一，巴蜀书社，1992 年；沈恩培等修：光绪《增修崇庆州志》卷三，《城池》。关于川西平原农民赶场和日常生活，见 G. William Skinner, "Marketing and Social Structure in Rural China." *The Journal of Asian Studies.* 24, 1, pp.3-43; 24.2, pp.195-228; 24.3, pp.363-399；李德英：《民国时期成都平原乡村集镇与农民生活——兼论农村基层市场社区理论》，《四川大学学报》2011 年第 3 期，第 12—21 页。

[18] G. William Skinner, "Marketing and Social Structure in Rural China." *The Journal of Asian Studies*(1964-1965).24.1, pp.3-43; 24.2, pp.195-228; 24.3, pp. 363-399.

[19] 张凤翥纂修：乾隆《彭山县志》卷四，《土俗》。

[20] 黄裳：《茶馆》，彭国梁编：《百人闲说：茶之趣》，珠海出版社，2003 年，第 299 页。

[21] 见王庆源：《成都平原乡村茶馆》，《风土什》1944 年第 1 期（总第 4 期），第 32 页。

第三章　袍哥的网络

[1] 关于中国哥老会的研究，虽然在西方和中国都出版了若干著作，但是研究中国秘密

社会的专家王大为在一篇述评中指出,关于中国秘密社会的研究,主要集中在天地会起源、民间宗教史等问题。见 David Ownby, "Recent Chinese Scholarship on the History of Chinese Secret Societies." *Late Imperial China*, 22.1 (2001), pp. 139-158。关于中国秘密社会的代表性研究有:蔡少卿:《中国近代会党史研究》,中华书局,1987年;蔡少卿:《中国秘密社会》,浙江人民出版社,1990年;戴玄之:《中国秘密宗教与秘密会社》,台北商务印书馆,1990年;秦宝琦:《中国地下社会》,学苑出版社,1993年;周育民、邵雍:《中国帮会史》,上海人民出版社,1993年;喻松青:《民间秘密宗教经卷研究》,联经出版事业公司,1994年;李富华、冯佐哲:《中国民间宗教史》,文津出版社,1994年;庄吉发:《清代秘密会党史研究》,文史哲出版社,1994年;王见川、蒋竹山主编:《明清以来民间宗教的探索——纪念戴玄之教授论文集》,商鼎文化出版社,1996年;酒井忠夫:《中国民众と秘密结社》,吉川弘文馆,1992年; Jean Chesneaux, *Secret Societies in the Nineteenth and Twentieth Centuries* (Ann Arbor: University of Michigan Press, 1971); Jean Chesneaux ed., *Popular Movements and Secret Societies in China 1840-1950* (Stanford: Stanford University Press, 1972); Fei-Ling Davis, *Primitive Revolutionaries of China: A Study of Secret Societies in the Late Nineteenth Century* (Honolulu: The University Press of Hawaii, 1977); David Ownby and Mary Somers Heidhues eds., "*Secret Societies" Reconsidered: Perspectives on the Social History of Early Modern South China and Southeast Asia* (Armonk, N.Y.: M.E. Sharpe, 1993); David Owenby, *Brotherhoods and Secret Societies in Early and Mid-Qing China: The Formation of a Tradition* (Stanford: Stanford University Press, 1996); Barend J. Ter Haar, *Ritual and Mythology of the Chinese Triads: Creating an Identity* (Leiden: E.J. Brill, 1998); Martin Booth, *The Dragon Syndicates: The Global Phenomenon of the Triads* (New York: Carroll & Graf Publishers, Inc., 1999)。关于四川哥老会或袍哥的研究,中国大陆多是以一般的概述为主,如胡汉生:《四川近代史事三考》,重庆出版社,1988年;王纯五:《袍哥探秘》,巴蜀书社,1993年;秦和平:《对清季四川社会变迁与袍哥滋生的认识》,《社会科学研究》2001年第2期,第120—125页。我自己也发表过两篇专题研究的论文:《吃讲茶:成都茶馆、袍哥与地方政治空间》,《史学月刊》2010年第2期,第105—114页;《神秘的语言和沟通:19世纪四川袍哥的隐语、身份认同与政治文化》,《史林》2010年第1期,第89—97页。另外,日本人类学学者山本真对1940年代的四川袍哥也有研究,见山本真:《1940年代四川省における地方民機関と秘密結社》,收入石塚迅、中村元哉、山本真编:《憲政と近現代中国:国家、社会、個人》,现代人文社,2010年,第103—126页。英文学界也只有几篇专题文章,即:Kristin, Stapleton, "Urban Politics in an Age of 'Secret Societies': The Cases of Shanghai and Chengdu." *Republican China*, 22.1 (1996),pp.23-64; Lee McIsaac, "'Righteous Fraternities' and Honorable Men: Sworn Brotherhoods in

Wartime Chongqing." *American Historical Review* 105.5(2000), pp.1641-1655. 我自己也有两篇相关的英文论文：Di Wang, "Mysterious Communication: The Secret Language of the Gowned Brotherhood in Nineteenth-Century Sichuan." *Late Imperial China* 29.1(2008), pp. 77-103; "A College Student's Rural Journey: Early Sociology and Anthropology in China Seen through Fieldwork on Sichuan's Secret Society." *Frontiers History of China*, 12.1(2017), pp. 1-31。但是到目前为止，还没有任何对袍哥进行深入研究的英文专著出版。

[2] 拾得：《袍哥在重庆》，《吉普》1946年第13期，第10页。
[3] 李沐风：《略谈四川的"袍哥"》，《茶话》1947年第12期，第81—84页。
[4] 冠群：《成都的"袍哥"》，《周末观察》1948年3卷7期，第14页。
[5] 范绍增：《回忆我在四川袍哥中的组织生活》，文史资料编纂委员会主编：《文史资料选辑》第84辑，文史出版社，1982年，第236页。
[6] Liao T'ai-ch'u, "The Ko Lao Hui in Szechuan." *Pacific Affairs* XX (June 1947), p.162.
[7] 《成都市文化局档案》，成都市档案馆藏，124-2-133。其他资料也基本支持这样的估计。据1949年《四川帮会调查》和1950年《重庆帮会调查》，重庆袍哥有"五百余社"，袍哥人数"占全市人口百分之七八十，真正职业袍哥估计将近十万人"。重庆各阶层袍哥的分布，保甲人员占百分之九十，同业公会会员占百分之七十，职业公会会员占百分之八十，军警人员占百分之五十，特务人员占百分之九十，各行庄商号学徒和店员占百分之二十，土匪、小偷、流氓、妓院、舞厅、茶旅馆、澡堂老板占百分之百。1949年据有关部门的统计，"全川人口有袍哥身份者在百分之七十以上"，职业和半职业袍哥"有一千七百万人"（赵清：《袍哥与土匪》，天津人民出版社，1990年，第220、224页）。据日本学者山本真的调查，当地七八十岁的老人称，崇州元通镇袍哥势力很大，多活动于当地的几个茶馆。当地"约60%的人加入袍哥"。对百姓而言，"加入袍哥可以保障个人安全，免予被抓为壮丁"（日本筑波大学人类学系的山本真教授的调查，崇州元通镇，2008年12月21日，四川大学历史系徐跃教授提供）。
[8] 沈宝媛：《一个农村社团家庭》，"论文提要"。
[9] Liao T'ai-ch'u, "The Ko Lao Hui in Szechuan." *Pacific Affairs* XX (1947), p.161.
[10] 沙铁帆：《四川之哥宗会》，《四川县训旬刊》第3卷第67期（1936年），第51页。
[11] 四川地方实际问题研究会：《四川哥老会改善之商榷》，1940年成都印，第10页。
[12] 吴伧：《四川袍哥与青红帮》，《快活林》1946年第22期，第9页。
[13] 张三：《重庆的参议员》，《星光》1946年第3期，第3页。
[14] 冠群：《成都的"袍哥"》，《周末观察》1948年3卷7期，第14页。
[15] 张三：《重庆的参议员》，《星光》1946年第3期，第3页。
[16] 李沐风：《略谈四川的"袍哥"》，《茶话》1947年第12期。
[17] 傅崇矩：《成都通览》下册，巴蜀书社，1987年，第47—50页。

[18] 《刘松山剿除绥德州叛卒收复州城折》，同治八年四月（1869年），左宗棠：《左宗棠全集》奏稿四，岳麓书社，2009年，第70—71页；李榕：《禀曾中堂李制军彭宫保刘中丞》，《十三峰书屋全集》批牍，卷一，第17页，《禀曾中堂李制军彭宫保刘中丞》，成都迪毅书社印，1922年；傅崇矩：《成都通览》下册，第48页。有文章称袍哥就是红帮（李沐风：《略谈四川的"袍哥"》，《茶话》1947年第12期，第81页），但是有人说，袍哥与"清洪二帮"（青帮、红帮）"鼎足而三"（拾得：《袍哥在重庆》，《吉普》1946年第13期，第10—11页）。

[19] 沈宝媛：《一个农村社团家庭》，第17页。

[20] 沈宝媛：《一个农村社团家庭》，第44页。

[21] Eric Hobsbawm, "Introduction: Inventing Traditions," in Eric Hobsbawm, Terence Ranger eds., *The Invention of Tradition* (Cambridge: Cambridge University Press, 1983), pp. 1-2.

[22] 沈宝媛：《一个农村社团家庭》，第46页。据1930年代刘师亮出版的《汉留全史》称，1661年郑成功在金台山明远堂立誓结盟。1670年，四川人陈近南被郑成功派到川西的雅安开"精忠山"，从而开始了哥老会在中国大陆的发展，这也是为何学者们一般把四川作为哥老会起源地的原因。袍哥的宗旨清楚地体现在其经典文献《海底》之中，这个文献还记录了该组织的历史、规则、成员及信仰等。1683年，清军攻陷台湾，据说其组织最重要的文件都被封在一个铁盒子里，扔进海中。1848年，川人郭永泰宣称，他从一个渔夫那里得到《金台山实录》原件，并加以编辑修改，定名为《海底》（取意来自海底）。该书又称《金不换》（刘师亮：《汉留全史》，古亭书屋印，1939年，第4页）。哥老会起源问题的讨论见蔡少卿：《中国近代会党史研究》，第210—216页；秦宝琦、孟超：《哥老会起源考》，《学术月刊》2000年第4期，第68—73页。

[23] 木刻的两个版本都是美国布朗大学包筠雅（Cynthia Brokaw）教授提供，在此表示感谢。

[24] 士绅在清末地方社会、政治生活中已经起着举足轻重的作用，发挥着多方面的功能，美国学者萧邦齐（R. Keith Schoppa）曾统计1851—1874年间四川535个地方士绅（或称"精英"）的活动，并对他们的身份和社会功能进行了考察。在535个四川地方士绅中，有322个（即总数的60%）没有功名，其中，商人42人，商人兼地主14人，地主17人，资产来源不详者114人，身份不详者135人。在具有功名的213人中，进士、举人和贡生即所谓"上层士绅"61人，廪贡生、生员和监生即所谓"下层士绅"152人，下层对上层士绅的比例较之我们通常所想象的要高。从"精英"在地方的活动看，无功名者居重要地位。如地方防御中占58%，公共事务中占69%，慈善事业中占64%，地方公断中占81%，只有教育活动的比例稍低，占43%。从地方活动的类别来看，防御活动所占比例最高（这与当时太平天

国起义有关），有功名者占 62%，无功名者占 67%；其次是慈善事业，有功名者占 14%，无功名者占 17%；再往下，则有无功名者比例相差较大，有功名者教育活动占 11%，公共事务占 10%，地方公断仅占 2%。无功名者公共事务占 15%，教育活动和地方公断各占 5%。从上可见，地方士绅（或乡绅）的社会功能和影响表现在各个方面，功名有无对他们在地方事务中所发挥的作用并无十分明显的影响。见 R. Keith Schoppa, "The Composition and Functions of the Local Elite in Szechwan, 1851-1874." *Late Imperial China* (Ch'ing-shih wen-t'i) 10 (1973), pp. 7-23。

[25] 张骥等修：民国《温江县志》卷三，《民政志》。
[26] 嘉庆十八年（1813）《巴县团首牌团条例》，道光三十年（1850）《编查保甲规》，见四川大学历史系藏巴县档案抄件。
[27] 蓝炳奎等修：民国《达县志》卷七，《官政门·民职》。
[28] 王先明、常书红：《晚清保甲制的历史演变与乡村权力结构——国家与社会在乡村社会控制中的关系变化》，《史学月刊》2000 年第 5 期，第 130—138 页。
[29] 冉锦慧、李慧宇：《民国时期保甲制度研究》，四川大学出版社，2005 年，第 147 页。
[30] 光绪二十八年九月十六日署四川总督岑春煊：《奏川省近日剿办会党拳民等情形折》，中国第一历史档案馆、北京师范大学历史系选编：《辛亥革命前十年间民变档案史料》下册，中华书局，1986 年，第 746 页。
[31] 《四川谘议局第一次议事录·解散会党》，隗瀛涛、赵清主编：《四川辛亥革命史料》上册，四川人民出版社，1981 年，第 135 页。
[32] 《辛亥革命前十年间民变档案史料》下册，第 792 页。
[33] 王闿运：《湘军志》，《湖南防守篇》第 25，湖南人民出版社，2007 年；左宗棠：《附陈鲍提督所部仍请由该员自为主持片》，《左恪靖伯奏稿》卷二五，第 41—42 页；《宣统三年八月初三日龚宝琛致盛宣怀函》，陈旭麓、顾廷龙、汪熙主编：《辛亥革命前后——盛宣怀档案资料选辑之一》，上海人民出版社，1979 年，第 161 页。
[34] 《四川官报》辛亥第 9 册。
[35] 《四川通省警察章程》（1903），中国第一历史档案馆藏，《巡警部档案》，1501-179。感谢司昆仑（Kristin Stapleton）教授提供这份资料的手抄件。
[36] 刘师亮：《汉留全史》，第 4 页。
[37] 隗瀛涛、何一民：《论同盟会与四川会党》，《纪念辛亥革命七十周年学术讨论会论文集》上册，北京，中华书局，1983 年，第 546—569 页。
[38] 王蕴滋：《同盟会与川西哥老会》，《辛亥革命回忆录》，第 3 集，文史资料出版社，1981 年，第 218 页。
[39] 吴晋航：《四川辛亥革命见闻录》，《辛亥革命回忆录》，第 3 集，第 99—110 页。
[40] 上柯：《四川农村现状一斑》，《生活》第 8 卷，第 43 期，1933 年，第 882 页。
[41] 王世良、刁纯金：《霸踞竹篙集党、政、军、匪、袍于一身的反动人物贺松》，《金

[42] 王世良、刁纯金：《霸踞竹篙集党、政、军、匪、袍于一身的反动人物贺松》，《金堂文史》，第 441—455 页。
[43] 刘师亮：《汉留全史》，第 12 页。
[44] 《辛亥革命前十年间民变档案史料》下册，第 795 页。
[45] 《四川谘议局第一次议事录·解散会党》，隗瀛涛、赵清主编：《四川辛亥革命史料》上册，第 134 页。
[46] 《四川官报》辛亥第 9 册。
[47] 吴晋航：《四川辛亥革命见闻录》，《辛亥革命回忆录》，第 3 集，第 99—110 页；陈书农：《四川袍哥与辛亥革命》，《辛亥革命回忆录》，第 3 集，第 174—176 页；王蕴滋：《同盟会与川西哥老会》，《辛亥革命回忆录》，第 3 集，第 218—223 页。
[48] 《四川谘议局第一次议事录·解散会党》，隗瀛涛、赵清主编：《四川辛亥革命史料》上册，第 134 页。
[49] 《四川官报》辛亥第 9 册。
[50] 沈宝媛：《一个农村社团家庭》，第 3 页。
[51] 李榕：《禀曾中堂李制军彭宫保刘中丞》，《十三峰书屋·批牍》，卷一，第 17—18 页。
[52] 《四川官报》辛亥第 9 册；傅崇矩：《成都通览》下册，第 47—48 页。
[53] 沈宝媛：《一个农村社团家庭》，第 22 页。
[54] 国民党省执委发公函：《函请查办威远新场哥老会》，1942 年 10 月 15 日，四川省档案馆全宗 186，案卷 1385，第 158—160 页。
[55] 关于清明会的角色，见 Di Wang, *Street Culture in Chengdu: Public Space, Urban Commoners, and Local Politics in Chengdu, 1870-1930* (Stanford: Stanford University Press, 2003), chap. 2。
[56] 王大煜：《四川袍哥》，《四川文史资料选辑》，第 41 辑，1993 年，第 159—160 页。
[57] 李沐风：《略谈四川的"袍哥"》，《茶话》1947 年第 12 期，第 82 页。
[58] 温江县志编纂委员会主编：《温江县志》，四川人民出版社，1990 年，第 840 页。
[59] 沈宝媛：《一个农村社团家庭》，第 7 页。

第四章　调查的开始

[1] 王笛：《跨出封闭的世界》，第 63 页。
[2] 何一民主编：《变革与发展：中国内陆城市成都现代化研究》，四川大学出版社，2002 年，第 583 页。
[3] 沈宝媛：《一个农村社团家庭》，第 8 页。
[4] 沈宝媛：《一个农村社团家庭》，第 8 页。
[5] 隗瀛涛、赵清主编：《四川辛亥革命史料》上册，第 516—517 页；秦楠：《蜀辛》，

见隗瀛涛、赵清主编:《四川辛亥革命史料》上册,第551页。

[6] 沈宝媛:《一个农村社团家庭》,第8页。
[7] 沈宝媛:《一个农村社团家庭》,第9页。
[8] 沈宝媛:《一个农村社团家庭》,第9—10页。
[9] 沈宝媛:《一个农村社团家庭》,第9—10页。
[10] 沈宝媛:《一个农村社团家庭》,第11页。
[11] 沈宝媛:《一个农村社团家庭》,第11页。
[12] 沈宝媛:《一个农村社团家庭》,第11页。
[13] 沈宝媛:《一个农村社团家庭》,第3—4、12页。
[14] 张恨水(1897—1967),原名心远,恨水是笔名,取南唐李煜词《相见欢》"自是人生长恨水长东"之意。被认为是近代章回小说和通俗文学大师,其作品情节曲折复杂,创作有多部通俗小说,如《春明外史》《金粉世家》《啼笑姻缘》等,以恋爱悲剧反映军阀统治下的黑暗。关于张恨水的研究也非常多,见魏守忠:《目前国内张恨水研究现状概述》,《学术界》1989年第3期,第90—92页;郑玲:《90年代张恨水研究述评》,《安徽大学学报》2000年第6期,第88—90、99页;陈静:《张恨水研究述评》,《南京师范大学文学院学报》2001年第3期,第48—53页。
[15] 沈宝媛:《一个农村社团家庭》,第12页。
[16] 文枢、吴剑洲、崔显昌:《旧成都的人市》,《龙门阵》1984年第2期,总第20期,第15—27页。
[17] 沈宝媛:《一个农村社团家庭》,第12页。
[18] 沈宝媛:《一个农村社团家庭》,第13页。
[19] 沈宝媛:《一个农村社团家庭》,第12页。
[20] 沈宝媛:《一个农村社团家庭》,第13页。
[21] 沈宝媛:《一个农村社团家庭》,第13页。
[22] 傅崇矩:《成都通览》上册,第112—113页;《国民公报》1914年8月2日,1927年10月15日、12月9日;《通俗日报》1909年10月27日、10月10日。
[23] 沈宝媛:《一个农村社团家庭》,第13—14页。
[24] 李劼人:《死水微澜》,《李劼人选集》第1卷,四川人民出版社,1980年。

第五章 佃户"舵把子"

[1] 吴伦:《四川袍哥与青红帮》,《快活林》1946年第22期,第9页。
[2] 国民党省执委发公函:《函请查办威远新场哥老会》,1942年10月15日,四川省档案馆全宗186,案卷1385,第158—160页。
[3] 白锦娟:《九里桥的农家教育》,第12—13页。

[4] 冠群：《成都的"袍哥"》，《周末观察》1948 年 3 卷 7 期，第 14 页。
[5] 冠群：《成都的"袍哥"》，《周末观察》1948 年 3 卷 7 期，第 14 页。
[6] 沈宝媛：《一个农村社团家庭》，第 4 页。
[7] 沈宝媛：《一个农村社团家庭》，第 17 页。
[8] 沈宝媛：《一个农村社团家庭》，第 3—4、7 页。
[9] 蔡兴华是开县临江寺人，他说自己"从小"就当袍哥，但是没有说究竟是几岁。这种"从小"当袍哥者，我估计多与家传有关，就是说父辈也是袍哥成员或者头领。他最后当上了临江寺的"礼号袍哥大爷"。在这份口述中，他花了不少篇幅（大约 60%—70%）讲述袍哥由来及其组织形式、帮规及处罚形式、袍哥的活动内容及方式，这些描述与沈宝媛在论文附录中所记载的，基本上大同小异。见蔡兴华口述，董乾坤整理：《我的袍哥经历》，政协开县委员会编：《开县文史资料》第 4 辑，辽宁教育出版社，2008 年。
[10] Robert A. Kapp, *Szechwan and the Chinese Republic: Provincial Militarism and Central Power, 1911-1938* (New Haven: Yale University Press, 1973).
[11] 以上均见蔡兴华口述，董乾坤整理：《我的袍哥经历》，政协开县委员会编：《开县文史资料》第 4 辑，第 234—240 页。
[12] 《吴虞日记》上册，四川人民出版社，1984 年，第 10 页。
[13] 沈宝媛：《一个农村社团家庭》，第 15 页。
[14] 沈宝媛：《一个农村社团家庭》，第 18 页。
[15] 不过战后物价飞涨，到 1946 年 4 月，沈宝媛的这篇调查报告完成的时候，米价已经飙升到 44100 元一石了。见李竹溪、曾德久、黄为虎编：《近代四川物价史料》，四川科学技术出版社，1987 年，第 370—371 页。
[16] 傅崇矩：《成都通览》上册，第 103 页；李竹溪、曾德久、黄为虎编：《近代四川物价史料》，第 377 页。
[17] 即 2 石米算 560 斤，1945 年 7 月按照 1 石米 18633 元算，2 万元可以买到约 300 斤米。因此，长年老周一年工钱可以买米共 860 斤。
[18] 王笛：《跨出封闭的世界》，第 132 页。
[19] 郭汉鸣、孟光宇：《四川租佃问题》，第 15—19 页。
[20] 沈宝媛：《一个农村社团家庭》，第 15 页。
[21] 李德英：《国家法令与民间习惯——成都平原租佃制度新探》，中国社会科学出版社，2006 年，第 152 页；吕平登：《四川农村经济》，商务印书馆，1936 年，第 185 页。
[22] 沈宝媛：《一个农村社团家庭》，第 15 页。
[23] 按照每天 300 元算，一个月应该挣 9000 元，三个月 27000 元，根据 18000 元 1 石米算，27000 元大概可以购米 1.5 石。**Di Wang, *The Teahouse: Small Business, Everyday Culture, and Public Politics in Chengdu, 1900-1950* (Stanford: Stanford**

University Press, 2008), p.265.
[24] 沈宝媛:《一个农村社团家庭》,第15—16页。
[25] 王笛:《跨出封闭的世界》,第124页。
[26] 李映发:《清代重庆地区农田租佃关系中的几个问题》,《历史档案》1985年第1期,第81—90页。
[27] 李映发:《清代重庆地区农田租佃关系中的几个问题》,《历史档案》1985年第1期,第81—90页。
[28] 王笛:《跨出封闭的世界》,第124—130页。关于租佃关系的研究,还可以参阅高王凌:《租佃关系新论——地主、农民和地租》,上海书店,2005年。
[29] 李德英:《国家法令与民间习惯——成都平原租佃制度新探》,第137—147页。
[30] 王笛:《跨出封闭的世界》,第132—133页。
[31] 关于经营农场的研究,可参见 Philip Huang, *The Peasant Economy and Social Change in North China* (Stanford: Stanford University Press, 1985)。

第六章 精神的世界

[1] 沈宝媛:《一个农村社团家庭》,第23页。
[2] 关于土地神信仰的研究,见王永谦:《中国的土地神信仰》,《中国民间文化——民间文学探幽》,学林出版社,1994年第3期(总15期),第1—20页。
[3] 沈宝媛:《一个农村社团家庭》,第29页。
[4] 傅崇矩:《成都通览》上册,第546—561页。
[5] 刘沅:《蜀中新年竹枝词》,林孔翼编:《成都竹枝词》,四川人民出版社,1986年,第126—127页;"Chentu Notes", *West China Missionary News*, 1905, no. 3, p.57; J.Vale, "The Small Trader of Szchuan," *West China Missionary News*, 1906, no. 10, pp. 237-238, no. 11, p.262; Grainger, "Chinese New Year Customs," *West China Missionary News*, 1917, no. 1, p.8。
[6] 沈宝媛:《一个农村社团家庭》,第18—19页。原文误作"荆周",现改正。
[7] 见王大煜:《四川袍哥》,《四川文史资料选辑》第41辑(1993年),第139—163页。
[8] 刘师亮:《汉留全史》,第36页。
[9] Prasenjit Duara, "Superscribing Symbols: The Myth of Guandi, Chinese God of War." *Journal of Asian Studies* 47.4(1988), pp.778-95; Prasenjit Duara, *Culture, Power, and the State: Rural North China, 1900-1942* (Stanford: Stanford University Press, 1988)。

第七章 神秘的语言

[1] E. J. Hobsbawm, *Bandits* (Revised edition. New York: The New Press, 2000), pp.43-44.

[2] 沈宝媛：《一个农村社团家庭》，第44页。
[3] 沈宝媛：《一个农村社团家庭》，第46页。我把这些词大概归纳为以下六个方面。日常生活类：被窝——拖棚子，饭馆——粉子窑；钱币类：洋钱——并子，十元——一寸水，钞票——花花子，百元——一尺水；物品类：头发——青丝子，人头——张点子，手枪——喷筒子，火药——粉子，当票——朵子；地方类：当铺——富贵窑，庙宇——哑吧窑，衙门——威武窑；活动类：理发——栏草窑，赌博——栏把，探路——踩窑，盗墓——驾杜子，绑票——拖叶子，坐牢——造古文；人物类：兵士——棋盘子，盗贼——二杆旗。
[4] 刘师亮：《汉留全史》，第3—4页；王纯五：《袍哥探秘》，巴蜀书社，1993年，第62页。
[5] 平山周：《支那革命党及秘密结社》，《日本及日本人》第69号，政教社，1911年，第64—65页；刘师亮：《汉留全史》，第2页。
[6] 刘师亮：《汉留全史》，第3页。
[7] 刘师亮：《汉留全史》，第38页。
[8] 一种对《海底》的解释是："如海洋之底，渊奥浩瀚，能载育万物，潜藏万象，而为百川之总汇。"但是另一种解释把其与组织的缘起联系在一起，我将在本章后面进行讨论（李子峰编：《海底》，上海书店根据1940年版影印，《民国丛书》，第1编，第16辑，第1页）。
[9] 王纯五：《袍哥探秘》，第61页。一吊钱即一千个铜钱。
[10] 李子峰编：《海底》，第269页。
[11] 《现代汉语词典》，商务印书馆，1997年，第515页。
[12] 卓亭子：《新刻江湖切要》，收入冷学人：《江湖隐语行话的神秘世界》，河北人民出版社，1991年，第243—274页；该书第7—24页亦收入相关资料。民国时期这类书更多地印行，如吴汉痴编：《全国各界切口大词典》，上海东陆图书公司，1924年。
[13] 《现代汉语词典》，第515页。傅崇矩列出了袍哥所使用的126个词，可以大致分为五类：组织（14），非法活动（30），情况（12），行为（36），器物（34）。见傅崇矩：《成都通览》下册，第48—50页。由于其活动的性质，他们的语言中有许多忌讳，以避免霉运。不过傅也单列了"成都之江湖言词"，共22类，包括天文、地理、时令、人物、店铺、工匠、经纪、医药、星相、娼优、乞丐、盗贼、僧道、身体、器用、舟具、衣饰、饮馔、数目、疾病、生死、人事等（傅崇矩：《成都通览》下册，第47、50—66页）。一般来讲，行话主要是便于从业者的生计，而隐语则在于保守秘密，但两者有诸多联系。
[14] Charles D. Kaplan, Helmut Kämpe, and José Antonio Flores Farfán, "Argots as a Code-Switching Process: A Case Study of the Sociolinguistic Aspects of Drug Subcultures," in Rodolfo Jacobson (ed.), *Codeswitching as a Worldwide Phenomenon* (New York: Peter Lang, 1990), pp.142-143.

[15] William Stanton, *The Triad Society or Heaven and Earth Association* (Shanghai: Kelly & Walsh, Ltd. 1900), pp.97-98.
[16] Liao T'ai-ch'u, "The Ko Lao Hui in Szechuan," p.164.
[17] 王大煜:《四川袍哥》,第 148 页。
[18] Gustaaf Schlegel, *Thian Ti Hwui: The Hung-League or Heaven-Earth-League: A Secret Society with the Chinese in China and India* (Batavia: Lange & Co., 1866. Reprinted by AMS Press [New York] in 1974), p.193; William Stanton, *The Triad Society or Heaven and Earth Association*, pp.96-98; Fei-Ling Davis, *Primitive Revolutionaries of China: A Study of Secret Societies in the Late Nineteenth Century* (Honolulu: The University Press of Hawaii, 1977), pp. 129-130; Martin Booth, *The Dragon Syndicates: The Global Phenomenon of the Triads* (New York: Carroll & Graf Publishers, Inc., 1999), pp. 122-128；刘师亮:《汉留全史》,第 38 页。"木阳城"也可以是"木杨城"。
[19] 刘师亮:《汉留全史》,第 5、36 页;《现代汉语词典》,第 469 页；傅崇矩:《成都通览》下册,第 48 页。
[20] 韵陶:《四川哥老会的内容大纲》,《时事周报》第 4 卷第 15 号（1933 年）第 4 期,第 16 页；傅崇矩:《成都通览》下册,第 48—50 页；秦和平:《对清季四川社会变迁与袍哥滋生的认识》,《社会科学研究》2001 年第 2 期,第 121 页；周询:《芙蓉话旧录》,四川人民出版社,1987 年,第 17—18 页。
[21] Wolf Leslau, *Ethiopian Argots* (London: Mouton & Co.,1964), p. 7.
[22] 李子峰编:《海底》,第 266—267 页。
[23] 傅崇矩:《成都通览》下册,第 48—50 页。
[24] 傅崇矩:《成都通览》下册,第 48—50 页；张光海、梁鸿鸥:《浅谈袍哥及其在南岸的概况》,《南岸区文史资料选辑》第 2 辑（1987 年）,第 111 页。

第八章 在茶馆"讲理"

[1] 沈宝媛:《一个农村社团家庭》,第 14 页。
[2] 陈茂昭:《成都的茶馆》,《成都文史资料选辑》第 4 辑,1983 年,第 181—182 页。
[3] 李劼人:《暴风雨前》,《李劼人选集》第 1 卷,第 602 页。
[4] 清明节的活动可能最能反映出社区的认同。社会人类学者研究过清明节日庆祝的意义。根据孔迈隆（Myron Cohen）对华北的考察,地方宗族组织"清明会"以举行各种仪式,这种庆祝活动强调的是宗族控制,清明会使宗族行为成为一个整体。在川西平原,类似的组织是"清醮会"（又称"土地会"）,然而它们不是由宗族而是由社区组织的,负责筹办清明节拜土地神的活动。这些会几乎都是道教性质,传教士称之为"感恩会"(thanksgiving society),认为它们的庆祝活动是"感恩于邻里的安宁"。会首由本街居民选举。这种由土地会组织的庆祝活动,用杨庆堃（C.

K. Yang）的话讲，提供了一种地方共同体的"集体象征"（collective symbol）。见 Myron L. Cohen, "Lineage Organization in North China," *Journal of Asian Studies*, 49.3(1990), pp.509-534; A. Grainger, "Popular Customs in West China," *West China Missionary News*, no. 6(1918), p.5; C. K. Yang, *Religion in Chinese Society* (Berkeley and Los Angles: University of California Press, 1961), p.81。

[5] 此君：《成都的茶馆》，《华西晚报》1942年1月28—29日。

[6] William T. Rowe, "The Public Sphere in Modern China," *Modern China* 16.3(1990), pp. 309-329 and "The Problem of 'Civil Society' in Late Imperial China," *Modern China* 19.2(1993), pp.139-157; Mary B. Rankin, "The Origins of a Chinese Public Sphere: Local Elites and Community Affairs in the Late Imperial Period," *Etudes Chinoises* 9.2(1990) and "Some Observations on a Chinese Public Sphere," *Modern China*, 19.2(1993), pp. 158-182; Philip C.C. Huang, " 'Public Sphere' / 'Civil Society' in China?: The Third Realm between State and Society." *Modern China*, 19.2(1993), pp.216-240.

第九章 仪式与规范

[1] 陈书龙：《四川袍哥与辛亥革命》，《辛亥革命回忆录》第3集，第176页。

[2] A. J. Brace, "Some Secret Societies in Szechwan." *Journal of the West China Border Research Society*, vol. 8(1936), p.178.

[3] 沈宝媛：《一个农村社团家庭》，第45页。

[4] 沈宝媛：《一个农村社团家庭》，第19—20页。袍哥等级一般是一哥最高、十哥最低，但是沈宝媛这里提到"十一哥"，估计非正式袍哥成员，不入流者可以称"十一哥"。

[5] 周少稷，75岁，作者1997年6月22日在悦来茶馆的访谈记录；李劼人：《大波》，《李劼人选集》第2卷，第339页。

[6] 沈宝媛：《一个农村社团家庭》，第18—19页。

[7] 向启芬：《鸡在川西民俗中的功用及形成初探》，《西南民族大学学报》2003年第9期，第65—69页。

[8] 沈宝媛：《一个农村社团家庭》，第45页。

[9] 沈宝媛：《一个农村社团家庭》，第45页。

[10] 《成都江湖海底》，成都刘双合刻版，1934年，第6页。感谢布朗大学包筠雅教授提供这份资料。

[11] 沈宝媛：《一个农村社团家庭》，第20页。

[12] 《辛亥革命前十年间民变档案史料》下册，第792页。

[13] 陈书龙：《四川袍哥与辛亥革命》，《辛亥革命回忆录》第3集，第176页。

[14] 沈宝媛：《一个农村社团家庭》，第20—21页。

[15] 李子峰的《海底》记录了许多这类"茶碗阵"（第210—236页）。W. 斯坦通在19世纪考察中国秘密社会时，对此也有较详细记录：William Stanton, *The Triad Society or Heaven and Earth Association*。
[16] 李子峰编：《海底》，第210页。
[17] 李子峰编：《海底》，第210页。
[18] Stanton, *The Triad Society or Heaven and Earth Association*, p. 99；李子峰编：《海底》，第210页。
[19] 关于中国龙文化，见庞进：《八千年中国龙文化》，人民日报出版社，1993年。
[20] 平山周：《支那革命党及秘密结社》，《日本及日本人》第69号，政教社，1911年，第64—65页；李子峰编：《海底》，第227页。
[21] 李子峰编：《海底》，第220页。
[22] 李子峰编：《海底》，第223页。
[23] 李子峰编：《海底》，第213页。
[24] 李子峰编：《海底》，第218页。
[25] 李子峰编：《海底》，第230页。
[26] 李子峰编：《海底》，第210页。
[27] 李子峰编：《海底》，第275页。
[28] 李子峰编：《海底》，第276页。
[29] 李子峰编：《海底》，第278页。
[30] 沈宝媛：《一个农村社团家庭》，第21—22页。
[31] 沈宝媛：《一个农村社团家庭》，第21页。
[32] 沈宝媛：《一个农村社团家庭》，第22页。
[33] 沈宝媛：《一个农村社团家庭》，第7、10页。
[34] 吴泽霖：《社会约制》，上海世界书局印行，1930年，第8页。
[35] 辞书编译社：《新哲学社会学解释辞典》（人民社会百科全书），光华出版社，1947年，第288页。
[36] 梁漱溟：《乡村建设理论》，上海人民出版社，2011年，第172—174、180—181页。
[37] 沈宝媛：《一个农村社团家庭》，第10页。
[38] 王世良、刁纯金：《霸踞竹篙集党、政、军、匪、袍于一身的反动人物贺松》，《金堂文史》，第448—450页。
[39] 王世良、刁纯金：《霸踞竹篙集党、政、军、匪、袍于一身的反动人物贺松》，《金堂文史》，第451—452页。

第十章 女人的命运

[1] Di Wang, *Street Culture in Chengdu: Public Space, Urban Commoners, and Local Politics*

in Chengdu, 1870-1930, chap. 6.
[2] 沈宝媛:《一个农村社团家庭》,第 26 页。关于中国传统社会中妇女的地位和处境,见 Maria Jaschok and Suzanne Miers ed., *Women and Chinese Patriarchy: Submission, Servitude and Escape* (HongKong: Hong Kong University Press, 1994); Kathryn Bernhardt, *Women and Property in China, 960-1949* (Stanford: Stanford University Press, 1999)。关于中国妇女近代的转型,见 Christina K. Gilmartin, Gail Hershatter, Lisa Rofel, and Tyrene White eds., *Engendering China: Women, Culture, and the State* (Harvard University Press, 1994); Laurel Bossen, *Chinese Women and Rural Development: Sixty Years of Change in Lu Village, Yunnan* (Lanham: Rowman & Littlefield Publishers, 2002); Neil Jeffrey Diamant, *Revolutionizing the Family: Politics, Love and Divorce in Urban and Rural China, 1949-1968* (Berkeley: University of California Press, 2000)。
[3] 王笛:《跨出封闭的世界》,第 626 页。
[4] 《四川学报》丁未(1907 年)第 5 册;王笛:《跨出封闭的世界》,第 631 页。
[5] 《四川保路同志会报告》,第 24 号,见隗瀛涛、赵清主编:《四川辛亥革命史料》上册,四川人民出版社,1981 年,第 240 页;王笛:《跨出封闭的世界》,第 632 页。
[6] 沈宝媛:《一个农村社团家庭》,第 27 页。
[7] 沈宝媛:《一个农村社团家庭》,第 27 页。
[8] "封建"这个词,是 20 世纪初以来精英批评大众信仰的一个常用词,经常和"迷信"(相信超自然力)一起使用。在中国马克思主义历史学中,这个词是指前现代的一种社会制度。但是如果用来指思想意识,则是保守思想。
[9] 沈宝媛:《一个农村社团家庭》,第 30—31 页。对"旧礼教"杀人的描述,鲁迅的"祥林嫂",可以算是一个极好的例子。见《祝福》,《鲁迅全集》第 2 卷,人民文学出版社,1981 年。
[10] 沈宝媛:《一个农村社团家庭》,第 31 页。
[11] 史景迁的《王氏之死》便描写了一个不堪重负、与人私奔的农村妇女的悲惨遭遇,见 Jonathan Spence, *Death of Woman Wang* (New York: Viking Press, 1978)。鲁迅笔下的祥林嫂同样也有着不幸的命运,见《祝福》。
[12] 关汉卿:《窦娥冤》,《关汉卿戏曲集》,人民文学出版社,1976 年。
[13] James C. Scott, *Weapons of the Weak: Everyday Forms of Peasant Resistance* (New Haven: Yale University Press, 1985).
[14] 秦牧:《私刑·人市·血的赏玩》,收入中国社会科学院文学研究所现代文学研究室编:《中国现代文学创作选集》,第七卷《中国现代散文选 1918—1949》,第 359—365 页。
[15] 巴金:《家》,人民文学出版社,1998 年,第 230、240 页。
[16] 沈宝媛:《一个农村社团家庭》,第 28 页。

[17] 沈宝媛:《一个农村社团家庭》,第29页。

第十一章　权势的衰弱

[1] 沈宝媛:《一个农村社团家庭》,第16页。
[2] 沈宝媛:《一个农村社团家庭》,第16页。
[3] 王世良、刁纯金:《霸踞竹篙集党、政、军、匪、袍于一身的反动人物贺松》,《金堂文史》,第441—455页。
[4] 沈宝媛:《一个农村社团家庭》,第32页。
[5] 沈宝媛:《一个农村社团家庭》,第31页。
[6] 沈宝媛:《一个农村社团家庭》,第32页。
[7] 沈宝媛:《一个农村社团家庭》,第32页。这里沈宝媛原文是用的"担",在四川农村,用担的时候多是指谷子,一般1担是100斤。在她的报告的其余地方,大概十余次提到蔡家给的这些米,都用的是"石",这才是米的最常用的计量单位。因此,我在本书还是采用50石米的说法。在民国成都,一石米大约是280斤,50石米共14000斤,是一个很大的数目。因此,沈宝媛误记的可能性还是存在的。
[8] 沈宝媛:《一个农村社团家庭》,第33页。
[9] 廖泰初、杨树声:《中国今日的学徒教育》,《教育学报》1941年第6期,第163—176页。
[10] 沈宝媛:《一个农村社团家庭》,第34页。
[11] 沈宝媛:《一个农村社团家庭》,第34页。川西农民纺织是一个普遍现象,也是增加收入的一个重要途径。杨树因在1940年代调查过成都附近一个乡村的一家农户,对此有详细的描述。见《一个农村手工业的家庭——石羊场杜家实地研究报告》,燕京大学法学院社会学系毕业论文,1944年,北京大学图书馆藏。
[12] 沈宝媛:《一个农村社团家庭》,第35页。
[13] 蔡兴华口述,董乾坤整理:《我的袍哥经历》,政协开县委员会编:《开县文史资料》第4辑,第234—240页。

第十二章　雷家的末路

[1] 沈宝媛:《一个农村社团家庭》,第33页。米价见李竹溪、曾德久、黄为虎编:《近代四川物价史料》,第365—372页。
[2] 沈宝媛:《一个农村社团家庭》,第34页。
[3] 沈宝媛:《一个农村社团家庭》,第36页。
[4] 沈宝媛:《一个农村社团家庭》,第36页。
[5] 沈宝媛:《一个农村社团家庭》,第36页。
[6] 沈宝媛:《一个农村社团家庭》,第37页。
[7] 沈宝媛:《一个农村社团家庭》,第35页。

[8] *Decennial Reports on the trade, industries etc of the ports open to foreign commerce and on the condition and development of the treaty port provinces*, Chungking, 1891.

[9] 根岸佶:《清國商業綜覽》,第 3 卷,东京:东亚同文会,1906 年,第 148—152 页;王笛:《跨出封闭的世界》,第 153—155 页。

[10] 王笛:《跨出封闭的世界》,第 643 页。

[11] 秦和平:《二三十年代鸦片与四川城镇税捐关系之认识》,《城市史研究》第 19、20 合辑,天津社会科学院出版社,2000 年,第 76—96 页。

[12] 林寿荣、龙岱:《四川军阀与鸦片烟》,《四川大学学报》1984 年第 3 期,第 101—106 页。

[13] 谢藻生:《四川鸦片问题》,全国政协文史资料委员会编:《文史资料存稿选编》第 25 辑《社会》,中国文史出版社,2002 年,第 585—596 页。据王金香的《中国禁毒史》1932 年统计,在四川全省 7000 万人中,400 万人吸食鸦片(上海人民出版社,2005 年,第 176 页)。另据一个外国人的观察,"川人吸食鸦片者,多至不可统计"。他说当时一般人都认为吸烟人数约占全省人口的 50%,其中 70% 为成年人。他的一个德国朋友在重庆告诉他,重庆成年人 90% 吸鸦片(《四川月报》第 3 卷第 5 期,第 15 页)。这显然又有很大的夸张。

[14] 谢藻生:《忆四川烟祸》,四川文史资料编纂委员会主编:《四川文史资料选辑》,第 6 辑,四川人民出版社,1996 年,第 492 页。

[15] 秦和平:《四川的鸦片问题和禁烟运动》,四川人民出版社,2001 年,第 191 页。

[16] 谢藻生:《四川鸦片问题》,第 585—596 页。

[17] 秦和平:《四川的鸦片问题和禁烟运动》,第 71、328—329 页。温江县志编纂委员会:《温江县志》,四川人民出版社,1990 年,第 839 页;范绍增:《回忆我在四川袍哥中的组织生活》,文史资料编纂委员会主编:《文史资料选辑》,第 236 页。

[18] 沈宝媛:《一个农村社团家庭》,第 37 页。

[19] 沈宝媛:《一个农村社团家庭》,第 37 页。

[20] 沈宝媛:《一个农村社团家庭》,第 37—38 页。

[21] 沈宝媛:《一个农村社团家庭》,第 38 页。

[22] 江波主编:《神秘文化》,中国物资出版社,2010 年,第 75 页。关于袁天罡的算命,可以参见《新刊指南台司袁天罡先生五星三命大全》两册,线装版,无出版时间和地点。

[23] 江波主编:《神秘文化》,第 71 页。

[24] 沈宝媛:《一个农村社团家庭》,第 38 页。

[25] 前面第五章提到米价,1945 年 7 月的米价是 18600 多元一石。不过战后,物价飞涨,到 1946 年 2 月,米价已经飙升到 36000 元一石了(李竹溪、曾德久、黄为虎编:《近代四川物价史料》,第 371 页)。如果卖 2 石米的话,可以得到 7 万多元。

[26] 沈宝媛:《一个农村社团家庭》,第39页。关于民国时期的纳妾问题,见程郁:《清至民国的蓄妾习俗与社会变迁》,复旦大学未刊博士论文,2005年。
[27] 沈宝媛:《一个农村社团家庭》,第40—41页。
[28] 沈宝媛:《一个农村社团家庭》,第40页。
[29] 沈宝媛:《一个农村社团家庭》,第40—41页。

第十三章 讲故事的人

[1] 卓顽麟自燕京大学新闻系毕业后,曾在共青团中央青工部、《中国青年报》工作。唐振常自燕京大学新闻系毕业后,曾在上海、香港、天津三地《大公报》任编辑、记者等,后任上海社会科学院历史研究所研究员。陶慧华系唐振常之妻,长期在教育部门工作。
[2] 奥尼尔(Eugene O'Neill, 1888—1953),美国著名戏剧家,代表作为《琼斯王》(*The Emperor Jones*)。
[3] 张玮瑛、王百强等主编:《燕京大学史稿》,人民中国出版社,1999年,第558页。
[4] 《新华日报》1945年9月29日。叶圣陶(1894—1988),著名作家,教育家;刘开渠(1903—1993),著名雕塑家;吴作人(1908—1997),著名画家;黎澍(1912—1988),著名历史学家;张友渔(1898—1992),著名法学家;张天翼(1906—1985),著名作家;马思聪(1912—1987),著名音乐家;李劼人(1891—1962),著名作家。
[5] 沈宝媛:《女青年会劳工部工作介绍》,《香港女声》1946年第2期,11月10日;《中英友情的交响曲——记香港女青年会欢迎克里浦斯夫人大会》,《香港女声》1946年第3期,12月10日;《友光团圣诞大会于复团典礼》,《香港女声》1947年第4期,1月10日;《假如我是一个女工》,《香港女声》1947年第5期,2月,具体日不详;《一个新生的嫩芽——劳工小童班》,《香港女声》1947年第6期,3月,具体日不详;《参加劳工及民教事工研究会归来(上)》,《香港女声》1948年3月,第2卷第3期;《参加劳工及民教事工研究会归来(下)》,《香港女声》1948年4月,第2卷第4期;《圣阿连夫日游行记》,《消息》1947年第14期;《"把根据安在磐石上"——记港、穗区劳工部教师进修班》,《女青》第2卷第3期,1949年3月。
[6] 《星岛日报》1950年1月30日。
[7] 周奕:《香港左派斗争史》,香港利文出版社,2002年。
[8] 程焕文:《沈祖荣故居巡礼》,《图书情报知识》2007年第6期;陈维尊:《无尽的哀思深深的怀念——回忆外祖父沈祖荣先生》,http://zwf251.blog.sohu.com/,发布日期:2010年9月12日,使用该网页日期:2014年7月2日。关于沈祖荣与"文华公书林"的情况,另外可以见Cheryl Boettcher, "Samuel T. Y. Seng and the Boone Library School." *Libraries & Culture* 24.3 (1989), pp.269-294。

[9]　沈宝媛:《一个农村社团家庭》,第 5 页。
[10]　沈宝媛:《一个农村社团家庭》,第 6 页。
[11]　林耀华:《社会人类学讲义》,鹭江出版社,2003 年,第 457—460 页。
[12]　费孝通:《六上瑶山》,中央民族大学出版社,2006 年,第 268—271 页。
[13]　沈宝媛:《一个农村社团家庭》,第 2 页。
[14]　沈宝媛:《一个农村社团家庭》,第 2 页。
[15]　沈宝媛:《一个农村社团家庭》,第 2—3 页。
[16]　沈宝媛:《一个农村社团家庭》,第 17 页。
[17]　沈宝媛:《一个农村社团家庭》,第 2—3 页。
[18]　沈宝媛:《一个农村社团家庭》,第 3 页。
[19]　沈宝媛:《一个农村社团家庭》,第 3—4 页。
[20]　沈宝媛:《一个农村社团家庭》,第 5 页。
[21]　沈宝媛:《一个农村社团家庭》,第 3 页。
[22]　沈宝媛:《一个农村社团家庭》,第 4 页。
[23]　沈宝媛:《一个农村社团家庭》,第 4 页。《芳草天涯》系四幕话剧,作者为夏衍。故事讲的是 1944 年春天香港沦陷之后,桂林成为难民和文化人士云集之所。年轻时留美、今已年逾半百的孟先生携太太避难于桂林,侄女小云随孟氏夫妇一起生活。她性格开朗,不为世俗人情所拘。孟先生的老朋友、心理学尚教授由于与妻子发生争执,负气出走,来桂林找孟先生。小云对尚教授颇有好感,邀请他去参加青年团体的集会。尚太太来桂林寻夫,孟氏夫妇从中调解,尚氏夫妇又和好如初。尚教授热衷于当时的救亡活动,小云与他接触频繁。夏天,战局不利,桂林遭敌机轰炸,小云等青年准备组织战地服务队,但尚教授不愿做这种具体工作。小云认识到:她对尚的感情是危险的(夏衍:《芳草天涯》,开明书局,1949 年)。
[24]　关于这个"克来礼女士"没有查到进一步的资料。但是这里的"锦娟"应该指白锦娟,也是燕大社会学系的学生,和沈宝媛同时毕业,毕业论文是《九里桥的农家教育》,指导教师廖泰初,燕京大学法学院社会学系学士毕业论文,1946 年 4 月。北京大学图书馆藏。第二章曾经引用过她对九里桥一个佃农寡妇的家的描述。
[25]　沈宝媛:《一个农村社团家庭》,第 5 页。
[26]　1945 年 8 月 15 日,日本宣告投降,抗战终于胜利。因当时交通拥挤,在成都办学的燕京大学师生未能立刻返回北平,决定再延续一年,至 1946 年暑假方回。北平燕京大学也在抗战胜利后恢复开学。因此 1946 年这一学年,北平、成都两处燕京大学同时开课授业。成都燕京大学师生,在最后的这个学年中,一面维持学业,一面准备长途旅行(燕京大学成都校友会:《抗战时期迁蓉的燕京大学》,成都市政协文史学习委员会编:《成都文史资料选编》,《抗日战争卷》下册,《天府抗战》,四川人民出版社,2007 年,第 353 页)。

[27] 叶圣陶:《叶圣陶集》第 19 卷,《日记一》,江苏教育出版社,2004 年,第 311 页。

[28] 成都市地方志编纂委员会编:《成都市志·总志》,成都时代出版社,2009 年,第 425 页。

第十四章 "农村工作者"

[1] 即 Liao T'ai-ch'u, "The Ko Lao Hui in Szechuan," *Pacific Affairs*, XX (June 1947), pp. 161-173。虽然沈宝媛没有提到具体论文题目,但是经查询,廖泰初关于哥老会的英文论文仅此一篇。沈完成毕业论文是 1946 年,而这篇文章发表于 1947 年。因此,沈所读到的文章一定是发表前廖的手稿。

[2] 沈宝媛:《一个农村社团家庭》,第 1 页。应该指出的是,当时在中国学界,社会学和人类学没有严格区分。今天我们回顾燕京大学社会学系的研究成果时,发现在研究方法和研究对象上,二者的区别很小。这个传统甚至影响到今天,目前中国许多大学的人类学,都是社会学系的一部分(包括北京大学)。因此,本书所提到的燕京大学社会学系的老师们,其实也是人类学家。弄清沈宝媛所处的学术渊源,对我们了解和使用她的调查很有帮助。她选取袍哥家庭作为调查主题,在今天看来是非常有眼光的。

[3] 关于乡村建设运动,见郑大华:《民国乡村建设运动》,社会科学文献出版社,2000 年;李伟中:《知识分子"下乡"与近代中国乡村变革的困境——对 20 世纪 30 年代县政建设实验的解析》,《南开学报》2009 年第 1 期,第 115—125 页;刘重来:《民国时期乡村建设运动述略》,《重庆社会科学》2006 年第 5 期(总第 137 期),第 74—85 页;鲁振祥:《三十年代乡村建设运动的初步考察》,《政治学研究》1987 年第 4 期,第 37—44 页;赵旭东:《乡村成为问题与成为问题的中国乡村研究——围绕"晏阳初模式"的知识社会学反思》,《中国社会科学》2008 年第 3 期,第 110—117 页;何建华:《晏阳初的平教运动及县政改革实验》,《东南学术》2008 年第 1 期,第 61—68 页;Charles Wishart Hayford, *To the People: James Yen and Village China* (New York: Columbia University Press, 1990); Martha McKee Keehn, ed., *Y. C. James Yen's Thought on Mass Education and Rural Reconstruction: China and beyond: Selected Papers from an International Conference Held in Shijiazhuang, China, May 27-June 1, 1990* (New York: International Institute of Rural Reconstruction, 1993)。

[4] 梁漱溟(1893—1988),1917—1924 年任教北京大学,发表《东西文化及其哲学》,表达"东方精神文明论"和新儒家思想。著作还包括《乡村建设大意》(乡村书店,1936 年)、《乡村建设理论》(乡村书店,1937 年)、《答乡村建设批判》(中国文化服务社,1941 年)。关于梁漱溟乡村建设的研究,见 Lu Xinyu and Zhu Ping, "Rural Reconstruction, the Nation-state and China's Modernity Problem: Reflections on Liang Shuming's Rural Reconstruction Theory and Its Practice," in Tian Yu Cao, Xueping

Zhong, and Kebin Liao, eds. *Culture and Social Transformations in Reform Era China* (Leiden and Boston: Brill, 2010), pp.235-256; Stig Thøgersen, "Revisiting a Dramatic Triangle: The State, Villagers, and Social Activists in Chinese Rural Reconstruction Projects." *Journal of Current Chinese Affairs*, 38.4 (2009), pp.9-33; Shugang Wu and Binchang Tong, "Liang Shuming's Rural Reconstruction Experiment and Its Relevance for Building the New Socialist Countryside." *Contemporary Chinese Thought*, 40.3 (2009), pp. 39-51。

[5] 卢作孚（1893—1952），实业家、教育家、社会活动家，民生轮船公司创办者。关于卢作孚乡村建设的研究，见刘重来：《中国西部乡村建设的先驱者：卢作孚与民国乡村建设研究》，人民出版社，2007 年。

[6] 李在全：《国难中的乡村事业：抗战时期四川的乡村建设运动——以平教会为中心的考察》，《天府新论》2006 年第 2 期，第 132—136 页。

[7] 刘重来：《民国时期乡村建设运动述略》，《重庆社会科学》2006 年第 5 期，第 74—85 页；成必成：《民国"乡村教育运动"及其对农村教育改革的启示》，《教学与管理》2014 年 2 月 20 日。

[8] 周勇主编：《西南抗战史》，重庆出版社，2006 年，第 373—374 页。

[9] 燕京大学成都校友会：《抗战时期迁蓉的燕京大学》，成都市政协文史学习委员会编：《成都文史资料选编》，《抗日战争卷》下卷，《天府抗战》，第 344 页；张玮瑛、王百强等主编：《燕京大学史稿》，第 1314 页。

[10] 王效挺、黄文一主编：《战斗的历程，1925—1949.2，燕京大学地下党概况》，北京大学出版社，1993 年，第 100—101 页。关于燕京大学及其学生运动，见 J. Leighton Stuart, *Fifty Years in China* (New York: Random House, 1946); Edwards, Dwight W., *Yenching University* (New York: United Board for Christian Higher Education in Asia, 1959); Philip West, *Yenching University and Sino-Western Relations, 1916–1952* (Cambridge, MA: Harvard University Press, 1976); Elizabeth J. Perry, "Managing Student Protest in Republican China: Yenching and St. John's Compared." *Frontiers of History in China* 8.1(2013), pp.3–31。

[11] 王效挺、黄文一主编：《战斗的历程，1925—1949.2，燕京大学地下党概况》，第 100—101 页。

[12] 沈宝媛：《一个农村社团家庭》，第 1 页。

[13] 沈宝媛：《一个农村社团家庭》，第 1 页。

[14] 沈宝媛：《一个农村社团家庭》，第 1 页。

[15] 张玮瑛、王百强等主编：《燕京大学史稿》，第 1320 页。

[16] 林耀华：《社会人类学讲义》，第 457—460 页。

[17] C.G. Dittmer, "An Estimate of the Standard of Living in China." *Quarterly Journal*

of Economic 33 (Nov. 1918), pp.107-128; Sidney D. Gamble and John Stewart Burgess, *Peking, a Social Survey*, reprinted by Global Oriental, 2011; Daniel H. Kulp, *Country Life in South China* (New York: Columbia University, 1925). 韩明谟:《中国社会学调查研究方法和方法论发展的三个里程碑》,《北京大学学报》1997 年第 4 期,第 5—15 页。

[18]　C.B. Malone and J. B. Tagler, *The Study of Chinese Rural Economy* (Peking: China International Famine Relief Commission, 1924).

[19]　John Lossing Buck, *Chinese Farm Economy* (Chicago: University of Chicago Press, 1930); *Land Utilization in China* (Shanghai: University of Nanking, 1937). 前者中文本由张履鸾译,《中国农家经济——中国七省十七县二八六六田场之研究》,分上下两册,商务印书馆,1936 年。

[20]　李景汉编:《定县社会概况调查》,中国人民大学出版社,1986 年重印本; 韩明谟:《中国社会学调查研究方法和方法论发展的三个里程碑》,《北京大学学报》1997 年第 4 期。

[21]　杨开道(1899—1981),留学美国艾奥瓦大学和密执安大学,获社会学博士学位。回国后先后在大夏大学、复旦大学讲授农村社会学。1928 年执教于燕京大学社会学系,在北京郊区清河镇主持实验区,多次组织学生对清河镇的历史、环境、经济、人口、家庭、卫生、教育、民俗民仪、村镇组织等进行实地考察,并撰写了一系列研究报告,出版《清河:一个社会学的分析》(Yen-ching ta hsüeh, Shê hui hsüeh hsi, *Ching Ho: A Sociological Analysis: The Report of a Preliminary Survey of the Town of Ching Ho, Hopei, North China 1930*, Department of Sociology & Social Work, Yenching University, 1930)。李景汉(1895—1986),早年留学美国,后任教于燕京大学社会学系,专门讲授社会调查。1926 年前后,指导学生对北京市郊四个村庄的人口与家庭、家庭收入、家庭生活状况进行问卷调查。出版《北平郊外之乡村家庭调查》(商务印书馆,1929 年)。1924—1931 年主持了著名的河北定县调查,撰写了《定县社会概况调查》(中华平民教育促进会,1933 年)。吴文藻(1901—1985),1929 年获得哥伦比亚大学博士学位,回国后,将芝加哥学派社会学的社区研究方法和英国功能学派文化人类学的田野调查方法融合起来,倡导发起了农村社区研究。1929 年任燕京大学教授,曾担任系主任,著作有《功能派社会人类学的由来与现状》(《民族学研究集刊》第 1 期,1936 年)、《现代社区实地研究的意义和功用》(北平《晨报·社会研究》周刊第 66 期,1934 年 12 月 26 日)、《中国社区研究的西洋影响与国内近况》(北平《晨报·社会研究》周刊第 101、102 期,1935 年 1 月 9 日)等。

[22]　顾复:《农村社会学》,上海商务印书馆,1924 年;杨开道:《农村社会学》,世界书局,1929 年;冯和法:《农村社会学大纲》,黎明书局,1932 年;言心哲:《农村社

会学概论》，中华书局，1934年。

[23] 雷洁琼、水世铮：《燕京大学社会服务工作三十年》，燕大文史资料编委会编：《燕大文史资料》，第4辑，北京大学出版社，1989年，第49—58页。

[24] Robert Ezra Park (1864—1944)，美国城市社会学家，是美国早期社会学最有影响的学者之一，1914—1933年间任教芝加哥大学，为社会学的芝加哥学派的创立做出了重大贡献。其主要著作包括：*Introduction to the Science of Sociology* (with Ernest Burgess. Chicago: University of Chicago Press, 1921)，*The City: Suggestions for the Study of Human Nature in the Urban Environment* (with R. D. McKenzie & Ernest Burgess. Chicago: University of Chicago Press, 1925)。Alfred Reginald Radcliffe-Brown (1881—1955)，英国社会人类学家，是结构功能派的主要人物，1931—1937年间任教芝加哥大学，其主要著作包括：*The Andaman Islanders: A Study in Social Anthropology* (Cambridge: The University Press, 1922); *Social Organization of Australian Tribes* (Melbourne: Macmillan & Co., Limited, 1931)。

[25] 李安宅（1900—1985），民族学、社会学家。1934—1936年先后在伯克莱加州大学、耶鲁大学人类学系学习，1936年回国，在燕京大学任教。主要著作有《仪礼与礼记之社会学的研究》（商务印书馆，1931年）、《美学》（世界书局，1934年）、《意义学》（商务印书馆，1945年）、《巫术与语言》（编译，商务印书馆，1936年）等。费孝通（1910—2005），1936年前往英国留学，1938年获伦敦大学研究院哲学博士学位，著作有《花蓝瑶社会组织》（1936年；江苏人民出版社，1988年）、《云南三村》（1945年；天津人民出版社，1990年）；Fei, Xiaotong, "Fifty Years Investigation in the Yao Mountains," in Jacques Lemoine and Chien Chiao, eds. *The Yao of South China: Recent International Studies* (Paris: Pangu, Editions de l'A.F.E.Y., 1991), pp.17-36; *From the Soil: The Foundations of Chinese Society* (Berkeley: University of California Press, 1992)。关于费孝通已经有不少研究和评述，例如赵旭东：《费孝通对于中国农民生活的认识与文化自觉》，《社会科学》2008年第4期，第54—60页；王建民：《田野民族志与中国人类学的发展——纪念费孝通、林耀华先生100周年诞辰》，《中南民族大学学报》2010年第6期，第6—11页。关于费孝通的英文研究，可见 R. David Arkush, *Fei Xiaotong and Sociology in Revolutionary China* (Cambridge, Mass.: Council on East Asian Studies, 1981); Shiaw-Chian Fong, "Fei Xiaotong's Theory of Rural Development and Its Application: A Critical Appraisal." *Issues and Studies*, 33.10 (1997), pp.20-43; Naigu Pan, "Vitality of Community Study in China: Professor Fei Xiaotong and Community Study," in Chie Nakane and Chien, eds. *Home Bound: Studies in East Asian Society: Papers Presented at the Symposium in Honor of the Eightieth Birthday of Professor Fei Xiaotong* (Tokyo: Centre for East Asian Cultural Studies, 1992), pp.33-43。

[26] 原书为英文，即 Fei Hsiao-tung, *Peasant Life in China: A Field Study of Country Life in the Yangzi Valley* (New York: Oxford University Press, 1939); 韩明谟:《中国社会学调查研究方法和方法论发展的三个里程碑》,《北京大学学报》1997年第4期, 第5—15页。

[27]《东三省之移民与犯罪》,《社会学界》第5卷, 1931年, 第147—165页。

[28] 林耀华关于家族研究的主要著作有:《拜祖》,《社会问题》季刊, 1929—1930年;《宗法与家族》,《北平晨报·社会研究》第79期, 1935年;《义序宗族的研究》, 燕京大学社会学系硕士论文, 1935年（三联书店, 2000年首次公开出版）;《从人类学的观点考察中国宗族乡村》,《社会学界》第9卷, 1936年; Yao-hua Lin, *The Golden Wing: A Sociological Study of Chinese Familism* (London: K. Paul, Trench, Trubner, 1947; 中译本有两种:《金翅》, 台湾桂冠图书公司, 宋和译, 1977年;《金翼: 中国家族制度的社会学研究》, 庄孔韶、林宗成译, 三联书店, 1989年);《凉山彝家》, 商务印书馆, 1947年;《民族学研究》, 中国社会科学出版社, 1985年;《民族学通论》, 中央民族大学出版社, 1997年; Yaohua Lin, "A Tentative Discussion of the Survival of the Concept of Rank in Contemporary Liangshan Yi Areas." *Chinese Sociology and Anthropology* 36.1 (2003), pp.46-62; Yaohua Lin, "New China's Ethnology: Research and Prospects," in Gregory Eliyu Guldin, ed., *Anthropology in China: Defining the Discipline* (Armonk, N.Y.; London: M.E. Sharpe, 1990), pp.141-161. 对林耀华的研究, 参见张海洋:《林耀华教授与中国的少数民族和民族研究》,《西南民族学院学报》2001年第1期, 第28—31页。在燕京大学成都复校期间（1942—1945）, 他还到凉山彝族地区进行过三次考察。见林耀华:《社会人类学讲义》, 第456—460页。

[29] 林耀华在其晚年的《社会人类学讲义》中, 对批评派和功能派都有所评论。他介绍, 批评学派的领袖是美国人类学家 F. 鲍亚士（Franz Boas, 1858—1942, 今多译博厄斯）, 鲍氏反对进化论与播化论各用单一原则概括普遍的民族文化, 认为人类社会不是单线的进化; 他用精密的历史方法分析民族间的文化关系, 他的学派也被称为历史学派。林认为批评学派太过重视历史的分析, 引起了功能学派的反感。拉德克利夫－布朗和马林诺夫斯基是人类学功能学派的先驱, 他们研究的着重点, 不像历史学派重视历史的复原, 而是注意区域内民族文化平面的分析。必先选定一个民族社区, 与社区人民共同生活, 以洞识文化的详情。见林耀华:《社会人类学讲义》, 第22—24页。关于中文世界对这两个学派的最新评论, 见乔健:《美国历史学派》, 王铭铭:《功能主义与英国现代人类学》, 两篇文章都见周星、王铭铭主编:《社会文化人类学讲演集》第2卷, 天津人民出版社, 1996, 第137—156、108—136页。关于历史学派 F. 鲍亚士的代表性著作, 见 Franz Boas, *Anthropology and Modern Life* (George Allen & Unwin Ltd, 1929); Franz Boas and George W. Stocking

Jr. *A Franz Boas Reader: The Shaping of American Anthropology, 1883-1911* (Chicago: University of Chicago Press, 1974)。关于功能学派的主要著作，见 A. R. Radcliffe-Brown, *The Andaman Islanders*; Adam Kuper ed. *The Social Anthropology of Radcliffe-Brown* (London: Routledge, 2004); Bronislaw Malinowski, *Crime and Custom in Savage Society* (London: Harcourt, Brace & Company, Inc. 1926); Raymond Firth ed. *Man and Culture: An Evaluation of the Work of Bronislaw Malinowski* (London: Routledge & Kegan Paul Ltd, 1957)。

[30] 沈宝媛：《一个农村社团家庭》，第 6 页。
[31] 蔡家麒：《试论民族学田野调查的理论与方法》，云南省民族研究所编：《民族研究文集——云南省民族研究所建所三十周年纪念》，云南民族出版社，1987 年，第 25—52 页。
[32] 林耀华：《社会人类学讲义》，第 25 页。
[33] 杨树因：《一个农村手工业的家庭——石羊场杜家实地研究报告》，燕京大学法学院社会学系毕业论文，1944 年，北京大学图书馆藏，第 2 页。感谢李德英教授提供这份资料。
[34] 赵丽、朱浒：《燕大社会调查与中国早期社会学本土化实践》，收入李长莉、左玉河主编：《近代中国社会与民间文化》，社会科学文献出版社，2007 年，第 95—96 页。
[35] 沈宝媛：《一个农村社团家庭》，第 10 页。

第十五章　何处是"望镇"？

[1] 张玮瑛、王百强等主编：《燕京大学史稿》，第 1331 页。"团契"从英文 fellowship 翻译而来，是基督教色彩的学生组织，实际上成为学生的联谊团体。
[2] 沈宝媛：《一个农村社团家庭》，第 3 页。
[3] 沈宝媛：《一个农村社团家庭》，第 1—2 页。
[4] 苏予：《蓝色的勿忘我花》，黄伟经、谢日新编：《臭老九、酸老九、香老九——〈随笔〉精粹》，花城出版社，1993 年，第 205 页。苏予，1926 年生，1948 年毕业于燕京大学新闻系，曾任天津《大公报》《燕京新闻》《读书与生活》杂志编辑、撰稿人。1955 年受因"胡风集团"冤案牵连，长期下放，改革开放后任《十月》杂志主编。
[5] 北京市社会科学研究所社会学研究室编：《社会学研究与应用》，北京市社会科学研究所社会学研究室印行，1984 年，第 276 页。
[6] 廖泰初：《成都崇义桥农村研究服务站》，转引张玮瑛、王百强等主编：《燕京大学史稿》，第 1320—1321 页。
[7] 张德增：《教育园地的辛勤耕耘者——廖泰初》，燕大文史资料编委会编：《燕大文史资料》第 6 辑，北京大学出版社，1992 年，第 266 页。
[8] Liao T'ai-ch'u, "The Ko Lao Hui in Szechuan." *Pacific Affairs* XX (June 1947), pp.161-173.

[9] 燕大文史资料编委会编:《燕大文史资料》第 4 辑,第 55 页。
[10] 沈宝媛:《一个农村社团家庭》,第 23 页。
[11] 袁庭栋:《成都街巷志》上卷,四川教育出版社,2010 年,第 275 页。
[12] 沈宝媛:《一个农村社团家庭》,第 8 页。
[13] 黄廷桂等纂修:雍正《四川通志》卷二二下,清文渊阁《四库全书》本,第 3830 页。
[14] 叶圣陶:《叶圣陶集》第 19 卷,《日记一》,第 305—306 页。
[15] 沈宝媛:《一个农村社团家庭》,第 8 页。
[16] 叶圣陶:《叶圣陶集》第 19 卷,《日记一》,第 277、311 页。
[17] 周简段、冯大彪:《京华感旧录》,吉林出版集团有限责任公司,2011 年,第 177 页。
[18] 成都县主要场镇有:苏坡桥、驷马桥、崇义桥、金家桥、太和场、两路口、马家场、青龙场、三河场、洞子口、犀埔场、土桥场、青龙场、天回镇(成都市地方志编纂委员会编纂:《成都市志·总志》,成都时代出版社,2009 年,第 425 页)。1944 年辖 14 乡,即西城乡、万福乡、金泉乡、青苏乡、清溪乡、安靖乡、仁义乡、复兴乡、天回乡、三河乡、驷马乡、崇义乡、太平乡、青龙乡(金牛区地方志编纂委员会编:《成都市金牛区志》,四川大学出版社,1996 年,第 51 页)。
[19] 即三元、赵家、双林、教堂、华美、拱桥、高堆、皇花、铁路、甫家、双林、高巷、方营 13 个村。见四川省新都县志编纂委员会编:《新都县志》,四川人民出版社,1994 年,第 84—85 页;金牛区地方志编纂委员会编:《成都市金牛区志》,第 51 页。
[20] 李永晖:《田家英在大丰》,《文史杂志》2009 年第 6 期,第 17—19 页;彭亚新:《万家忧乐到心头——记为真理而战的田家英》,秦晓鹰等:《明鉴篇——不许穿军装的将军》,华夏出版社,1988 年,第 166—187 页。
[21] 吴虞:《吴虞日记》上册,四川人民出版社,1984 年,第 177—178、234 页。
[22] 政协成都市新都区文史资料编辑委员会编:《新都客家研究》,2006 年,第 18—19 页。
[23] 徐伯威:《招安军司令官》,《龙门阵》,总第 19 期,四川人民出版社,1985 年,第 20—33 页。
[24] 王庆源:《成都平原乡村茶馆》,《风土什》1944 年第 1 期(总第 4 期),第 34 页。
[25] 这里的"棒客"作者注明是土匪,前面有资料称是"浑水袍哥",可见当时两者也有身份的转换。
[26] 铁流:《我所经历的新中国》,http://club.kdnet.net/dispbbs.asp?boardid=5&id=1715292,发布日期:2007 年 6 月 1 日;使用该网页日期:2014 年 9 月 6 日。

第十六章 袍哥的覆没

[1] 邓锡侯:《我在川西起义的经过》,中国人民政治协商会议全国委员会文史资料研究委员会编:《文史资料选辑》第 17 辑,中国文史出版社,1986 年,第 19—34 页。刘文辉(1895—1976),川军首领、陆军上将,曾任四川省主席、西康省主席,1949 年

后历任西南军政委员会副主席、四川省政协副主席、林业部部长。邓锡侯（1889—1964），川军首领、上将，1937年率第22集团军出川抗日，曾任四川省主席、川康绥靖公署主任。1949年后曾任西南地区水利部部长、四川省副省长。潘文华（1886—1950），川军首领之一、陆军上将，和平起义不久，便在成都因病去世。

[2] 关于共产革命与秘密社会的关系，孙江进行了深入的研究。见孙江：《近代中国の革命と祕密結社—中国革命の社会史的研究(1895—1955)》，东京：汲古书院，2007年。

[3] 蔡兴华口述，董乾坤整理：《我的袍哥经历》，政协开县委员会编：《开县文史资料》第4辑，第240页。

[4] 王世良、刁纯金：《霸踞竹篙集党、政、军、匪、袍于一身的反动人物贺松》，《金堂文史》，第441页。

[5] 以上均见新繁县公安局编制：《新繁县袍哥概况》，1950年9月，手稿复印件，藏四川省公安厅，无档案号。感谢四川大学历史系赵清教授在20多年前分享这份资料。

[6] 曹云生：《解放初期我军接管新繁县的概况》，中国人民政治协商会议四川省新都县委员会文史资料委员会编：《新都文史》第15辑，1999年，第1—2页。

[7] 梁逎生、李银亮、元克礼、寻文泽口述，范华银整理：《一九五零年新繁县平叛剿匪始末》，《新都文史》第15辑，第7—8页。

[8] 梁逎生、李银亮、元克礼、寻文泽口述，范华银整理：《一九五零年新繁县平叛剿匪始末》，《新都文史》第15辑，第7—8页。

[9] 曹树基、刘诗古：《传统中国地权结构及其演变》，上海交通大学出版社，2015年，第185—194页。

[10] 梁逎生、李银亮、元克礼、寻文泽口述，范华银整理：《一九五零年新繁县平叛剿匪始末》，《新都文史》，第15辑，第3—27页。

[11] 曹云生：《解放初期我军接管新繁县的概况》，《新都文史》第15辑，第1—2页。

[12] 梁逎生、李银亮、元克礼、寻文泽口述，范华银整理：《一九五零年新繁县平叛剿匪始末》，《新都文史》第15辑，第3—27页。据日本人类学者山本真对崇州元通镇的调查，1949年以后，袍哥被定性为"封建会门"，并枪毙了一些"有钱有权的袍哥大爷"。其中最多的三次，分别枪毙16人、32人和42人（日本筑波大学人类学系山本真教授的调查，崇州元通镇，2008年12月21日，四川大学历史系徐跃教授提供，本书使用得到山本真教授同意）。

第十七章　叙事与文本

[1] Natalie Davis, *Fiction in the Archives: Pardon Tales and Their Tellers in Sixteenth-Century France* (Stanford: Stanford University Press, 1990); Philip Kuhn, *Soulstealers: The Chinese Sorcery Scare of 1768* (Cambridge, MA: Harvard University Press, 1990).

[2] 因此才有了《袍哥与土匪》（赵清著，天津人民出版社，1990年）这样的题目的出现。

[3] Michel de. Certeau, *The Practice of Everyday Life*. Trans.Steven F. Rendall (Berkeley and Los Angles: University of California Press,1984), p.23.

[4] 李劼人:《市民的自卫》,收入李劼人:《好人家》,中华书局,1947年,第124—135页。《死水微澜》和《暴风雨前》收入《李劼人选集》第1卷。《大波》收入《李劼人选集》第2卷。关于李劼人小说的研究,见 Kenny K.K. Ng, "Temporality and Polyphony in Li Jieren's The Great Wave," in Dongfeng Tao, et al., eds. *Chinese Revolution and Chinese Literature* (Newcastle upon Tyne, England: Cambridge Scholars Publishing, 2009), pp.197-224;丁帆、李兴阳:《历史的微澜荡漾在现代转折点上——李劼人〈死水微澜〉论析》,《天府新论》2007年第3期,第136—140页;雷兵:《"改行的作家":市长李劼人角色认同的困窘(1950—1962)》,《历史研究》2005年第1期,第20—33页;秦弓:《李劼人历史小说与川味叙事的独创性》,《西南师范大学学报》2002年第1期,第132—135页;伍加伦、王锦厚:《论李劼人和他的〈死水微澜〉》,《社会科学研究》1981年第3期,第91—96页;杨代欣:《李劼人笔下的川菜与川菜文化的发展》,《文史杂志》2001年第2期,第9—11页。

[5] 吴福辉:《沙汀传》,北京十月文艺出版社,1990年,第264页。关于沙汀作品的现实主义研究,见孙伟科、计文君:《沙汀,在其香居茶馆里》,《文艺报》2012年12月14日,第5版;马学永:《沙汀对现实主义小说的多元探索》,南京师范大学博士论文,2013年;黄曼君:《论沙汀的文化意识与现实主义创作》,《中国现代文学研究丛刊》1993年第3期,第117—137页;黄曼君:《沙汀"左联"时期对现实主义的探索》,《中国现代文学研究丛刊》1980年第3期,第100—121页;黄曼君:《论沙汀创作的现实主义特色》,《华中师院学报》1981年第3期,第4—13页。

[6] 小铁椎:《谈帮会》,《新新新闻》1946年8月16日。

[7] 凌光甫:《四川哥老会问题之研究》,华西协合大学文学院社会学系毕业论文,1949年,四川大学历史系资料室存,第3章。

[8] Carlo Ginzburg, *The Cheese and the Worms: The Cosmos of a Sixteenth-Century Miller* (Trans. John and Anne Tedeschi. New York: Penguin Books, 1982), p.xv; Gayatri Chakravorty Spivak, "Can the Subaltern Speak?" in Cary Nelson and Lawrence Grossberg, eds., *Marxism and the Interpretation of Culture* (Urbana and Chicago: University of Illinois Press, 1988), pp.271-313; Gail Hershatter, "The Subaltern Talks Back: Reflections on Subaltern Theory and Chinese History." *Positions* I.I (1993), pp.117-118.

[9] E. J. Hobsbawm, *Primitive Rebels: Studies in Archaic Forms of Social Movement in the 19th and 20th Centuries* (New York: Frederick A. Praeger, Publisher, 1959), p.175.

[10] James Scott, *Domination and the Arts of Resistance: Hidden Transcripts* (New Haven: Yale University Press, 1990), pp. 18-19; Ranajit Guha, "The Small Voice of History," in *Subaltern Studies, IX: Writings on South Asian History and Society*. Ed.

Shahid Amin and Dipesh Chakrabarty (Oxford and New York: Oxford University Press, 1996), p.12. J.斯各特用"隐藏的文书"这个词来代表"远离权贵者直接控制的、不上'台面'的话语"。因此"隐藏的文书"是"所理解的包含着那些不上台面的谈话、手势,以及各种确定的、矛盾的或在公共文书中被扭曲的活动"(Scott, *Domination and the Arts of Resistance*, pp.4-5)。

[11] D.W.马尔(David W. Maurer)是研究黑社会语言的开拓者,他认为"次文化是一种个体——诸如社会的、职业的或种族的人群——所形成的集团,他们拥有共同的态度、组织、行为模式以及讲话模式"。见 David W. Maurer, *Language of the Underworld*. Collected and edited by Allan W. Futrell & Charles B. Wordell (Lexington: University Press of Kentucky, 1981), p.1。

[12] Gayatri Chakravorty Spivak, "Can the Subaltern Speak?" in Gary Nelson and Lawrence Grossberg, eds., *Marxism and the Interpretation of Culture* (Urbana and Chicago: University of Illinois Press, 1988), p.308.

[13] Wolf Leslau, *Ethiopian Argots* (London: Mouton & Co. 1964), p.7; Charles D. Kaplan, Helmut Kämpe, and José Antonio Flores Farfán, "Argots as a Code-Switching Process: A Case Study of the Sociolinguistic Aspects of Drug Subcultures," in Rodolfo Jacobson ed., *Codeswitching as a Worldwide Phenomenon* (New York: Peter Lang, 1990), pp.141-158; 引文见 pp.143-44, 146。

第十八章 历史的记忆

[1] E. J. Hobsbawm, *Bandits* (Revised edition. New York: The New Press, 2000), pp.20-22.
[2] 日本筑波大学人类学系山本真教授的调查,崇州元通镇,2008年12月21日。
[3] E. J. Hobsbawm, *Primitive Rebels: Studies in Archaic Forms of Social Movement in the 19th and 20th Centuries*, chap. 2.
[4] E. J. Hobsbawm, *Bandits*, pp.47, 106, 141-142.
[5] E. J. Hobsbawm, *Bandits*, pp.29-30.
[6] E. J. Hobsbawm, *Bandits*, pp.30, 35, 37.
[7] 沈宝媛:《一个农村社团家庭》,第42页。
[8] 沈宝媛:《一个农村社团家庭》,第42页。
[9] 沈宝媛:《一个农村社团家庭》,第42—43页。
[10] 沈宝媛:《一个农村社团家庭》,第42—43页。
[11] 张澜(1872—1955),四川南充人,民国初年担任过四川省省长,1941年发起中国民主政团同盟,1944年改为中国民主同盟,任主席。1949年后历任中央人民政府副主席、人大常委会副委员长、全国政协副主席。国内出版过若干张澜的传记,包括冯维刚:《张澜》,四川人民出版社,1991年;谢增寿编著:《张澜》,群言出版社,

2011 年；安然：《张澜》，台海出版社，2005 年。

[12] 吴越：《中共密使杜重石：特殊将军的读白》，东方出版社，2010 年，第 150—155 页。该书封面上使用的即为"读白"，疑为"独白"之误。共产革命与秘密社会的联系，见孙江：《近代中国の革命と祕密結社—中国革命の社会史的研究（1895—1955）》。

[13] 李公朴（1900—1946），留学美国，中国民主同盟早期领导人，教育家。1946 年夏在昆明被暗杀。闻一多（1899—1946），留学美国，中国民主同盟早期领导人，著名作家，在李公朴遇难后几天，也在昆明被暗杀。

[14] 冉崇铨：《蔡梦慰在潼南》，潼南县政协文史资料研究委员会编：《潼南文史资料》第 2 集，1988 年，第 105—113 页。

[15] 偶拾：《张澜辜负袍哥》，《快活林》1946 年第 27 期，第 2 页。

[16] 吴越：《中共密使杜重石：特殊将军的读白》，第 311 页。

[17] 吴越：《中共密使杜重石：特殊将军的读白》。

[18] 沈宝媛：《一个农村社团家庭》，第 41 页。

[19] 傅崇矩：《成都通览》下册，48—50 页；平山周：《支那革命党及秘密結社》，第 63 页；王纯五：《袍哥探秘》，第 61—65 页；Maurer, *Language of the Underworld*, p. 37。

附 录

附录1　袍哥等级名称表

哥	爷	排	其他称呼
大哥	大爷	一排	舵把子 龙头大爷 社长
二哥	二爷	二排	副舵把子 圣贤二爷
三哥	三爷	三排	当家三爷
五哥	五爷	五排	管事五爷 1. 内管事（黑旗管事） 2. 外管事（红旗管事）
六哥	六爷	六排	老六
八哥	八爷	八排	老八
九哥	九爷	九排	老九
十哥	十爷	十排	老幺

注：

1. "哥""爷""排"意思相同，不过前两者经常用在直接的称呼上，后者主要代表等级。
2. 四和七的发音被认为不吉利，袍哥因此不设四（音近"死"）哥、七（音近"截"）哥。
3. 一至五称为"上四排"，六至十称为"下四排"。
4. 在历史资料中，"排"有时称"牌"。

附录2 雷氏家庭关系图

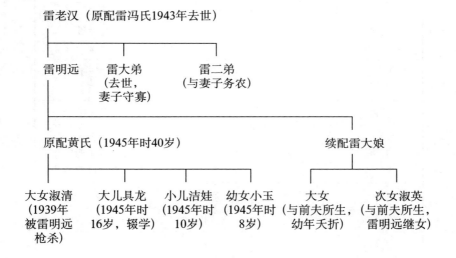

附录3　沈宝媛:《一个农村社团家庭》

（边码为原文页码）

私立燕京大学法学院社会学系法学士毕业论文
评阅者
　　　　导师　　徐雍舜
　　　　主任　　林耀华
　　　　院长　　郑林庄
学生姓名　　沈宝媛
学号　　W四二〇三九
民国三十五年四月
　　标题：一个农村社团家庭

论文提要

本文之作是要剖视我国现存的"袍哥会社"，分析一个曾经经历兴衰阶段的袍哥领袖人物的生活史，以说明秘密会社在一个社区里的控制作用及其消长兴替。

为了对证理论与实践之配合，选择了一个十几年前曾经在农村活跃过的袍哥领袖人物，观察这个地方下层领袖日常生活状况，以及此家庭之与地方关系，达到进一步认识会社的目的与功能。所以，在这里所引用的，有个案工作的方法，研究这个首领人物的社会背景与社区关系，刻划出一幅袍哥份子的典型形态，并引用了一个新的社会学人类学方法——运算方法（Operational Method），从功能的观点，研究袍哥社会的现象。

"袍哥会社"属于秘密会社之一，对外一向"隐密"，与其他会社保持着不可知的距离，而独树一帜，成为会社的一种特殊形态。就因为它的"秘密"与"神圣"，同时又是"半公开"与"龌龊"，里面更显着复杂，饶趣。我个人就因为偏僻的兴趣与爱好，以及满腔的好奇心，使我经过周密的考虑之下，决定了选择研究这一个题目。

由于研究社团，发现社会控制（Social Control）所占的地位。社会控制又称社会制约，就是社会所加的约束，也就是社会的权势与力量的根源所形成的制裁。综观社团的形成，这种合群欲望的表现，这种大规模的想普及于社会全部的组织，表明了社团社会化的力量及控制势力。所以，我们在这里以社会控制为主，来研究社团之其他方面。

全文一共分五章，第一章为绪论，叙述研究秘密社团的动机与方法与搜集材料之方法。讲到一九四〔五〕年夏天在望镇农村工作的情形，以及调查与研究的经过。第二章以社会制裁为中心，来看雷氏家庭背景。第三章研究社团关系与规章也以社会控制的影响来观察。第四章社团制约中的封建思想。第五章首领的没落，以社会制约之潜力与功能观点预测新事态之发生，这是本文所论及之范围。

志谢声明：本文承蒙导师徐雍舜先生之殷勤指导，细心扶助，使本文得以完成，谨致深切谢意。

又蒙系主任林耀华师教授之运算方法及功能观点，使本文得有新观点之运用,以及廖泰初师慨允作者得有机会参见其有关社团之英文原著,一并感谢。

最后一点声明:因为本文是研究秘密结社与其领袖人物,故对所论及之对象无公开之必要,此为社会工作者所必须有之职业道德也。所以,在此特书假名,尚祈院长、系主任、导师及阅者诸君原谅!

一个农村社团家庭

目录　　　　　　　　页数

第一章　绪论　研究秘密社团之[的]动机与方法　　1—7
　　第一节　农村工作的动机　　1—3
　　第二节　调查与研究之经过　　3—5
　　第三节　研究的困难与方法　　5—7
第二章　我所见的一个乡村袍哥家庭　　8—14
第三章　社团关系与规章　　15—22
第四章　旧礼教的逞威　　23—31
第五章　首领的没落　　32—43
附录　　44—46

第一章　绪论　研究秘密社团的动机与方法

第一节　农村工作的动机

从孩提时代,我就非常向往于农村生活,我欣赏田园间自然的景色远胜过于雕塑人造的城市。我爱乡村童伴无邪的欢笑,远胜过于城市狡猾人们的子女。我的心常逗留于青山绿水的彼岸，默默的眷恋着秀丽天成的原野。

到了现在，由美的欣赏一变而为对农村工作者的同情与爱戴，想到农夫们耕耘的苦辛与劳累，心里说不出就会有一种深深抱歉的感觉，愿意得着与农民一块生活、一块玩耍、一块工作的机会。而另一个由于自私的原因，在烦嚣的城市里永得不着宁静，使我更思恋于寂静的乡村生活，我愿意学习纯朴与勤苦来改变一下浮夸的积习，回复到人类自然的天性，是因为这样一点天生的爱好与愿望，我决定了以后要上农村服务的志向。

一九四五年的夏天，"知识份子下乡去"的口号到处在散播着，利用这个休闲的假期播下一点农村工作的果实，一方面表示对农民大众致崇高的敬礼，向他们学习书本以外的知识，一方面也以大学生的余暇服务来报答这一群无冕之王——善良的农民——平素的积劳与苦辛。

当时，藉着学生救济会及本校社会系分发同学至乡间服务的机会，就被分发至成都外西的望镇，与两位同学连同本校的一位助理一同进行拓荒的工作，大家坚定志向，准备在此地苦干一番。

我们的工作基础首先打定在友谊的交往上，先要知道的是农村生活的概况，农民家庭的情形，地方势力的梗概等，而我们所预计的工作有办农民学校，特别补习，医药治疗，防疫协助，卫生指导，代写书信，讲解时事，展览新闻图画及开放电影等等。

在从事这些工作之先，我们感到对于地方关系的极待打通，这就有赖于地方首长们的了解与推行了。所以，我们先行拜访的方式，以自我介绍作为对工作的引见。

在对邻居们的探询中，知道本乡乡长，本地保安队长，及保甲长的绝大多数，多属于"入社会"的人物。他们是本地袍哥内的首长份子。如此，引起了我对此种会社研究的兴趣，愿意藉着这个机会搜集有关的材料，这是我作此文的正式动机。

离我们办事处不远的地方，住着本地的一位保安队长雷明远大爷，是当地社会上的人物，他的妻子雷大娘，为人也极精明厉害，他的女儿及儿子都报名入了我们农村补习学校。由于这种师生关系，我很高兴的更接近他们，愿意由于这个家庭作为对袍哥社会研究的开端。

我们的正式班次定在上午，收有初中及小学程度的学生，下午的时间是拜访或特别补习的时间，晚上整理自己的工作日记。

因为论文的范围已定这个家庭作为中心的出发，我注意的目标也就集中于搜集及整理雷家的材料方面。

我们补习学校的筹办仰赖于雷家夫妇的许多助力，甚至连向该地小学借桌椅及搬抬的事都是由这对夫妇经手，一方面他们成了我们学校的义务宣传员，并且还在课余之暇，想帮着我们管理学生。虽然，他们的管理不很得当，然而，他们的协助的确于我们的工作有了极大的助力。尤其对本文的作成更有决定性的作用。

我很高兴能籍[藉]着这一家的力量能进一步熟悉农村，也更感激能籍[藉]着我有意无意的询问以及他们全盘真诚的回答中得对我所研究的袍哥会社有了一个清晰与整体的认识。

第二节 调查与研究之经过

我们来乡下的头一天是七月十四日，一直到十九号整整五天之中，都在拜访，尤其本地执政及大爷们更是我们首先拜访的对象。这里所讲的不是混水袍哥，只是清水袍哥，他们有周密的规则及较正当的作风，平乡的乡长就是成都市附近十三县的舵把子。以前的副乡长雷明远大爷也就是全店、望镇的副舵把子，正舵把子是住在望镇的佟念生，其他的兄弟伙是更多了。

许多过去的事实告诉我们，工作的成功或失败决于地方势力的支助及阻挠极大，想联络地方势力便利我们工作的计划就此开始，从七月十九日到八月二十四日这一个月零五天的功夫中，每天也收集我论文的材料，从早到晚，雷氏夫妇几乎成了我们经常的客人，我们曾经大摆龙门阵，闲谈古今的小说（旧小说雷大娘看得极多，如红楼梦、水浒，至于今人的小说，那就只限于无聊文人张恨水等的小说了）。有时我故意询问她陈旧的药方，或在厨房中学习做菜，在这些接近的机会里我渐知晓了这整个家庭生活的情形，以及袍哥社会的一般内幕。

另外，与雷大爷的交谈中，多半偏向于带兵与捉匪的范围。有时问问他关于地方行政的概况，及保甲的情形等。一谈到本乡乡长的时候，他也总爱说到："他也是社会上的人物。"至于带兵降匪的事，每次的叙述都是激昂慷慨，有声有色的。雷大爷以一位纯英雄的姿态描述他过去英勇的事迹，尤其对于曾经作过本地队长被梆［绑］客包围过的一段，说来更是骇人听闻。

例如他讲到土匪的行踪，打扮及抢劫的方式说来头头是道，好像个中人物一般。

为了更形接近，我也经常的去拜访他们，在许多个漫漫的黄昏，当夕阳的光辉斜照在金黄色的稻田中的时候，我在他们家里作着客人。更多接近的原故，是由于他女儿要上我那儿去补习英文，所以，使她上我们办事处的机会更多，逐渐一个月的友谊建立有更深的基础。在八月及九月有几个星期天，我特意下乡去看过她几次。

十一月十五日雷大娘与她的女儿亲自来我校,十二月八号的清晨又来玩了一整天,雷淑英并于当晚观剧"芳草天涯",于次日始归。

到此,材料的收集才比较有了大体的轮廓。由于谈话,可以更深入的说到许多具体的东西,对于本文的帮助最大。我尽量运用含蓄的询问方法,异常随和的态度,为了得着真实的回答,我没有说明这是对论文资料有关,而只说明是为了好奇心的趋使。

三十五年一月十九日与英人克来礼女士及锦娟学友一块下乡,乡下友人们热诚招待。十一点钟左右,雷大娘与她的女儿也来了,这是她去了燕京,见我不在又折回了的。当天下午,我就又带她一块回校,于次日午后始归。

一月二十六日淑英进城来我处看望,更给我许多新鲜的材料。以后的每一个星期日,她几乎常到我的学校,有时同着她的母亲。俟 XX 中学开学以后,她更搬来了陕西街,每天都可以见得着,更便利于本文作成不少。搬家以后,我也曾去过一次。

第三节　研究的困难与方法

本文因系研究一个秘密社团,及其旧有领袖之一的家庭概况,动机纯为学术上之探求,与兴趣之趋使,并无丝毫存意想发掘个人、家庭或社团之隐密,是非和明暗,用以作为政治报告,或供给侦探材料,或任何不利于个人或团体的举动。这乃是一个单纯的客观的学术探讨或知识追求,但对象范围既属秘密性质,所以,本文未便用以为公开征询材料的使用,免得发生误会。

尤其各帮人物,对于泄漏帮内秘密常有戒心,对于询问者发生疑惧心理,因此在与雷大爷、雷大娘见面之始,未敢公然露出祥[详]

细调查的意思，唯恐生疑。俟交往渐深，始敢逐渐探问，故此材料之取得需时极多，而记载零星之资料也非常困难。并且，本文之写出常有因一、两处少有遗漏而耽搁，以致未能迅速完成，规定的期望往往不能达到，有时花费许多时间与其周旋而未能获得丝毫材料，有时煞费苦心才得一点零星消息，有时材料太多又限于不能全部记下而或有忘记，这些皆为本文费时极多，而收效难周的原因，与其他研究工作不同者。

至于研究之方法，在提要中原已说明，在此也略为叙述及之，是称为运算方法（Operational Method），这是人与人之间互动关系的测量，研究不易捉摸的微妙生活关系以内的材料，以达到了解现象的目的。

运算方法的产生是继批评学派（Critical School）与功能学派（Functional School）以后，在美国社会人类学中新近的产物，是二者观点综合以后的结晶。它主张用功能的观点，应用数学的方法，研究文化现象，并预测未来事态之发生。这是一个极有趣味，具有真实意义的预测。本文所作就是对此科学方法一个小小应证的实验。

得着这些系统材料又根据个案方法或生活史方法的帮助，从雷氏家庭透视袍哥社会的真象，作为关系叙述。关系叙述是科学上的任务，也是运算方法中所必不少的要件。所以本文之作又是应用此两种方法，以达到研究的最终目的。

由于这次研究，发现社会控制所具有的力量之强大，望镇的中心是集中于社团，所以，社团就负有一统社会制裁的极大作用，甚至法律、政治、宗教、伦理等等其他方面的社会制裁，都纳入于社团特定的制约意义范围之中了。当然，社会控制也根源于社会中之一般的社会行为、规则与制度，这种一般人之行为标准，对于个人行为也具有约束之力量，有时也能影响袍哥社团的范围里来，这种结果又可依功能观点中的函数关系来解释。任何一种社会制度都有其自有的中心力量，在一个社区里同时存在着许多不同的制度，许多不同的力量，这些制度和力量交织着一套整个社会的类型，彼此影响，相互关联。时常在其中有一种制度特别发达而强化，甚至可以形成全社区的中心力量，使社区里其他制度都自然而然的纳入这优越制度的轨迹里面，袍哥会社之在望镇社区，便俨然得到了这种优越地位。

望镇的袍哥常与特务（当地缉查）勾结，利用陈腐的官僚手段，常干些违反人民利益，反民主的事项，乡公所惯会使用高压政策，不合理征收赋税，抗战时抽买壮丁，贩鸦片，严禁人民有思想、言论、结社，甚而至于阅报之自由，也就是藉着他们的双重身份，发挥优越势力的原故。

第二章　我所见的一个乡村袍哥家庭

出成都西门北巷子，通过平乡，再往前行，约五里路远的地方，就可到达望镇。平乡是战时疏散区域的所在地，绿树成荫，小溪天成，风景绝佳，原是一个避暑疗病之地。这儿人烟稠密，已渐有城市与乡村混合之风。离它五里路之地，便是望镇的范围了。有两条高低不平的小路，鸡公车来往的通行着。

在这里，前后都是青绿色的稻田，有各色的菜蔬，有金黄色的麦穗，田里的水缓缓的流着，灌溉着农夫们的血汗。水停了，秋收的日子到了，农田的主人们又用劳动者的欢笑来收获自己血汗的结晶。

隔田不远的地方，便有着一栋一栋的茅屋，住着农夫和他们的家属——水牛与田地的管理人。

　　静寂的生活带来了一个寂静安祥的村庄。黎明唤醒了农夫们晨起的工作，黄昏又带着这一批辛劳者向往着夜的安息。

　　在这里，戈河的水日夜不停的流着，它带来了灌县的幽美出产，也带给了成都平原望镇的农家风光。它灌溉着这里田间的作物，包围着弯曲的望镇，同时也养活着一万九千余的人口。

　　在安祥中，这儿不是缺乏波澜，它并非一块天生的安乐土。二十年前，曾为匪盗大肆骚扰过，而为地方上英勇人物所平息了的。如是胜利者成为望镇秘密会社的首领人物，其中有一位便是本文的主角——雷明远大爷。

　　在夏天，即使是在一个没有太阳的阴天，也可以看见他戴着墨光眼镜，手拿着一把折扇，穿着黑绸短衫、黑裤，背后系着一顶草帽，匆忙的向店上走去。

　　想认识这位人物的念头，很早在我心中盘旋着，终于在我下乡后的一个星期之中，我认识了他的妻子雷大娘，更由进一步的机会也认识了他。

　　黑褐色的脸，电烫过的头发长长的披在衣服上，颈上领扣散着，衣冠不整的拿着一个篮子就跑到了我们办事处的地方，替她女儿报名，拜托了老师以后，就很急忙的走了。

　　以后许多见面的机会里，我们很快的就非常熟悉了。

　　离我们的办事处不远，有一栋草盖的平房，一扇门通进去，左边是牛棚，右边是机房，这中间就是他们的家。

　　堂屋中有居民所送的对联，还有祝贺的寿扁 [圖]，正中有神位，上方有镇压邪神的小旗四、五面的挂着，代表屋主是佛教的信奉者。

堂屋的右左两端是卧室，都是古式的床柜模样，深红色的漆，红色的圆桌，配着古老的圆镜。客人来了，盖碗泡茶，捧出水烟袋，颇有旧世纪的遗风。主人无拘的大声谈笑，十足代表农村风味的本色，给予陌生的客人无限的安心与亲切之感。然而，对于这一个特殊人物的初次交谈，因是新经验的尝试，虽有着主人不露锋芒的大声言笑，还依然阻止不了我的疑惧，日子久了，才渐安心。

由这个会社研究，我知道了社会制约（Social Control）的伟大力量，在望镇社会，很多有意识、无意识或自动的社会制约——所说社会心所组成的一种社会秩序，在各个角落里发生有很大的效力。而这一切力量恒集中于该地的社团中心，甚至超达至地方行政的领域，而与地方势力掌握起平衡的作用。所以，我们在这里是以社会制约的研究作为中心引索。

雷大爷既为社团的领袖人物，所以，他自己也无形的受着社会制约的极大影响。

他们的家，由平乡搬到望镇不过只是最近几年的光景，雷大爷的老家就在平乡的全店，父亲雷老汉是一个不拘[苟]言笑的谨严人，母亲雷冯氏为人和蔼可亲，但不幸已于民国三十二年夏季去世。

雷大爷原有兄弟二人，现二弟妹守寡，没有孩子，三弟与三弟妹同在田园工作，雷氏尚有原配黄氏（现年四十），两个比具龙更小的孩子，男孩洁娃十岁，幼女子小玉只有八岁，这因为发妻黄氏与雷大娘曾经有过一次极大的吵闹，父亲帮忙着黄氏，而丈夫却跟着第二个妻到了现在的地方。

大孩子具龙十六岁了，可以帮忙田间工作，不爱读书，是正妻黄氏的长子，性格非常孤僻，不爱说话，也不爱与生人交往，的确是一个有问题的小大人。因为雷大娘自己曾经受过小学教育,所以,把孩子放在她身边,是为了好受她教养的原故。到了现在,恐怕就会有"养儿防老"的念头了。

具龙与自己生母的关系非常淡漠,一年中只有几次回家看看,那就是祖父的生日、母亲的生日、过年及过节等。父亲这边请了客人,有了剩余的酒菜时,就由具龙拿一、二样回去送给祖父与母亲。平常出去,他总避免经过自己的家,为了怕见着一向严厉的三叔与狡猾的三婶。这样更苦了自己的母亲,她背地常叹息着说:"孩子既然已经给了别人,那就算了罢!"

在全店她也被人称为雷大娘,具龙和淑英都称她为"阿娘",这是表示亲母的意思。她是一个典型的农家妇人,时常遵守妇道,很殷勤的侍奉公公,近乎九年与丈夫离异的生活,还是没有改变她的性格,她依然是温顺善良的。和黄氏比较起来,望镇的这一个雷大娘,就好像具有一种不同的作风。她不能称为能干,而只能说是近乎"泼辣"、"浪荡"与"凶狠",很适合于做一个会社中人的妻子。然而,这种性格的造成,不能不说是由于环境方面的压力之所致。

童年的生涯是在愁苦与病痛中渡[度]过的,没有得着严父的管教与慈母的关怀。父亲是铁匠,生意也不很好,送她去念过一个时期的小学。所以,她常常想籍[藉]此而夸耀曾受过教育。她很喜欢看旧小说,常常一知半解的与人讨论着。她很难与人提起在娘家的生活与过去的日子。据她的邻人说,她以前的生活是非常悲惨的。

现在与雷大爷的结合,也并非头一次的婚姻,十六年以前,(民国十九年),她嫁给了成都一个刘姓的裁缝,生了两个小孩以后,她遂被遗弃了。(淑英的大姊幼年患病去世),辗转流离市上,这女人的生涯遂更惨了，并沦陷在人间地狱的陷阱中，过着非人的生活。现在她手上的尚有未消失掉的两块绿旗印，便是经历过沦落生涯的明证。

此后，厮识了这位雷大爷，便成了她［他］的二妻，带来的那个女孩，改名为淑英，一并成为雷家的孩子。

环境逼成了她外强中干的性格，也许被遗弃逼成了她个性的转变，她不再懦弱的愁苦，而是更猛烈的接近于凶狠了。她有很坏的脾气，她有很大的声浪，十年前她的确能压倒她的丈夫，籍［藉］之以左右会社中的人物，她会近乎泼妇的模样，在地上打着滚儿，所以，当时，会社中的其他首脑们，都呼之曰："疯婆"。她也很得意于这种称谓，别人慑于她的威风，也都只敢服从。

有一次，她曾与街坊，也是一个会社内的兄弟伙大吵闹起来，这是七年以前的事，为了买卖谷草，姓张的那个男人，被她打了两个耳光，两人一齐扭进了河里，在浅水处相互殴打着，为这件事，袍哥会社曾因之而大传堂（开了一次审讯大会），由正舵把子两方调解，才把案子了结。在那里，雷大爷只低着头，一句话也没有开口，只由他的妻子分辩着，争吵着，这也可称为当时会社里曾经发生过的一件不算太小的事件，是因她而起的。

在中国封建思想还非常通行的乡下，男女殴打可以说是绝不容许，同时也可说是很少见的。然而，在袍哥会社却没有看出它过分的严重，正因为这件事发生在会社，这件事发生在会社中领袖女人的身上，所以，没有能过分处置，也没有谁敢在背后耻笑，就是这个原故。

雷大娘原来在家里的生活都是合乎均衡状态的，俟被遗弃以后，生活的平衡被扰乱，在闲荡之中，整个家庭算是瓦解了；后与雷大爷结合，遂有一种新的互动关系，建立了一种新平衡。

雷大爷也曾有过一种均衡重建的过程，与妻的离异以及从家中分支出来，他的一套过去的生活史，就是个体与环境交互刺激与反应的过程，这过程一直续连至如今，也将呈现于未来。

在会社方面尤其以雷大娘与会社中人士之接近，以及他个人方面所对于这方面的兴趣以及产生的力量，对于雷大爷本身是一个很大的激刺与影响。

有了这样新的助手似的妻室，虽然有好多时候也带给他许多多余的麻烦，然而，九年以前在码头上的地位却是因为妻的力量而增高，这是毋庸讳言的。

由于社团更着重于团体份子间的利益，所以他们所用"社会制约"的方式也很严格。在上面所说的吵闹事件，是因正舵把子劝导方式而平息，这是人为的社会制约所起的一种作用。在其他方面，在社团里也有阶级自利的制约的领域；然而，就因为社会制约本身也具有功能性的作用，所以，社团所生的制约方式，有时还要受社会其他方面如法律、信仰、教育、风俗、社会誉［舆］论等其他方面的社会制裁的影响，而成为一种互动及交替反应的新型态，是在本文收集的范围中所看得出来的。所以，这件冲突争吵的事件没有扩大，也是当时誉［舆］论的一点力量。

在下几章里，我们将引申"社会制约"的观点，及运算方法来看社团的其他方面。

第三章　社团关系与规章

望镇的首领袍哥差不多都是地方上有钱有势，有田地的阶级；或者是由自己的武艺所打来的天下。例如雷明远大爷的称号就是这样得来的。他一方面佃有城内尤家的四十亩田，以一个佃户的职业养活家小；一方面以大爷的身份在店上闲耍。

为了耕种田地，家里请有一个长年老周，一年有两石米外两万块钱的工钱，还经常请有四个短工，他们的工资是以日计，在望镇，几乎看不见真正的地主们，这里都是大佃户，及佃农的所在地。

暮春四月，正是插秧的季节了，有田地的佃客这时正忙于下秧子，各家争先恐后的请着得力的熟手来帮忙几天短工，然而，在一个袍哥首领的田里，常会自动跑来一群会社中的小兄弟，帮忙栽秧的工作，这正是乡下最闹热的一个时候了，插秧的在田里忙着，孩子们及闲耍的在旁边看着，刹那间，新插好的秧在整齐的行列里随着春风，迎着田间缓缓的流水而动荡，煞是有趣。

插秧酒的风气在这儿通行着，一天吃五顿，三顿饭，两顿点心，中间的一餐还有酒席，这是主人对于雇工们的劳累，而有的一种感谢表示，另外还给工资（每人每日三百元），但在大爷们如雷明远的田里帮忙的弟兄却没有一个是要接收钱的。

田里十分之九的收成（稻、麦及主要菜蔬）都是属于地主的，到收成的日子，佃户须将定量的产品送到城内的主人家去，这多量的榨取形成了佃户们最大的负担，遇着了大旱天、虫灾或者水淹的年头，佃户们依然只有咬着牙补上不够的收成。

杂粮与小麦的出品才是属于佃户的，这些微弱的产量养活着他们的家庭，地主剥削农民的情形即使是在一个袍哥的家庭也依然没有例外，"不准扰油别汤"即是不准侵占旁人的产业，也许就是遵守议戒而愿服从的一种理由。

雷大爷从未提起家累与负担，其实最近两年来的确非常清苦，社团的经济能力活动得最强的要算管事刘大爷，其次则轮到大哥佟念生，雷大爷却未能得甚么油水，所以只能称为"瘦袍哥"；对于家境的艰难，他却闭口不提，相反的，倒喜欢夸耀自己的本领与财富，遇到陌生的客人，他总要请至店上吃茶，还请吃酒菜，客人拒绝邀请，他还认为是一种侮辱哩！因着这种挥霍，所以，家境过得一天不如一天，然而，在码头上做大爷的人据说就是需要这样性格，能吃得开，舍得花钱，会吹牛皮，有这种身份，再加上真正的有钱、有势、有雄心、有武艺，才能笼络更多的人，在社团中的地位也会长久了。

　　码头上也可以互相走访的，在上前年（民国三十二年的春天），雷大爷曾与他的主人家一块出去走过，到过绵竹、大足等地，好像阔佬一般的，他花了一笔极大的钱，不但没有找回钱来，反要家里变卖了谷子，给他兑上钱去。这一次出远门的结果，别人都称他为"公爷"，花费了一笔家资换得了江湖上的一种豪义，又结交了几个外县的弟兄，他认为也是非常值得的。

　　他相当尊崇读书人，尤其对于我们这几个在乡下服务的学生更表示极端的友善。时常谈到枪炮与军事方面的知识。他有一管白朗宁牌号的手枪，每天都必须用油布摩擦着，他的枪法很好，描[瞄]准得也极正确，时常教我们射击，家里常存放有一匣子弹，他往往抽着闲暇的上午在郊外演习，这条枪属于他已将近有二十年的历史了，他曾用过它杀死无数条性命呢！

　　中年时代的雷明远，曾有过风头的英雄思想，而训练了一批很忠实很强悍的年青弟兄，那时，因为家境好，这一批年青人都住在他的家内做食客，他自己却在外面横冲直闯，招惹是非，曾因吵闹的缘故而杀死了一个棒客（混水袍哥）如是引起了全店附近的棒客群起复仇。民国二十六年的三月间，棒客们乘着一个他独自在店上吃茶的机会，一、二十人围攻过来，都拿着枪向他描［瞄］准射击，他匆忙的跳在一个小岗上，向天开了三枪，向兄弟们通知发火的暗号，大家一冲而出，一场血战，反而打死了好几个凶猛的对手，以后，棒客们简直不敢再来挑战了。那是一个九死一生的一次最危险的经历，旁人惊讶着，弟兄们赞叹着如何会由二十几个人的集中目标，致命的射击中逃脱性命，尤其在店子与望镇所通的那一条小丘之间有丈远的空隙，他由两个山坡的裂隙中居然轻巧的渡过，至如今，这件奇事仍被村人所传颂着。

他不好饮酒，只爱抽烟，在店上除了吃茶以外，常推牌九、打麻将，对手们就是那些大爷们，或者社团的兄弟，大家交谈着隐密的暗语，互做生意，互通音息，相互讲解自己得意的经过，茶伙不敢怠慢，同吃茶的客人也不敢怠慢他们。就因着在乡下的社团势力而形成社会化的力量，所以，加入者也日众。

加入袍哥，先要经过一套手续，考察身家是否清白，凡本人或自己家里曾经作匪，或曾为剃发匠，当过妓女，装过水烟袋，或为修脚匠等等职业的人，都拒绝加入。

五月十三是单刀会，祭祀关神，主要为惩戒犯罪或有过错的兄弟，或奖励有功的，并于当天举行入会的仪式，新来会员须由"恩兄"介绍，或再请一"引进"（引进新人之意），及一"保举"（负新来者一切责任）协同介绍新人，新人者除参拜关羽神像以外，尚须向大爷叩头，向介绍人叩头等。

望镇袍哥集会是在全店的庙宇上，舵把子佟念生坐正中，按次序坐其他的大爷。敬香、祭祀完毕以后，三哥向新入会者讲解袍哥组织，再由管事刘兴或刘汉如说喜话，盟誓时要杀一鸡，先赞叹鸡，在这儿特择一片段当时对话如下：

"此鸡生来赛凤凰，生穿五色锦衣裳，文官听得金鸡叫，手指朝笏入朝堂，武将听得金鸡叫，整顿人马到较［校］场，我们听得金鸡叫，整顿衣冠到香堂。"

第二段，杀鸡时又说：

"鸡呀鸡，非是我今来杀你，弟兄们借你贺财喜，喜喜你，贺喜你，脱了衣裳穿布衣。"如是就杀鸡盟誓。

单刀会命名是记念桃园三结义的关公，单刀是这个英雄当年使用的武器，所以在架上挂一把刀，香烛到处点燃着，开始由正舵把子喊弟兄们迎接关神。

首先喊三哥，三哥回报："关圣人已出南天门"。

然后喊管事，管事回报："关圣人已到半路程"。

继则老么［幺］言："关圣人已到门外"。

大爷喊二哥迎接，挂起关羽像，如是叫弟兄们敬神。

再由二哥赞叹关神：

一首诗："圣贤圣贤，接［结］义桃园，忠肝义胆，万古流传"。

二首诗："圣贤圣贤，荆周［州］保全，徐州失散，古城团圆"。

在这会里以后的节目，也都由管事主持，他需要背诵一连串压韵似的诗句的喜话，背得熟练极了，他还要管理内、外一切事务，所以，通常管事总有两位，一管内政，一管外交。舵把子只若无其事在内听着，兄弟们也在内静观着，也许在判别赏罚的时候，会莫名的牵连在自己的身上来。因为这种赏罚，是据暗地里调查的结果，事先毫未宣布的。所以,尤其辈份小的兄弟大都怀着鬼胎,不敢一动。凡犯有过失,被提名的,处份[分]方式得按当事人认承罪状属实以后,自愿择取。重罪如犯奸淫罪的(与同社之兄弟妻室通奸者,或有强迫调戏等行为),可采取自杀方式,如若不受,以后也必遭暗杀无疑。罪状次于此者,或革除袍哥会籍,或应用体罚不等。奖赏有功的弟兄,可以升级,最低的由十一哥做起,然后甚或可以升至十哥、九哥、八哥等的位置。

新入者经过单刀会盟誓的阶段,就成为会里的一员,在以后的一个很长时间,需要学习适应,每天,接受新功课的指示,时间多半在晚上,由舵把子讲授袍哥中的条例、习俗及固定的成规,这种教法实则含有启迪(提示十必须接受)以及训诲(防患十彻底实行)的两重作用,这是属于人为的控制法之一种。教训者威望愈大,对于教训者之信仰愈坚,则制约行为的效果也愈大。经过了训诲阶段,就由自己按书背诵,这些条例由一本名叫"海底"的书记载着,是袍哥社团的一本实际教材,一本理论基础,各码头都以此书作为会社根据,以作来往标识,并以同一的记号收留其他码头的客人。这里稍介绍一点拜码头的情形。

拜码头之先,就必须有本码头十几张草字单片,作为介绍,若是犯了罪的,介绍片上是被撕下了一角的,这就是"跑滩者"的标记。通常来的客人,都要唱"拜码头书",有所谓:"……兄弟来得鲁莽,望哥哥高抬一膀,久闻哥哥有仁有义,有志有仁,在此招旗挂帅,招集天下英雄,栽下桃李树,结下万年红,将来与你哥随班护驾,初在贵地宝码头,理当先用草字单片,到你哥龙虎宝帐请安,挂号,禀见,投到……"等句。码头回条须说:

"不知哥哥到此来，未曾收拾早安排，未早接驾休见怪，哥哥仁义赛过桃园外……"等客套语，然后转问："不知你哥哥水路来，旱路来"，答："兄弟水路也来，旱路也来"。问："旱路有多少山，水路有多少滩"，答："雾气腾腾不见山，大水茫茫不见滩"。问："有何为证"，答："有凭为证"。然后再说诗句，这些诗句全都核对正确以后，遂由舵把子留下安置，十天半载，决无怨言。每日茶饭招待，甚至连衣物等都由此码头制备。稍微犯了一点小法的，可留住避风，案子犯大了，也可以不收留，拒绝的标记，就是送他一笔钱，不收对方的礼，用火纸燃一根烟，把燃纸的半截撕掉，对方吃完了烟以后，只得迅速逃奔旁的码头，去碰运气了。

袍哥会社的中心思想，主要为训练豪杰，履行仁义，做豪杰就是以武力夺取自己的势力范围，为地方排难解纷，有时他们的势力超出地方的统治之上，或在领导者后面起潜伏性质的指挥作用，有些仅能在特殊的事件上发挥极大的效力。在望镇的袍哥社团首领实际上业已和地方上的统治阶级混为一流了，地方行政藉着袍哥社团的控制力量才能迅速推动着。

行仁义差不是他们教条上的宗旨，仁义即是一种社会标准，是一种基本的社会控制，较富的救济穷的，失业的可由社团代找职业，有困难大家扶助，有冤代伸，有仇同报，为了江湖上的豪义，可以整月整年的招待"跑滩的"或来耍的旁的会社的人，共同过着有严密组织，有控制能力的社团生活。

社团中的阶层现象（Hierarchy），也应在此提及，它执行严密的社会控制作用，又系一种隐约的政治形态。舵把子是上层人物，是领袖阶级，施发号令，职掌一切，最下层的小兄弟是服从命令，接受控制而推行的。中间的这几位哥子,三哥、五哥、六哥、八哥、九哥等接受上面的命令而传达下去,他们可称为中间阶层(Intermediate Class)。每一层的人,都有他们应享的权利与应尽的义务。好像政治集团中的领袖与其臣属一般。

社会各方面都与社团有不同的关联,而整个望镇社会也受着这种隐密会社的操纵、控制而有新改变:会社的一切受着每个会员的互动关系的约束,而会员本身也受着互相的反应而有不同的发展。由于社团中社会化作用,而深入到望镇农村的广大人群里,社团力量的广度性蔓延着,而社团份子的特殊力量,作用却相对的减轻了。社团中新的份子激增着,无形中改变了一贯的神秘作用,社团首脑的威风也大逊往昔,在下二章我们要介绍雷大爷的威风时代与他的现在,以作为对此观点的引伸。望镇社团现已渐脱离"仁义"与"豪勇"的标准,往往牺牲人民大众的利益走向阶级自利的路,甚至不惜为旧制度及封建残余的帮凶,这是非常值得惋惜的。

第四章 旧礼教的逞威

沿着河坝不远,就有一条曲折的小道直通至燕大的农村服务处及附近的一带农家。路旁杂色的树不规则的生长着,间或夹傍着几株高大的竹树。一个阿弥陀佛的神像在树前直立着,这是一个迷信的代表物,是专为死魂超度所用,同时也是镇压邪气的祭祀品。

一个哀艳的故事在村人的口中传述出来,很多人经过了这儿都沉郁的低下了头去,他们在思索着父亲杀死女儿的这一幕惨剧。即使是在现在,思想还不甚开通的乡人看来,那做父亲的心,也未免过于狠毒了。

　　还是在六年以前，当淑英只有八岁的时候，大姊淑清（雷黄氏的女儿）却已是一位业已长成的少女了，她没有机会接受更高的教育，所以在念完了私塾以后，就一直在作女红，无事时则在家闲耍，那时家里正请来了一个缝衣服的裁缝，年纪很轻，在很多接近的机会里，他们非常的要好起来。

　　一阵流言传播了望镇的整个乡村，有人甚至还在传说着他们曾干过不名誉的事。这消息传到雷大爷的耳中，他大嚷着要将这一对人活捉出来，母亲知道了，便悄悄将女儿从后门放走，他们暂时躲在城内小裁缝的父母家中，父亲带着兵亲自将二人逼回来，在家里就绑上了绳子，用枪逼着走上了河傍，雷大爷的眼气直了，他的声音颤抖着，女儿的脸也变为青白色，那个年轻的裁缝也直哆嗦，他们依然倔强的沉默，未替自己作丝毫的辩护。

　　这是一个形［行］将押赴杀场的行列，父亲要对他亲生女儿开枪了。很多村人不敢出来看这一幅悲痛的场面。他们在屋中偷偷的哭泣着，私语着，默祷着。好心肠的人赶着出来拦阻这杀气腾天的父亲，然而，他却怒吼了："妈的，那［哪］个要劝老子就连他也一齐开刀，我的手枪是不认人的啊！"就因为这样，很多人生气的退了回来，有的人吓得再也不敢言语了。他们唯有静静的等候在河边杀人，因为大爷凶狠的脾气是街坊们常常亲身领受到的。

　　他们一直的走到河边去，年轻的一男、一女被绳绑着走在前面，第二个跟着的是拿着枪的父亲，第三个是拿着蜡烛、钱纸，在哭泣着的雷大娘，随后跟着的是社团中的几个兄弟。

　　临刑之前，父亲在说了："大女，没事就不要回来啊！""是"。父亲又说:"不要回来把屋头弄得乒乒乓乓的呵!""是。""你要报仇就去找那个害你的,不要找我!""是呵"。年轻的女儿依然埋着头硬声的回答。

嘭的一声开枪了,先被打在河里的是那个男孩,紧接着的第二声便是二女子也被打下了河里,街坊中有两个好心的在叫了:"能救起人来的,我愿意给钱,我愿意给钱。""请大家做做好事罢!"然而,在河里跳下去的两个弟兄,反而把女孩的头更死命的往水底压着,他们好像对死者有宿怨一般,河水急声的奔腾着,冲走了这一对人世间的怨男怨女,这一对旧礼教所淹埋的可怜虫!

结束了这一个枪杀的任务,第一个离开此地的便是怒气冲天的雷大爷,雷大娘在凄风苦雨中烧完了钱纸也回到了自己的家,村人们怀着一颗颗沉痛的心也陆续离开了这块血地。然而,在全店的那一个母亲的心却已被撕裂了!一个旧家庭的女人面对着这切身的悲剧在维护家庭体面及丈夫威望下使她不敢大声哭出来,为了免得接受更大的羞辱,她只能偷偷的饮泣着,她只能将无限的痛苦及无穷的辛酸都埋葬在自己的内心。她不敢大胆的站出来袒护自己的女儿,她不敢洗刷女儿的冤屈,她只有深深的苦,静静的忍受着这哀悼的默念。

裁缝的父母也鉴于大爷的威风而不敢出来要人,只有痛哭流涕的把儿子尸首捞回掩埋去了。显然他已屈服于社团大爷的控制。

这事发生了,一位好心的校长太太李姆姆曾因之而大大的悲动[恸]着,雷大爷只在北门上岸尸首捞出的地方薄薄的埋葬了他的女儿这件事,更引起她大大的不满,从此,李姆姆也就没有安宁了,她说自己有罪,没有救得这孩子,便深深的自责着,她的神经渐有了不正常的变化,常常的,她呆想着,哭泣着,神经质似的自语着,她拣了一个天气和暖的早上,到附近的一个庙堂,替死者祷念。回来以后,她说在镜中见着了淑清的影子，以后的日子，她就更形疯狂了。丈夫李校长的爱牌如命，家境贫脊［瘠］，自己不能好好做人。淑清因未能救出以致死，自己的女儿又得了肺痨病，这一切，磨难着她，六个月以后，在昏迷、疯狂的状态里她投河自尽。

李姆姆的死这个事态的发生，归因于雷大爷杀死了女儿之另一事态变动之所致，所以李姆姆的死是雷淑清之死的一种功能，二者之间有功能关系。而雷淑清就是当时乡村的一种保守的社会制度，一种闭塞的习俗，一种流言暗示之控制下的牺牲品。自己的父亲又是当时社团中的威望阶级，自己的亲母又过于懦弱，不能得势，社团中对于女人的贞操又看得那么严肃，所以，在不问青红皂白的情形之下，她遂被杀死了。

在雷家之中，原来就有一种常态的均衡之势存在，但自从淑清死后，均衡的状态被打破。李家也是同样的有被扰乱的情形。但是在过了许久以后，才有新均衡产生。

社团中的人也没有感觉到这事的过份严重，他们觉得这种处置是不容非议的，没有人想到雷大爷是犯了刑事案，应关闭下监的这个观念，在当时社团中尚未诞生。那时候的地方势力实际全盘握在他们的手里，所以按法律规律而有的社会控制就不能达到袍哥首领的身上。

望镇的袍哥们对于女人的观念是看得非常严格的，他们不喜欢地方上比较有自由思想的女人，浪荡的女子那更是他们的眼中钉，可见传统的习惯，陈腐的风俗，这种无意的社会控制对于他们真有根深蒂固的影响。设若谁违背了旧礼教的俗例，就会受社会的轻视（Social Disapproval），及大众的反对。

在望镇，有两家军人后代的家庭，一个姓何的，父亲早已去世，一家姓余的，父亲远在桂林。这两位母亲都是非常溺爱自己的孩儿们的。所以，这两家女孩子的作风难免与乡下女子有些不同。态度活泼，举止不免有些轻挑［佻］，并很不在乎的接交其他中学的男学生做朋友，差不多许多乡人们都很歧视他们，有顽固头脑的雷大爷更坚决禁止雷淑英与他们一道玩耍。有一次，他看见淑英也跟他们在一起，他气极了，又要推她下河去，幸亏雷大娘很快赶来，大骂一顿才罢休。

他对于男人们的观念就有些不同了，他觉得男人可以传宗接代，可以支撑门户，他们对人的态度却可以随便的。

雷大爷愿意拿出钱来为自己的儿子上学，愿意留钱为他将来做生意。他决不情愿拿钱为雷淑英受教育，一方面也因为她原是人家的孩子，他以一付继父的面孔很严厉的等待她，希望她能早些嫁出去就完了。

雷大娘常因他对待两个孩子不平均而与她［他］口角，但也没有任何结果。设若具龙没有念书，则淑英更没有念书的可能。所以，雷大娘总在设法让具龙能报名入学。她以第二个母亲的资格督促着，为了要使淑英也有念书的机会，因为她可以从男孩念书的费下拨下一部分为自己的孩子。

做母亲的心是很苦的，这一笔小的费用究竟不够缴纳学校所规定的一笔大数目。故常使她当耳环，变卖手饰，来补足女儿的学费。

具龙对于念书可说毫无兴趣，常常喜欢逃学，女孩淑英比较聪明用功，她在家常以小先生的资格教解功课给她哥哥听，这样，母亲心里高兴了，她很炫耀的告诉旁人，好强心的雷大爷，却因此而感到更大的不满。

他不喜欢雷淑英好闹的性格，不太严肃与嬉笑的态度，他觉得女孩太嚣张了未免给他扫失了面子。在学校游艺会有淑英表演的时候，他总是很不满意的低下了头来，相反的，雷大娘却显然比平常更为高兴的有说有笑，觉得女儿能出风头是母亲的光荣。雷家的家庭争闹常因此而产生。

由于雷大爷对女人有卑视心理，在使女俊芳的身上表现得最为强烈。俊芳原是属于离此地有百里路之远的黄家坝上谢家的童养媳，在前年，因为不堪婆婆的虐待而逃出来的。以后经人介绍来到了雷家，每日烧饭、洗衣、缝补。俊芳的性情很古怪，有时还很近于倔强，她不像其他佣人们的乐天安命，她懂得奴役是很痛苦的事，常想反抗。在紧张工作之下，她总希望能偷得一些空闲，一点睡眠的时间，或者在厨柜偷吃一点东西。然而正因此，而常受到申斥，有时叫换［唤］来慢了，雷大爷就会不留情面的大声吃喝起来，俊芳就倔强的顶撞两句，结果遭受而来的便是一顿毒打。三、四天了，俊芳的手上、身上、臂上还是一块一块的铁青着，挨打的教训并没有改变她的性格，反而使她更加倔强起来，在下一次同样情形中，她又遭受到更惨的毒打。

在厨房里，便是她的世界。长年老周，短工老李、小王，还有几个田里下力的，都是她比较熟悉的朋友。在这里，常会听见她歇斯底里亚的怪笑声，遇见有谁欺负了她，她也会骂出世界上最难听的烂语来。她会暗地里咒骂雷大爷的性命，咒她婆婆的死，十足代表没有受教育，受压榨，具有深厚野性的女人。

她的命不好，所以只能为丫头，这是雷大娘翻过了命书以后的结论。

迷信的思想在雷家迷漫着，堂上的神龛，赶鬼用烧香，敬菩萨，路旁所立的阿弥陀佛的神像，这一切，均表现全家具有信奉鬼神的迷信色彩。雷大娘也因相信着李姆姆镜中所见淑清的魂像而深感不安，街邻中也偶尔制造出一些见鬼见神的神话。六月里，望镇桥畔涨水，冲走了土地菩萨的石像，如是大家争相诉说着，这是因为土地公公与婆婆吵了嘴，所以籍［藉］此分家。可见迷信传播及社会制裁所属宗教力量的广度性。雷大娘曾讲过雷淑英前年害重病（昏迷不醒），因为拜结了一个同属性的干妈，因而痊愈的故事。在拜接［结］的时候，有一套送礼的手续，先是由干女儿这边送去一刀肉、几十个鸡蛋、一双袜带、一对红烛、一把香，由雷大娘扶着正在病中的女儿，上干妈家去，点好了红烛与香，向干妈叩头，干妈打发了一千壹佰块钱，接受了礼，拜亲的一幕也就此完结，淑英的病也就好了。这件事雷大娘至今仍念念不忘。

说起雷大爷的封建脑筋，这儿可提起他的另一件事。四年前的雷明远，依旧是凶狠著名的，谁家的闲事他都想过问，自己家里的事那更是管得更严格了。说起雷大娘的娘家原姓郭，有一个姐姐嫁给龙泉驿的黄家，丈夫早已亡故，雷大娘与原夫离异以后，就把淑英寄放姐姐家照管，改名为黄亚光，五岁的时候，雷大爷喊把孩子一道接上来，所以黄氏也乔住成都望镇，开一座茶店，一方面以小生意过活。

淑英与姨母关系差不多比对自己生母还要密切，而姨母也最喜爱她，在店上也常因打牌而招揽许多客人。一阵流言又传播开了，据说，某天晚上，黄家寡妇店上留宿了一个马姓的客人，这消息传到了雷大爷的耳里，又引发了雷霆大怒，拿起了手枪又要去杀人，雷大娘急煞了紧跟在后面，到了店上，很多人拉扯劝说着，淑英的姨母吓得从邻家逃走了，如是雷大爷两手将铺里的茶碗、杯盘、玻具、碗柜摔得一干二尽，棉被、衣裳撕得稀烂，并发誓以后要见着这个浪女子，一定要将她活活杀死。以后，黄氏只得定住在城内，过小生意渡［度］日。

这件事的真实性并未完全证实，冤枉的可能性极大，即使是真的呢？在旁的地方，寡妇与人同居的事实最多不过是受誉［舆］论的制裁和旁人背后的非议罢了，决不会受当众侮辱或甚至有性命之忧。要是是假的，那还会有提出名誉受侮辱的控诉，在一个旧礼教笼罩下的乡村，一个舵把子的家庭，是不能漠视谣言的中伤性的。即或是冤枉呢？只要是不名誉，有损大爷的颜面问题，则他也会很自然的接受谣言的社会控制，而有非法制裁的举动。

依上所言，社会控制，一部份［分］是人为的，一部份［分］却是在共同生活时发生的。自然发生的社会控制，不但对于社会改进无甚贡献，有时尚可以梗阻社会的进步，例如这种守旧的封建积习，就会对弱者有伤害性的作用。但是道德控制与宗教控制在正确使用方面说来，未尝不是一种好的改进社会的方式，然而，只要在这方面起积极的善导作用，而非恐吓与谋杀，就好了。

近两年来，雷大爷在外面有些失意，不能发出以前的威风，整个社团的势力范围虽然倍增往昔，然而在其深度方面，威力发挥大不如以前了。雷大爷在社团中也不太能得势，施展权威的对象只能发泄在家内，在家里好像一个活阎罗，动辄就上天下地的大骂，也只有雷大娘可以制服住他，就因此，夫妇间的感情也越来越坏了。雷大爷常很深夜的才回来，很早就出去，在外显然是有什么新耽搁了。雷大娘尽力追寻外出的原因，整个家庭都在不安宁的状态之下渡着，照旁观者看来，这个家庭的不大健全的结合显然是在动摇之中。而整个社团之中的联系工作也不如以前加紧了，他们在懈怠中放弃了向上追求真理与时代潮流配合的勇气，而甘与另一批特种人物为伍，而淹没自己的英雄气息了。

第五章　首领的没落

钱塘江的浪潮有高低起伏，在人的世界里也累积着无数边际上的"明儿黄花"。由于时代的判断，很多人抬高了身份变为今之宠儿。同时也有许多英雄遭遗弃在淡漠的空虚里。这就是所谓时过境迁，环境促变。

时代的巨轮突飞猛进，淘汰了腐化的陈物，在今天，一切都朝向着进步的方向，旧的残渣业已到达该被铲除的时候了，没有人敢阻止变。

一个空洞的声誉会因着生命的死去而消灭，会因着旁人的鄙视而低减，会因着自己的无能而失掉意义，也会因着他人的憎恶与唾弃而整个改观。

在最近，雷大爷与社团中其他首领们的遭遇就是如此。他们曾因着家中的田产个人的财富而挥霍的炫耀过一时，也曾因着自己英勇武行的表现，而到达黄金时代中一流大爷的地位。然而，在家庭经济趋向于破产，在武功方面也不能维系原有的地位及领导弟兄们的时候，他们的声名逐渐动摇了。从人群赏识的最高峰中，骤然的跌下，由首领的地位几乎一变而为贤[闲]大爷了。

由田产而引起雷大爷的没落，是因主人尤姓的四十亩田因为雷家未能按时缴租而另佃了旁人，这件事是他遭受打击的主要原因。

在民国三十四年的腊月，有一次转佃的请客仪式，新佃户蔡家请客，左邻右户及地方社团都请到了，并出五十担米给雷家，雷家住屋（原属主人所有），现也属于新佃客了。

按迷信，腊月里切忌搬家，他们暂时只退出了正屋，由大厨房搬到小厨房里，这好像一个大家庭要趋向于没落的预兆。

小厨房的梁上挂着一刀蔡家送来的腊肉，雷大娘曾感叹的对家人说："二天吃着这肉的时候，就可以想到屋头是哪个垮起走的啊！"并替它杜撰了一个新名字，称为"垮杆肉"。

雷大爷仍旧是清晨而出，夜半方归，藉口在烟铺子料理店务。从九月起，他又恢复了抽大烟的嗜好，并逐月的逐渐增加份量来，每一星期的用度为八、九千元左右，这额外的一月三、四万元的消耗，又成为家庭中的一大负担。

具龙一直也没有考取学校，为了家庭环境，以及他自己的兴趣，他选择了上成都外西XX汽车修理厂当学徒的一条路。素来很内向性的这个孩子，与自己亲身［生］父母间又没有好感情，去了以后一直二、三个月都没有回来。他说在新地方干得还很有劲，这也许是他逃避家庭，逃避念书的一个藉口罢！

学徒习艺时间为三年，三年以后，才能出师。学徒制度在现存的经济形态下是资本家利用幼小劳动者的一种最畸形、最无理、富有剥削性的坏制度。许多像具龙一般年纪，正在成长中的孩子，每天都在名为学艺，实则整天作牛马养活着终日无所事事的老板和他们的家小，供他们驱役，在这整整三年中没有丝毫工资的报酬，差不多把他们成长中的生命力全部断送在这机械的劳动里了。

雷大爷不会不知道学徒的将来是没有前途的，雷大娘也不致于看不清这些。然而，客观的说来，淑英的依旧缴费上学，和具龙的学艺，这一个逐渐分开兄妹之间的距离，可见雷大娘对具龙缺乏亲母的爱是无疑义的。

雷大爷依旧很欣慰，聊以解嘲的说，在这三年之中，要储蓄几百万块钱，等到具龙学成以后，买一部车，让他做生意，在车上带货物,这就是俗称的"跑车"。然而,照这样家庭环境非常困难的情形看来,这句话恐怕不大能实现了。

这个腊月,对于雷家真是一个灾难的月份。主人终日在外,雷大娘也经常的上外走动着,淑英和老周及俊芳在家,他们一块吃着几样泡菜,一道聊天,隔壁蔡家的机杼声不停的响着,与这冷清的庭院,显然有一个强烈的对比。

晚上,母亲带着女儿很早的就上床睡觉了,夜深时候雷大爷才蹒跚的由外边回来。他的像貌显然与暑假时有很大的改变,整日抽烟使他脱离与社团人士的密切往来,瘦弱枯槁般的脸形,皮包骨的身材,他丧失了旧有魁伟的体格与英雄的气概,他没有精力管理社团的一切活动了。

至于袍哥份子互相利益的协助,他还是享有某些权利,例如开烟馆子,私地贩卖鸦片,显然是一种犯禁行为。但,他一方面藉着大爷的地位,同时勾接[结]了一个当地的缉查(特务人员)一块经营,所以,他的店能够不受阻挠的开着。在当地也还有其他的两、三家烟铺,也都是依赖着这种相同的地方关系,行犯禁的事。

腊月二十八到了,望镇袍哥按着旧有积习,在土庙上开了一次同聚的会,大家猜拳行令,大鱼大肉的闲耍一番,在自己的码头推完了牌九,一堆人打着扑克,抱着输赢喜悲各自不同的心境,回自己的家。

袍哥惯例,正月初一是在自己家里过年,正月初二是给正舵把子拜年,全体兄弟都送礼去,然后招待吃酒,正月初三是给副舵把子拜年,正月初四始向三哥拜年,以后就轮到五哥(两个管事),再往下推,辈数小的兄弟在正月十五以前差不多天天都可以吃油大,然而,也需要天天送礼。这是一笔极大的消耗,这是风俗和传统思想所形成的一种社会制度在社团中所发生的效力。

在今年，因为经济环境未能允许请百余位的弟兄，所以副舵把子雷家很早就发出今年恕不招待客人的消息，在初二那天，也拒绝了收礼。所以，这一次的习套算是免了。在正月初三，雷家还是叫了一桌席，请的是抽大烟的朋友和客人。显然他将永远沉溺于这种生涯的。

经过了几番催促，在腊月三十号，具龙也被雷大娘喊回家了。

正月初一，雷大爷也破例的没有出去玩，把烟盘子带回了家里躺在床上抽，淑英和具龙乘机会劝他，兄妹俩互相讲着鸦片的坏处，要他把家业再撑起来，把烟铺闭了。米卖了以后，再经营别样生意。淑英并说："父亲：你看你身体多坏了，这都是烟害的，设若把烟戒了，身体恢复了原状，又有了气力，大家过得高高兴兴的，多好呢？"今天的雷大爷，也变得和蔼起来了，也微笑的说孩子们的话也很有道理，说自己以后一定也要戒烟，雷大娘听了也非常高兴，大家坐在一起高高兴兴的吃过年饭。

今年过年，比较简单，早上起来，大家互相说吉利的话，孩子们向父母亲拜年，父母也说些祝贺两个小孩子的话，比较正式的一点仪式，就是具龙穿起马褂代表全家向神像及祖宗灵位叩头，完毕后在门口放了一挂鞭。

正月初五过完了，雷大爷又恢复了他惯例的生活，又在烟馆子里消耗着。他仿佛业已忘记自己曾经说过想戒除大烟的话，又加倍吸食起来。十五的小年过完了，家里已没有菜钱，雷大爷只肯零星的给一点，如是两人就大吵起来，雷大娘哭嚷着要去抢他的大烟盘子，吵一次架的结果是再拿出一点来多维持几天家用。

转佃的五十石米，由雷大爷个人经手三石、五石的卖出去五、六次，只剩下三十几石米了。雷大娘没有亲眼看见米钱的交易，对于雷大爷的这种对待她的方法，她也只有不过问。

正月十九，家里发生了一件很大的事情，就是丫头俊芳在半夜里偷跑了，雷大娘说，还偷走了淑英的新棉袍、蓝布大褂、布料、几百块钱、短衣裤、袜子毛巾等。

雷家出了这事，正舵把子佟念生听了表示很愤怒，一个舵把子家中丫头居然会给人拐跑了，这是一件有关望镇这忠义社团的威望与体面的事情，所以，命令兄弟们火速破案。

三天以后，兄弟们报告：俊芳现已搬运至离望镇五百里左右的一个小凤山，带俊芳逃走的那个老李也是社团中的一个兄弟，老李的哥哥也是在地方上当缉查，拥有相当的势力。这案子的处理就比较棘手了。

佟念生分析这案子的原委，知道俊芳偷跑是在遭受了一顿毒打以后，带着遍体伤痕而逃出虎口，这是一个出于自卫的行动，无形中就把案子的严重性减轻了一大半。

对手的势力既非常可观，正舵把子对此事的处理又比较淡漠，自己的威昔［风］又不如往昔，雷大爷也只有在一种无可奈何的状态之下不了了之。

俊芳逃走时所偷衣物，雷大娘说应当去追回来，她并不太重视要捉回俊芳，因为她知道去捉回来事实上不太可能；即使捉回以后，社团的处分依旧会很轻，说出原委对雷家更不体面，俊芳已经很大了，逃出去一次更会关不住。再说，她也做不了甚么事情，并且，俊芳也算过命，命书上就写明了她的命苦，与雷家每人五两骨头重的命比较起来，俊芳只有一两二钱，雷大娘更诉说着，家里这一两年以来开始倒霉,都是俊芳这个苦命根子牵累的。例如,她一来了,母鸡给黄鼠狼吃了,小鸡喂不长,六条母猪相继得猪瘟而死。紧接着,门也关不住了,厨房锅铲也在响了,田里的收成也不好了,到现在爽性连田也种不成了,还要被赶搬家呢?所以,结论:俊芳是败家精,她远走高飞还可以让屋头转运。

因此,她说可以不要人,但是坚持拿走的衣物是要追回来的,社团中的兄弟对于追回衣物的事也并没有下太大的努力,他们觉得既然雷家从来没有给过俊芳的薪金,那么偷走几件衣物的事也似乎可以作罢。他们用另一种方式在劝雷大娘:"俊芳偷走了都已经用脏了的东西,你还要它做甚么呢?"这样子用自尊感的方法来刺激大娘的身份,以劝慰这种有力的社会控制的暗示方法,使雷大娘也不好再出口追究失物了。

佟雷二家数年前就因为争权夺势的关系而互有仇隙,这次,俊芳的偷跑就轻描淡写的过去。佟大爷没有过于追究,这也是一个主要原因。雷大爷自己也只好自认晦气,表面上却以一种宽宏大量,不在乎的态度处之。

阳历二月十七,淑英的学校注册开始,淑英的学费照通知即有六万余元的庞大数目。雷大娘就正式向雷大爷提出去卖两石米,雷大爷唯唯可可的答应着,正在此时,又酝酿着另外一样事件,雷大娘从旁处打听而来的消息,说雷大爷又准备与另外一个女人结婚了。这女人也是再醮的,只有母亲,家里有三十亩田,住成都外西,也是开烟馆的。她还烫的头发,穿的蓝布长衫,很时髦,传说在XX小学当教员呢!这消息给雷大娘知道了,先没有声张,只同他吵要交女儿的学费。大爷没有应承,她就跑去嚷着告诉刘子兴,从管事手里拿了七万元，替女儿交了学费。

二十号就正式发作了，大哭，大骂，大吵，要同雷大爷离婚。一方面大骂那个坏女人，要跟她拼命，一边披头散发的诉说自己苦命，如何撑家，如何帮他闯社会等。以最下流的话比喻自己的丈夫与那个坏女人，雷大爷只鼓着眼睛没有回答，过了一会，穿上衣服就走了。

雷大娘独个进了城，买了两张呈纸，请一个旧相交陆某帮忙，一面又告诉一个肉铺的姓刘的（雷家最熟的朋友），请他管理此事。自己回去以后，就把行李、箱子一起收拾好了，准备离开这个家。

然而，她的心里却一直在犹豫着，同时，这样的问旁人，要是离了，自己走那一条路？带着这样大的一个女儿，还要供她念书；要是不走，显然自己又输不下这口气，守着这样一个鸦片鬼的男人，还要和他的小老婆住在一起，雷大娘的颜面又存于何处？所以，她不肯也不甘心自己妥协，想决定请律师递呈子告状，要把雷大爷的烟盘子拿到法院里去。另外，就定二十二号那天，请大爷们来评理，了清这件纠葛。

管肉铺姓刘的那人特意来到雷家，想帮忙处理此事。他见着了默不做声的雷大爷，很不理采［睬］来客，好像家里甚么事也不曾发生过的。雷大娘也在一旁气鼓鼓安静的坐着，在不好亲自启口问的情形下，他只好坐一会就走了。

袍哥社团的兄弟们知道了这一个消息，便准备用劝慰、说和、调解这种传统方法来管这件家务事。

首先出头的五哥，（内管事）刘子兴，先用许多话语劝慰雷大娘，然后再去探询一下雷大爷的口气。雷大爷依然以不大理会来轻待客人，暗示着他的家务事不由旁人来干涉，刘子兴碰到了这样一个软钉子，心里气极了，如是就告诉旁的弟兄，一方面通知雷大娘说："雷明远既然这样神气,居然不看重兄弟伙的情份,那么,你雷大娘只管向法院里去告,出了事有我们弟兄替你撑腰。"

这样的风声传出去以后,雷大爷的态度就有些软化了。他不能再以一个社团领袖的身份来漠视国家的法律,他也不能再在一批弟兄伙中间耀武扬武[威]了。因为他自己的黄金时代已经过去,同时整个社团的威风也在低降的状况中。他只得掉转头来用比较和蔼的态度对待他的妻子和社团中的人士。为了改换这一个僵局,他给了三千元为淑英零用,又给了菜钱,并问雷大娘搬家的事,他们在全店往西的回回巷找了一个新地势,那里住着两家推车的邻人。

雷大娘究竟没有插翅飞走的能力,所以,也乘着这个缓和的空气下台阶,不再吵闹了。无可疑义的,她依旧是这没落情势状况之下的雷大爷妻室,因为她已习惯于雀笼的生活了。

娶亲的事谁也没有提起,这只能算是日暮途穷中雷家的一点生活波澜,本文结束时候的一点点缀吧了!

一个将近日落的黄昏,当山上的小鸟正在建筑一个新的巢穴的时候,在往城西走的路上,看见清癯黄瘦,俨然一付皮包骨的雷大爷,挑着一担日用的家具,后面跟着的依旧是雷大娘——他的第二个共甘苦的妻室。

在这狭小阴暗的两间住屋里,把烧烟馆的家具都一齐搬来了。在这里,又继续经营了贩卖鸦片的行业。雷大爷依旧是终天躺睡在榻上,过着烟瘾,也许在这新居,他会断送未来短促的余生。

雷大爷的成长与没落和社团势力的增减起互相刺激的功能关系,他们将他捧上了社团舞台,同时也将他遗弃在大众的鄙视里,没有金钱的挥霍,没有武力的支持,没有才能的显示,没有心腹的帮助,他只能在社团中活动了十几年。这里所写的是他一部简略的传记式的兴衰史。

在这里，我们也看出望镇社团十几年来所进展的过程。由于这些汉留（袍哥）本身所具有的社会化力量使加入者日众，的确他们的范围是增广了，由狭窄的区域所着重深入的力量一变而为偏重推广的范围，而忽视深入性只重表面的作用，相对减轻其原有的秘密性与重要性了。既然大家都很容易有这种集团的关系人物或甚至自己愿意"海"袍哥（加入的意思），就可以参入其间。如此，社团中的人物不再被称为特权阶级的人物，也无所谓特殊力量与神秘作用了。当然他们尚有原始性的势力范围的。

社团的新陈代谢力量，使本文的主人公走上了没落，也许在最近一、二年中，雷大爷在这新环境中更会销声匿迹，雷大爷的前途无疑的是可悲哀的，而类似雷大爷这种人物的其他社团领袖的前途也是可悲哀的。这是本文结束以前对于发生的新事态一种预测。

分析了这一个乡村中很可悲哀的在衰颓中的袍哥内幕，同时也要提出其他地方许多开明进步的袍哥集社让人兴奋的事实。有许多兄弟伙们正走向光明的途中。例如成都发行的大义周刊，就代表一个言论正确，态度严肃的一个袍哥机关报，文章内容以发扬袍哥固有美德及精神为前提，并阐述袍哥结社之理论基础，尤其对中国和平民主团结运动呼吁不遗余力，内中论调颇多精辟独到之处，是值得一般民众所学习的，他们是值得赞扬的。他们没有脱离中国人民的岗位。

然而，在望镇的袍哥却遗忘了这些，忘掉了他们本身的历史意义与价值，一个从人民中生长起来富有革命性（反清反贪官的宗旨）及维新意义的团体，居然背叛了人民的利益，而打入腐朽的官僚集团内，腐化，恶化，死化下去，不积极的建树，没有一个中心前进的目标，不事生产，而只聚会了一推［堆］无业游民、小偷、强盗、到处耍枪逞凶，贩烟土，开赌局，强刮民脂民膏（乡长以袍哥及地方首长双重资格刮地皮，不合理征赋税入腰包），并欺压妇女，干些无耻的勾当，这些可说是望镇社团命运遭受打击，及他们的领袖声誉趋向于没落的主要原因，他们会被遗忘在其他那些富有进取及革命意识的袍哥社团的后面，所以，本文说明这个乡村腐朽的社团将要淹没在新时代的浪潮里，是依照功能观点而观察出的一个未来事态的预测。

附 录

一、"袍哥"与"海底"之缘起

"袍哥"一名"汉留"，它的崛起，始于郑成功之金台山，成功悯明室之亡，痛生父之死，乃于顺治十八年九月，与所部兵将，约会金台山，效法桃园，崇奉圣贤，以汉留为号召，约盟来归者，四千余人，秘密结社，开山立堂，是为袍哥之始。

有《金台山实录》者，即当时之组织书，亦为今日汉留之历史教材也。康熙二十二年，清兵攻克台湾，郑子克塽，恐先人遗物，被敌攫去，遂将此书用铁匣装妥，沉之海底，故后称社团之组织书为《海底》者本此。

二、"袍哥"之定义与别名

"袍哥"虽有别名，然综其意义，均原富有民族精神，革命思想也。试分别解释之：

"袍哥"　诗经云"岂曰无衣，与子同袍"，言其相爱与兄弟同袍泽之意。

"汉留"　汉族遗留，复明灭清之意，并示民族革命精神，万世永存。

"光棍"　一尘不染谓之光，直而不曲谓之棍。

"袍皮闹"　以袍哥称"皮"，皮者革也，即改革之意，政治腐败宜革，社会不景气宜革，教育不良宜革，思想不良宜革，汉留所负使命为改革，"袍皮闹"者就是闹出世界的意思。

45

三、袍哥令集举例

袍哥集会时，常有因开堂、赞香烛、迎圣、接客、栽［裁］牲各样不同事体时而有类似诗句一般之集令，称为袍哥令集，以管事所传者最多。

现略举一、二令如下，以示参考。

"开堂令"　天开黄道日，龙门大吉昌，

　　　　　英雄齐聚会，禀开忠义堂。

（此令系开龙门，不拘何人可传）

"安位令"　黄道天开大吉昌，英雄齐集忠义堂，

　　　　　自古当仁原不让，各归方位序排行。

（此令为大哥传）

"汉留令"　天下袍哥共一家，汉留意义总堪夸，

　　　　　结成异姓同胞日，俨似春风棠棣花。

（此通令为管事传）

四、"袍哥"对内禁条　"十条三要"须为"袍哥"所遵守者

父母要尽孝，尊敬长上第二条，第三莫以大欺小，兄宽弟让第四条，第五乡邻要和好，敬让谦恭第六条，第七常把忠诚抱，行仁尚义第八条，第九上下宜分晓，谨言慎行第十条。

此外还有三大要，一个色字便含包，（一）若逢弟媳和兄嫂，俯首潜心莫乱瞧，（二）见着妇女休调笑，犹如姊妹是同胞，（三）寡妇尼姑最紧要，宜淫好色要挨刀。

五、"袍哥"隐语举例

被窝	拖棚子	饭馆	粉子窑
洋钱	并子	十元	一寸水
手枪	喷筒子	钞票	花花子
庙宇	哑吧窑	衙门	威武窑
当票	朵子	百元	一尺水
当铺	富贵窑	理发	栏草窑
头发	青丝子	人头	张点子
兵士	棋盘子	火药	粉子
盗贼	二杆旗	坐牢	造古文
赌博	栏把	盗墓	驾杜子
绑票	拖叶子	探路	踩窑

六、"袍哥"书籍举例

一、《汉留海底》　胡朗秋署　光绪三十三年孟春月出版

二、《江湖问答》　博爱山人校正　仁昌书局代印

三、《海湖言词》　仝上

四、《新海底》　仝上　（上下二册）

五、《革命宗旨》　仝上

征引资料目录

中文档案和报刊资料：

《巴县八庙场场市规章》，《巴县档案》手抄本，四川大学历史系藏。

《巴县团首牌团条例》，1813 年，《巴县档案》手抄本，四川大学历史系藏。

《编查保甲条规》，1850 年，《巴县档案》手抄本，四川大学历史系藏。

《成都市文化局档案》，成都市档案馆藏，全宗 124。

《重庆帮会调查》，1950 年，四川省公安局藏，原稿复印件，无档案编号。感谢赵清分享资料来源。

《国民公报》，1914 年，1927 年。

国民党省执委：《函请查办威远新场哥老会》，四川省档案馆藏，186—1385，第 158—160 页。

《四川帮会调查》，四川省公安局，1949 年，感谢赵清分享资料来源。

《四川官报》，1911 年。

《四川通省警察章程》，1903 年，北京第一历史档案馆藏，巡警部档案，全宗 1501，卷宗 79。

《四川学报》，1907 年。

《四川月报》，1930 年。

《通俗日报》，1909—1911 年。

新繁县公安局：《新繁县袍哥概况》，1950 年，四川省公安局藏，原稿复印件，无档案编号。

《星岛日报》，1950 年。

《新华日报》，1945 年。

其他中文资料：

安然：《张澜》，北京：台海出版社，2005 年。

巴金：《家》，北京：人民文学出版社，1985 年。第一次出版：1932 年。

白锦娟：《九里桥的农家教育》，燕京大学社会学系论文，1946 年，北京大学图书馆藏。

北京市社会科学研究所社会学研究室编：《社会学研究与应用》，北京：北京市社会科学研究所社会学研究室，1984 年。

蔡家麒：《试论民族学田野调查的理论与方法》，云南省民族研究所编：《民族研究文集——云南省民族研究所建所三十周年纪念》，昆明：云南民族出版社，1987 年，第 22—52 页。

蔡少卿：《中国近代会党史研究》，北京：中华书局，1987 年。

蔡少卿：《中国秘密社会》，杭州：浙江人民出版社，1990 年。

蔡兴华：《我的袍哥经历》，政协开县委员会编：《开县文史资料》第 4 辑，沈阳：辽宁教育出版社，2008 年，第 234—240 页。

曹树基：《中国人口史》第五卷，《清时期》，上海：复旦大学出版社，2001 年。

曹云生：《解放初期我军接管新繁县的概况》，政协四川省新都县委员会文史资料委员会编：《新都文史》第 15 辑，1999 年，第 1—2 页。

陈静：《张恨水研究述评》，《南京师范大学文学院学报》2001 年第 3 期，第 48—53 页。

陈茂昭：《成都的茶馆》，四川省成都市委员会文史资料研究委员会编：《成都文史资料选辑》第 4 辑，成都：四川人民出版社，1983 年，第 178—193 页。

陈少廷：《五四新文化运动的意义》，台北：百杰出版社，1979 年。

陈世松：《大迁徙："湖广填四川"历史解读》，成都：四川人民出版社，2005 年。

陈书农：《四川袍哥与辛亥革命》，政协全国委员会文史资料委员会编，《辛亥革命回忆录》第 3 辑，北京：文史资料出版社，1981 年，第 174—176 页。

陈维尊：《无尽的哀思深深的怀念：回忆外祖父沈祖荣先生》。http://zwf251.blog.sohu.com/。发布日期：2010 年 9 月 12 日；网页使用日期：2014 年 7 月 2 日。

陈旭麓、顾廷龙、汪熙编：《辛亥革命前后——盛宣怀档案资料选辑之一》，上海：上海人民出版社，1979 年。

成必成：《民国乡村教育运动及其对农村教育改革的启示》，《教学与管理》

2014年第2期,第25—27页。

程焕文:《沈祖荣故居巡礼》,《图书情报知识》2007年第6期,第104—107页。

程郁:《清至民国的蓄外家习俗与社会变迁》,复旦大学博士论文,2005年。

《成都江湖海底》,成都:刘双合刻板,1934年。感谢包筠雅提供该材料。

成都市地方志编纂委员会编:《成都市志·总志》,成都:时代出版社,2009年。

此君:《成都的茶馆》,《华西晚报》1942年1月28—29日。

辞书编译社:《新哲学社会学解释辞典》,上海:光华出版社,1947年。

戴玄之:《中国秘密宗教与秘密会社》,台北:商务印书馆,1990年。

邓锡侯:《我在川西起义的经过》,政协文史资料研究委员会编:《文史资料选辑》第17辑,北京:中国文史出版社,1986年,第19—34页。

丁帆、李兴阳:《历史的微澜荡漾在现代转折点上——李劼人〈死水微澜〉论析》,《天府新论》2007年第3期,第136—140页。

范绍增:《回忆我在四川袍哥中的组织生活》,文史资料编纂委员会编:《文史资料选辑》第84辑,北京:文史出版社,1982年,第148—160页。

方志戎、周建华:《人口、耕地与传统农村聚落自组织——以川西平原林盘聚落体系(1644—1911)为例》,《中国园林》2011年第6期,第83—87页。

法务编辑小组编:《家庭号六法全书:宪法、民法、刑法》,台北:华闻网股份有限公司,2001年。

费孝通:《云南三村》,天津:天津人民出版社,1990年。

费孝通、王同惠:《花篮瑶社会组织》,南京:江苏人民出版社,1988年。

费孝通:《六上瑶山》,北京:中央民族大学出版社,2006年。

冯和法:《农村社会学大纲》,上海:黎明书局,1932年。

冯维刚:《张澜》,成都:四川人民出版社,1991年。

傅崇矩:《成都通览》8卷,成都通俗报社,1909—1910年;成都巴蜀书社1987年重印,上下两册。

傅曾阳:《试析四川军阀长期混战之因》,《四川师范大学学报》1989年第6期,第80—84页。

耿云志、陈于武:《开放的文化观念及其他:纪念新文化运动九十周年》,北京:国家图书馆出版社,2009年。

顾　复：《农村社会学》，上海：商务印书馆，1924 年。

关汉卿：《感天动地窦娥冤》，《关汉卿戏曲集》，北京：中国戏剧出版社，1958 年，第 487—924 页。

关汉卿：《单刀会》，《关汉卿戏曲集》，北京：中国戏剧出版社，1958 年，第 1—50 页。

关志钢：《论抗日战争时期的新生活运动》，《抗日战争研究》1992 年第 3 期，第 143—159 页。

冠　群：《成都的"袍哥"》，《周末观察》1948 年 3 卷 7 期，第 14 页。

郭汉鸣、孟光宇：《四川租佃问题》，重庆：商务印书馆，1944 年。

郭建等撰：《中华文化通志·制度文化典·法律志》，上海：上海人民出版社，1998 年。

韩明谟：《中国社会学调查研究方法和方法论发展的三个里程碑》，《北京大学学报》1997 年第 4 期，第 5—15 页。

何建华：《晏阳初的平教运动及县政改革实验》，《东南学术》2008 年第 1 期，第 61—68 页。

何一民编：《变革与发展：中国内陆城市成都现代化研究》，成都：四川大学出版社，2002 年。

胡国台：《家谱所载家族规范与清代律令：以钱、粮、刑名与社会秩序为例》，联合报文化基金会国学文献馆编：《第六届亚洲族谱学术研讨会会议记录》，台北：联合报文化基金会国学文献馆，1993 年，第 267—311 页。

胡汉生：《四川近代史事三考》，重庆：重庆出版社，1988 年。

黄曼君：《沙汀"左联"时期对现实主义的探索》，《中国现代文学研究丛刊》1980 年第 3 期，第 100—121 页。

黄曼君：《论沙汀创作的现实主义特色》，《华中师范大学学报》1981 年第 3 期，第 4—13 页。

黄曼君：《论沙汀的文化意识与现实主义创作》，《中国现代文学研究丛刊》1993 年第 3 期，第 117—137 页。

黄权生、杨光华：《四川移民地名与"湖广填四川"：四川移民地名空间分布和移民的省籍比例探讨》，《西南师范大学学报》2005 年第 3 期，第 111—118 页。

黄裳：《茶馆》，彭国梁编：《百人闲说：茶之趣》，珠海：珠海出版社，2003 年，第 299—301 页。

黄天华：《国家统一与地方政争：以四川"二刘大战"为考察中心》，《四川师范大学学报》2008年第4期，第94—101页。

黄廷桂等纂修：雍正《四川通志》，1733年。

江波编：《神秘文化》，北京：中国物资出版社，2010年。

金牛区地方志编纂委员会编：《成都市金牛区志》，成都：四川大学出版社，1996年。

匡珊吉、杨光彦主编：《四川军阀史》，成都：四川人民出版社，1991年。

赖悦：《清代移民与四川经济文化的变迁》，《西南民族学院学报》2000年第5期，第147—153页。

蓝炳奎等修：《达县志》（民国时期，1912—1949）。

蓝勇：《清代四川土著和移民分布的地理特征研究》，《中国历史地理论丛》1995年第2期，第141—156页。

蓝勇：《清代西南移民会馆名实与职能研究》，《中国史研究》1996年第4期，第16—26页。

雷兵：《"改行的作家"：市长李劼人角色认同的困窘（1950—1962）》，《历史研究》2005年第1期，第20—33页。

雷洁琼、水世琤：《燕京大学社会服务工作三十年》，《燕大文史资料》第4辑，北京：北京大学出版社，1989年，第49—58页。

冷学人：《江湖隐语行话的神秘世界》，石家庄：河北人民出版社，1991年。

李安宅编：《巫术与语言》，上海：商务印书馆，1936年。

李安宅：《美学》，上海：世界书局，1934年。

李安宅：《仪礼与礼记之社会学的研究》，上海：商务印书馆，1931年。

李安宅：《意义学》，上海、重庆：商务印书馆，1945年。

李德英：《国家法令与民间习惯：成都平原租佃制度新探》，北京：中国社会科学出版社，2006年。

李德英：《民国时期成都平原乡村集镇与农民生活：兼论农村基层市场社区理论》，《四川大学学报》2011年第3期，第12—21页。

李富华、冯佐哲：《中国民间宗教史》，台北：文津出版社，1994年。

李劼人：《市民的自卫》，《好人家》，上海：中华书局，1947年，第124—135页。第一次出版：1926年。

李劼人：《暴风雨前》，《李劼人选集》第1卷，成都：四川人民出版社，1980

年。第一次出版：上海：中华书局，1936 年。

李劼人：《死水微澜》，《李劼人选集》第 1 卷，成都：四川人民出版社，1980 年。第一次出版：上海：中华书局，1936 年。

李劼人：《大波》，《李劼人选集》第 2 卷，上中下 3 册，成都：四川人民出版社，1980 年。第一次出版：上海：中华书局，1937 年。

李景汉：《北平郊外之乡村家庭调查》，上海：商务印书馆，1929 年。

李景汉编：《定县社会概况调查》，北京：中国人民大学出版社重印，1986 年。第一次出版：北平：中华平民教育促进会，1933 年。

李沐风：《略谈四川的"袍哥"》，《茶话》1947 年第 12 期，第 81—84 页。

李　榕：《十三峰书屋全集》，成都：第一书店，1922 年。

李伟中：《知识分子"下乡"与近代中国乡村变革的困境：对 20 世纪 30 年代县政建设实验的解析》，《南开学报》2009 年第 1 期，第 115—125 页。

李文海编：《民国时期社会调查丛编：婚姻家庭卷》，福州：福建教育出版社，2005 年。

李文海编：《民国时期社会调查丛编：社会组织卷》，福州：福建教育出版社，2005 年。

李文海编：《民国时期社会调查丛编：乡村社会卷》，福州：福建教育出版社，2009 年。

李映发：《清代重庆地区农田租佃关系中的几个问题》，《历史档案》1985 年第 1 期，第 81—90 页。

李永晖：《田家英在大丰》，《文史杂志》2009 年第 6 期，第 17—19 页。

李在全：《国难中的乡村事业：抗战时期四川的乡村建设运动——以平教会为中心的考察》，《天府新论》2006 年第 2 期，第 132—136 页。

李之青等编：《郫县志（民国）》，成都：巴蜀书社，1992 年。

李竹溪、曾德久、黄为虎：《近代四川物价史料》，成都：四川科学技术出版社，1987 年。

李子峰：《海底》，上海书店根据 1940 年版影印，《民国丛书》，第 1 编，第 16 辑，第 1—370 页。

梁漱溟：《乡村建设大意》，邹平：乡村书店，1936 年。

梁漱溟：《乡村建设理论》，邹平：乡村书店，1937 年。

梁漱溟：《答乡村建设批判》，上海：中国文化服务社，1941 年。

梁漱溟：《乡村建设理论》，上海：上海人民出版社，2011年。

梁迺生等：《一九五零年新繁县平叛剿匪始末》，政协四川省新都县委员会文史资料委员会编：《新都文史》第15卷，第3—27页。

梁勇：《清代四川客长制研究》，《史学月刊》2007年第3期，第28—35页。

梁勇：《清代四川的土地清丈与移民社会的发展》，《天府新论》2008年第3期，第69—74页。

廖泰初、杨树声：《中国今日的学徒教育》，《教育学报》1941年第6期，第163—176页。

林寿荣、龙岱：《四川军阀与鸦片烟》，《四川大学学报》1984年第3期，第101—06页。

林耀华：《拜祖》（1931），《义序宗族的研究》，北京：三联书店，2000年，第244—248页。

林耀华：《宗法与家族》，《北平晨报·社会研究》1935年第79期，第237—244页。

林耀华：《义序宗族的研究》，燕京大学社会学系论文，1935年，北京：三联书店，2000年。

林耀华：《从人类学的观点考察中国宗族乡村》，《社会学界》1936年第9期，第125—142页。

林耀华：《凉山彝家》，上海：上海印书馆，1947年。

林耀华：《民族学研究》，北京：中国社会科学出版社，1985年。

林耀华：《金翅》，宋和译，台北：桂冠图书公司，1977年。

林耀华：《金翼：中国家族制度的社会学研究》，庄孔韶、林宗成译，北京：三联书店，1989年。

林耀华：《民族学通论》，北京：中央民族大学出版社，1997年。

林耀华：《社会人类学讲义》，厦门：鹭江出版社，2003年。

凌光甫：《四川哥老会问题之研究》，华西协和大学社会学系论文，四川大学历史系藏，1949年。

刘重来：《民国时期乡村建设运动述略》，《重庆社会科学》2006年第5期，第74—80、85页。

刘重来：《中国西部乡村建设的先驱者：卢作孚与民国乡村建设研究》，北京：人民出版社，2007年。

刘师亮:《汉留全史》,古亭书屋印[无出版地],1939年。

刘文楠:《规训日常生活:新生活运动与现代国家的治理》,《南京大学学报》2013年第5期,第89—102页。

刘沅:《蜀中新年竹枝词》(1790),林孔翼编:《成都竹枝词》,成都:四川人民出版社,1986年,第125—129页。

刘正刚:《清代四川的广东移民会馆》,《清史研究》1991年第4期,第10—15页。

刘正美:《抗战前后国民党中央对四川的控制》,《民国春秋》1997年第3期,第16—17页。

吕平登:《四川农村经济》,上海:商务印书馆,1936年。

吕思勉:《1840—1949中国近代史》,上海:华东师范大学出版社,2011年。

鲁迅:《祝福》,《鲁迅全集》第2卷,北京:人民文学出版社,1981年,第643—659页。

鲁振祥:《三十年代乡村建设运动的初步考察》,《政治学研究》1987年第4卷,第37—44页。

吕作燮:《明清时期的会馆并非工商业行会》,《中国史研究》1982年第2期,第91—104页。

罗旭南:《1935年〈中华民国刑法〉对中国道统法的继承》,《社会科学家》2012年第1期,第95—98页。

马学永:《沙汀对现实主义小说的多元探索》,南京师范大学博士论文,2013年。

偶拾:《张澜辜负袍哥》,《快活林》1946年第27期,第2页。

庞进:《八千年中国龙文化》,北京:人民日报出版社,1993年。

彭亚新:《万家忧乐到心头:记为真理而战的田家英》,秦晓鹰等编:《明鉴篇:不许穿军装的将军》,北京:华夏出版社,1988年,第166—187页。

乔健:《美国历史学派》,周星、王铭铭编:《社会文化人类学讲演集》(上),天津:天津人民出版社,1996年,第137—156页。

乔兆红:《论抗战时期的新生活运动》,《天府新论》2005年第5期,第120—23页。

秦宝琦、孟超:《哥老会起源考》,《学术月刊》2000年第4期,第68—73页。

秦弓:《李劼人历史小说与川味叙事的独创性》,《西南师范大学学报》2002年第1期,第132—135页。

秦和平：《二三十年代鸦片与四川城镇税捐关系之认识》，《城市史研究》第19—20辑，天津：天津社会科学院出版社，2000年，第76—96页。

秦和平：《对清季四川社会变迁与袍哥滋生的认识》，《社会科学研究》2001年第2期，第120—125页。

秦和平：《四川鸦片问题和禁烟运动》，成都：四川人民出版社，2001年。

秦牧：《私刑·人市·血的赏玩》，中国社会科学院文学研究所现代文学研究室编：《中国现代散文选1918—1919》，北京：人民文学出版社，1983年，第359—365页。

秦楠：《蜀辛》，隗瀛涛、赵清编：《四川辛亥革命史料》上册，成都：四川人民出版社，1981年，第533—568页。

冉崇铨：《蔡梦慰在潼南》，潼南县政协文史资料研究委员会编：《潼南文史资料》第2辑，1988年，第107—113页。

冉锦慧、李慧宇：《民国时期保甲制度研究》，成都：四川大学出版社，2005年。

沙汀：《在其香居茶馆里》，《沙汀选集》第1卷，成都：四川人民出版社，1982年，第140—156页。

山本真：《崇州元通镇袍哥调查》，2008年12月，感谢四川大学历史系徐跃教授提供，征引得到山本真教授同意。

沈宝媛：《一个农村社团家庭》，燕京大学社会学系学士论文，1946年。

沈恩培等修：光绪《增修崇庆州志》。

拾得：《袍哥在重庆》，《吉普》1946年第13期，第10—11页。

四川省新都县志编纂委员会编：《新都县志》，成都：四川人民出版社，1994年。

苏予：《蓝色的勿忘我花》，黄伟经、谢日新编：《臭老九、酸老九、香老九——〈随笔〉精粹》，广州：花城出版社，1993年，第195—212页。

孙伟科、计文君：《沙汀，在其香居茶馆里》，《文艺报》2012年12月14日。

孙晓芬：《清代前期的移民填四川》，成都：四川大学出版社，1997年。

唐学锋：《四川军阀混战频繁之原因》，《西南师范大学学报》1990年第2期，第49—53页。

铁流：《我所经历的新中国》。http://club.kdnet.net/dispbbs.asp?boardid=5&id=1715292。发布日期：2007年6月1日；网页使用日期：2014年9月6日。

涂鸣皋：《关于四川军阀割据混战的几个问题》，《西南师范大学学报》1980

年第1期,第48—59页。

王宠惠编:《中华民国刑法》,北京:中国方正出版社,2006年。

王纯五:《袍哥探秘》,成都:巴蜀书社,1993年。

王大煜:《四川袍哥》,《四川文史资料选辑》第41辑,1993年,第139—163页。

王笛:《跨出封闭的世界——长江上游区域社会研究1644—1911》,北京:中华书局,1993年。

王笛:《吃讲茶:成都茶馆、袍哥与地方政治空间》,《史学月刊》2010年第2期,第105—114页。

王东杰:《"乡神"的建构与重构:方志所见清代四川地区移民会馆崇祀中的地域认同》,《历史研究》2008年第2期,第98—118页。

王见川、蒋竹山编:《明清以来民间宗教的探索——纪念戴玄之教授论文集》,台北:商鼎出版社,1996年。

王建民:《田野民族志与中国人类学的发展——纪念费孝通、林耀华先生100周年诞辰》,《中南民族大学学报》2010年第6期,第6—11页。

王金香:《中国禁毒史》,上海:上海人民出版社,2005年。

王闿运:《湘军志》,长沙:湖南人民出版社,2007年。

王铭铭:《功能主义与英国现代人类学》,周星、王铭铭编:《社会文化人类学讲演集》第1辑,天津:天津人民出版社,1996年,第108—136页。

王庆源:《成都平原乡村茶馆》,《风土什》1944年1卷4期,第29—38页。

王世良、刁纯金编:《霸踞竹篙集党、政、军、匪、袍于一身的反动人物贺松》,《金堂文史》,成都:巴蜀书社,1990年,第441—455页。

王先明、常书红:《晚清保甲制的历史演变与乡村权力架构——国家与社会在乡村社会控制中的关系变化》,《史学月刊》2000年第5期,第130—138页。

王效挺、黄文一编:《战斗的历程,1925—1949燕京大学地下党概况》,北京:北京大学出版社,1993年。

王炎:《"湖广填四川"的移民浪潮与清政府的行政调控》,《社会科学研究》1998年第6期,第111—118页。

王永谦:《中国的土地神信仰》,《中国民间文化——民间文学探幽》1994年第3期,第1—20页。

王友平:《四川军阀割据中防区制的特点》,《天府新论》1999年第2期,第68—71页。

王蕴滋:《同盟会与川西哥老会》,文史资料研究委员会编:《辛亥革命回忆录》第 3 卷,北京:文史资料出版社,1981 年,第 218—223 页。

魏守忠:《目前国内张恨水研究现状概述》,《学术界》1989 年第 3 期,第 90—92 页。

隗瀛涛、何一民:《论同盟会与四川会党》,《纪念辛亥革命七十周年学术讨论会论文集》,北京:中华书局,1983 年。

隗瀛涛、何一民、赵清编:《四川辛亥革命史料》,两卷,成都:四川人民出版社,1981 年。

温江县志编纂委员会编:《温江县志》,成都:四川人民出版社,1990 年。

文枢、吴剑洲、崔显昌:《旧成都的人市》,《龙门阵》1984 年第 2 期(总第 20 期),第 15—27 页。

吴伧:《四川袍哥与青红帮》,《快活林》1942 年第 22 期,第 9 页。

吴福辉:《沙汀传》,北京:十月文艺出版社,1990 年。

吴汉痴编:《全国各界切口大词典》,上海:东陆图书公司,1924 年。

吴晋航:《四川辛亥革命见闻录》,《辛亥革命回忆录》第 3 辑,北京:文史资料出版社,1981 年,第 99—110 页。

伍加伦、王锦浓:《论李劼人和他的〈死水微澜〉》,《社会科学研究》1981 年第 3 期,第 91—96 页。

伍启元:《中国新文化运动概观》,上海:现代书局,1934 年。

吴文藻:《现代社区实地研究的意义和功用》,《北平晨报社会研究》第 66 期,1934 年 12 月 26 日。

吴文藻:《中国社区研究的西洋影响与国内近况》,《北平晨报·社会研究》,第 101、102 期,1935 年 1 月 9 日。

吴文藻:《功能派社会人类学的由来与现状》,原载《民族学研究集刊》第 1 期,1936 年。

吴虞:《吴虞日记》第 1、2 卷,成都:四川人民出版社,1984 年。

吴越:《中共密使杜重石:特殊将军的读白》,北京:东方出版社,2010 年。

吴泽霖:《社会约制》,上海:世界书局,1930 年。

夏衍:《芳草天涯》,上海:开明书店,1949 年。

《现代汉语词典》,北京:商务印书馆,1998 年。

向启芬:《鸡在川西民俗中的功用及形成初探》,《西南民族大学学报》2003

年第 9 期，第 65—69 页。

小铁椎：《谈帮会》，《新新新闻》1946 年 8 月 16 日。

谢藻生：《忆四川烟祸》，四川文史资料编纂委员会编：《四川文史资料选辑》第 10 辑，成都，1996 年，第 137—163 页。

谢藻生：《四川鸦片问题》，全国政协文史资料委员会编：《文史资料存稿选编》第 25 卷，北京：中国文史出版社，2002 年，第 585—596 页。

谢增寿编：《张澜》，北京：群言出版社，2011 年。

新生活运动促进总会：《新生活运动》，南昌：新生活运动促进总会。

徐伯威：《招安军司令官》，《龙门阵》1985 年第 23 期，第 20—34 页。

徐雍舜：《东三省之移民与犯罪》，《社会学界》1931 年第 5 期，第 147—165 页。

燕大文史资料编委会编：《燕大文史资料》第 4 辑，北京：北京大学出版社，1989 年。

燕京大学成都校友会：《抗战时期迁蓉的燕京大学》，成都市政协文史学习股长会编：《成都文史资料选编·抗日战争卷》（上），成都：四川人民出版社，2007 年，第 339—356 页。

言心哲：《农村社会学概论》，上海：中华书局，1934 年。

杨代欣：《李劼人笔下的川菜与川菜文化的发展》，《文史杂志》2001 年第 2 期，第 9—11 页。

杨开道：《农村社会学》，上海：世界书局，1929 年。

杨树因：《一个农村手工业的家庭：石羊场杜家实地研究报告》，燕京大学社会学系论文，1944 年，北京大学图书馆藏。

叶懋、潘鸿声：《华阳县农村概况》(1941)，李文海：《民国时期社会调查丛编：乡村社会卷》，福州：福建教育出版社，2009 年，第 6540—6631 页。

叶圣陶：《叶圣陶集》第 19 辑，南京：江苏教育出版社，2004 年。

喻松青：《民间秘密宗教经卷研究》，台北：联经出版事业公司，1994 年。

袁天罡：《新刊指南台司袁天罡先生五星三命大全》，两卷，无出版地，无日期。

袁庭栋：《成都街巷志》，两卷，成都：四川教育出版社，2010 年。

韵陶：《四川哥老会的内容大纲》，《时事周报》1933 年第 4 卷 15 期，第 15—16 页，第 4 卷第 17 期，第 17 页。

张德增：《教育园地的辛勤耕耘者：廖泰初》，燕大文史资料编委会编：《燕大文史资料》第 6 辑，北京：北京大学出版社，1992 年，第 263—273 页。

张凤翥：《彭山县志》（乾隆年间，1735—1795）。

张海洋：《林耀华教授与中国的少数民族和民族研究》，《西南民族学院学报》2001 年第 1 期，第 28—31 页。

张骥等修：民国《温江县志》。

张建基：《川系军阀的形成》，《军事历史研究》2003 年第 3 期，第 84—94 页。

张三：《重庆的参议员》，《星光》1946 年第 3 期，第 4 页。

张玮瑛、王百强等编：《燕京大学史稿》，北京：中国人民大学出版社，1999 年。

张肖梅编：《四川经济参考资料》，上海：中国国民经济研究所，1939 年。

赵丽、朱浒：《燕大社会调查与中国早期社会学本土化实践》，李长莉、左玉河编：《近代中国社会与民间文化》，北京：社会科学文献出版社，2007 年，第 88—106 页。

赵清：《袍哥与土匪》，天津：天津人民出版社，1990 年。

赵旭东：《费孝通对于中国农民生活的认识与文化自觉》，《社会科学》2008 年第 4 期，第 54—60 页。

赵旭东：《乡村成为问题与成为问题的中国乡村研究：围绕"晏阳初模式"的知识社会学反思》，《中国社会科学》2008 年第 3 期，第 110—117 页。

赵晓耕编：《身份与契约：中国传统民事法律形态（中国传统法律文化研究 3)》，北京：中国人民大学出版社，2012 年。

郑大华：《民国乡村建设运动》，北京：社会科学文献出版社，2000 年。

郑玲：《90 年代张恨水研究述评》，《安徽大学学报》2000 年第 6 期，第 88—90、99 页。

政协成都市新都区文史资料编辑委员会编：《新都客家研究》，成都，2006 年。

中国第一历史档案馆、北京师范大学历史系编：《辛亥革命前十年间民变档案史料》，北京：中华书局，1986 年。

周简段，冯大彪：《京华感旧录》，长春：吉林出版集团有限责任公司，2011 年。

周蕾：《国民政府对女性的塑造和训练——以抗战前新生活运动为中心的考察 (1934—1937)》，《妇女研究论丛》2009 年第 3 期，第 49—53 页。

周询：《芙蓉话旧录》，成都：四川人民出版社，1987 年。第一次出版：1936 年。

周勇编：《西南抗战史》，重庆：重庆出版社，2006 年。

周育民、邵雍：《中国帮会史》，上海：上海人民出版社，1993 年。

庄吉发：《清代秘密会党史研究》，台北：文史哲出版社，1994 年。

卓亭子：《新刻江湖切要》，冷学人：《江湖隐语行话的神秘世界》，石家庄：河北人民出版社，1991 年，第 243—274 页。

左玉河：《论蒋介石发动的新生活运动》，《史学月刊》1990 年第 4 期，第 70—75 页。

左宗棠：《左宗棠全集》奏稿，长沙：岳麓书社，2009 年。

左宗棠：《左恪靖伯奏稿》，无出版地点、时间，光绪年间刻本。

日文资料：

平山周. 1911. 支那革命黨及祕密會社. 日本及日本人, no. 56. 東京：政教社.

酒井忠夫. 1992. 中國民眾と祕密結社. 東京：吉川弘文館.

孙江. 2000. 戰後権力再建における中国国民党と帮会 (1945—1949), その一愛知大学国際問題研究所紀要, no. 114: 141-71.

——. 2001. 戰後権力再建における中国国民党と帮会 (1945-1949), その二. 愛知大学国際問題研究所紀要, no. 116: 179-97.

——. 2007. 近代中国の革命と祕密結社－中国革命の社会史的研究（1895-1955）. 東京：汲古书院.

——. 2012a. 近代中国の宗教，結社と権力. 東京：汲古书院.

——. 2012b. 戦時下の哥老会：重慶国民政府の社会統合における哥老会. 愛知大学国際問題研究所紀要, no. 139: 129-56.

根岸佶. 1906. 清国商业综览. Vol. 3. 東京：丸善.

山本真. 2010. 1940 年代四川省における地方民意機関と秘密結社. 石塚迅，中村元哉，山本真, 憲政と近現代中国：国家，社会，個人. 東京：現代人文社：103-26.

英文资料：

Arkush, R. David. 1981. *Fei Xiaotong and Sociology in Revolutionary China*. Cambridge, Mass.: Council on East Asian Studies.

Baker, Hugh D. R. 1979. *Chinese Family and Kinship*. New York: Columbia University Press.

Bernhardt, Kathryn. 1999. *Women and Property in China, 960-1949*. Stanford: Stanford University Press.

Boas, Franz. 1929. *Anthropology and Modern Life*. London: George Allen & Unwin Ltd.

Boas, Franz and George W. Stocking Jr. 1974. *A Franz Boas Reader: The Shaping of American Anthropology, 1883-1911*. Chicago: University of Chicago Press.

Booth, Martin. 1999. *The Dragon Syndicates: The Global Phenomenon of the Triads*. New York: Carroll & Graf Publishers, Inc.

Bossen, Laurel. 2002. *Chinese Women and Rural Development: Sixty Years of Change in Lu Village, Yunnan*. Lanham: Rowman & Littlefield Publishers.

Brace, A. J. 1936. "Some Secret Societies in Szechwan." *Journal of the West China Border Research Society* 8 (1936): 177-80.

Bronislaw Malinowski. 1926. *Crime and Custom in Savage Society*. New York: Harcourt, Brace & Company, Inc.

Buck, John Lossing. 1930. *Chinese Farm Economy: A Study of 2866 Farms in 17 Localities and 7 Provinces in China*. Chicago: University of Chicago Press.

——. 1937. *Land Utilization in China*. Shanghai: University of Nanking, 1937.

Chesneaux, Jean. 1971. *Secret Societies in the Nineteenth and Twentieth Centuries*. Ann Arbor: University of Michigan Press.

—— ed. 1972. *Popular Movements and Secret Societies in China 1840-1950*. Stanford: Stanford University Press.

Chin, Ai-li S. and Maurice Freedman ed. 1970. *Family and Kinship in Chinese Society*. Stanford: Stanford University Press.

Cohen, Myron L. 1990. "Lineage Organization in North China," *Journal of Asian Studies* 49.3: 509-34.

Darnton, Robert. 1985. *The Great Cat Massacre and Other Episodes in French Cultural History*. New York: Vintage Books.

Davis, Fei-Ling. 1977. *Primitive Revolutionaries of China: A Study of Secret Societies in the Late Nineteenth Century*. Honolulu: The University Press of Hawaii.

Davis, Natalie Zemon. 1984. *The Return of Martin Guerre*. Cambridge, MA: Harvard University Press.

——. 1990. *Fiction in the Archives: Pardon Tales and Their Tellers in Sixteenth-Century*

France. Stanford: Stanford University Press.

de Certeau, Michel. 1984. *The Practice of Everyday Life*. Trans. Steven F. Rendall. Berkeley and Los Angles: University of California Press.

Decennial Reports on the trade, industries etc of the ports open to foreign commerce and on the condition and development of the treaty port provinces. Chungking, 1891.

Diamant, Neil Jeffrey. 2000. *Revolutionizing the Family: Politics, Love and Divorce in Urban and Rural China, 1949-1968*. Berkeley: University of California Press.

Dittmer, C.G. 1918. "An Estimate of the Standard of Living in China." *Quarterly Journal of Economics* 33 (Nov.):107-28.

Duara, Prasenjit. 1988a. *Culture, Power, and the State: Rural North China, 1900-1942*. Stanford: Stanford University Press.

——. 1988b. "Superscribing Symbols: The Myth of Guandi, Chinese God of War." *Journal of Asian Studies* 47.4: 778-95.

Eastman, Lloyd E. 1986. "Nationalist China during the Nanking Decade, 1927-1937," 116-67 in John King Fairbank, Denis Crispin Twitchett, Albert Feuerwerker eds. *Cambridge History of China,* vol. 13, *Republican China, 1912-1949*, Pt.2. Cambridge: Cambridge University Press.

Edwards, Dwight W. 1959. *Yenching University*. New York: United Board for Christian Higher Education in Asia.

Fairbank, John King. 1983. *The United States and China* (fourth edition). Cambridge, MA: Harvard University Press.

Fei, Hsiao-tung. 1939. *Peasant Life in China: A Field Study of Country Life in the Yangzi Valley*. New York: Oxford University Press.

Fei, Xiaotong. 1991. "Fifty Years Investigation in the Yao Mountains," 17-36 in Jacques Lemoine and Chien Chiao, eds. *The Yao of South China: Recent International Studies*. Paris: Pangu, Editions de l'A.F.E.Y.

——. 1992. *From the Soil: The Foundations of Chinese Society*. Berkeley: University of California Press.

Firth, Raymond ed. 1957. *Man and Culture: An Evaluation of the Work of Bronislaw Malinowski*. London: Routledge & Kegan Paul Ltd.

Fong, Shiaw-Chian. 1997. "Fei Xiaotong's Theory of Rural Development and Its

Application: A Critical Appraisal." *Issues and Studies* 33.10 (Oct.): 20-43.

Freedman, Maurice. 1979. *The Study of Chinese Society: Essays by Maurice Freedman*. Selected and introduced by G. William Skinner. Stanford: Stanford University Press.

Fung, Edmund S. K. 2010. *The Intellectual Foundations of Chinese Modernity: Cultural and Political Thought in the Republican Era*. New York: Cambridge University Press.

Gamble, Sidney D. and John Stewart Burgess. 1921. *Peking, a Social Survey*. First edition: New York: George H. Doran; reprinted by Leiden: Global Oriental, 2011.

Gilmartin, Christina K., Gail Hershatter, Lisa Rofel, and Tyrene White eds. 1994. *Engendering China: Women, Culture, and the State*. Cambridge, MA: Harvard University Press.

Ginzburg, Carlo. 1982. *The Cheese and the Worms: The Cosmos of a Sixteenth-Century Miller.* Trans. John and Anne Tedeschi. New York: Penguin Books.

Golas, Peter J. 1977. "Early Ch'ing Guilds," 555-80 in G. William Skinner ed., 1977. *The City in Late Imperial China*. Stanford: Stanford University Press.

Goldman, Merle. 1977. *Modern Chinese Literature in the May Fourth Era*. Cambridge, MA: Harvard University Press.

Grainger, A. 1917. "Chinese New Year Customs." *West China Missionary News 1: 5-11*.

——. 1918. "Popular Customs in West China," *West China Missionary News* 6: 5-8.

Guha, Ranajit. 1996. "The Small Voice of History," 1-12 in *Subaltern Studies, IX: Writing on South Asian History and Society*. Ed. Shahid Amin and Dipesh Chakrabarty. New Delhi: Oxford University Press.

Harrison, Henrietta. 2005. *The Man Awakened from Dreams: One Ma*n's *Life in a North China Village, 1857-1942*. Stanford: Stanford University Press.

Hayford, Charles Wishart. 1990. *To the People: James Yen and Village China*. New York: Columbia University Press.

Hershatter, Gail. 1993. "The Subaltern Talks Back: Reflections on Subaltern Theory and Chinese History." *Positions* I.I: 103-30.

Ho, Ping-ti. 1966. "The Geographic Distribution of Huikuan (Landsmannschaften) in Central and Upper Yangtze Provinces." *Tsinghua Journal of Chinese Studies n.s.* 5, no. 2 (Dec.): 120-52.

Hobsbawm, E. J. 1959. *Primitive Rebels: Studies in Archaic Forms of Social Movement in the 19th and 20th Centuries.* New York: Frederick A. Praeger, Publisher.

——. 1981. *Bandits.* Revised edition. New York: Pantheon Books.

Hobsbawm, Eric. 1983. "Introduction: Inventing Traditions," 1-14 in Eric Hobsbawm, Terence Ranger eds., *The Invention of Tradition.* Cambridge: Cambridge University Press.

Huang, Philip C.C. 1985. *The Peasant Economy and Social Change in North China.* Stanford: Stanford University Press.

——. 2001. *Code, Custom, and Legal Practice in China: The Qing and the Republic Compared.* Stanford: Stanford University Press.

Jaschok, Maria and Suzanne Miers ed. 1994. *Women and Chinese Patriarchy: Submission, Servitude and Escape.* Hong Kong: Hong Kong University Press.

Kaplan, Charles D., Helmut Kämpe, and José Antonio Flores Farfán. 1990. "Argots as a Code-Switching Process: A Case Study of the Sociolinguistic Aspects of Drug Subcultures," 141-58 in Rodolfo Jacobson (ed.), *Codeswitching as a Worldwide Phenomenon.* New York: Peter Lang.

Kapp, Robert A. 1973. *Szechwan and the Chinese Republic: Provincial Militarism and Central Power, 1911-1938.* New Haven: Yale University Press.

Keehn, Martha McKee, ed. 1993. *Y. C. James Yen's Thought on Mass Education and Rural Reconstruction: China and beyond: Selected Papers from an International Conference Held in Shijiazhuang, China, May 27-June 1, 1990.* New York: International Institute of Rural Reconstruction.

Kuhn, Philip. 1990. *Soulstealers: The Chinese Sorcery Scare of 1768.* Cambridge, MA: Harvard University Press.

Kulp, Daniel H. 1925. *Country life in South China.* New York: Columbia University.

Kuper, Adam ed. 2004. *The Social Anthropology of Radcliffe-Brown.* London: Routledge.

Ladurie, Emmanuel. 1978. *Montaillou: The Promised Land of Error.* Trans. Barbara Bray. New York: G. Braziller.

Leslau, Wolf. 1964. *Ethiopian Argots.* London: Mouton & Co.

Liao, T'ai-ch'u [Liao, Taichu]. 1947. "The Ko Lao Hui in Szechuan." *Pacific Affairs* 20 (June): 161-73.

Lin, Yaohua, 1947. *The Golden Wing: A Sociological Study of Chinese Familism.*

London: K. Paul, Trench, Trubner.

——. 1990. "New China's Ethnology: Research and Prospects," 141-161 in Gregory Eliyu Guldin, ed., *Anthropology in China: Defining the Discipline*. Armonk, N.Y.; London: M.E. Sharpe.

——. 2003. "A Tentative Discussion of the Survival of the Concept of Rank in Contemporary Liangshan Yi Areas." *Chinese Sociology and Anthropology* 36.1 (Fall): 46-62.

Liu, Jianhong, Lening F. Zhang, Steven Messner eds. 2001.*Crime and Social Control in a Changing China*. Westport: Greenwood Publishing Group, Incorporated.

Lu, Xinyu. 2010. "Rural Reconstruction, the Nation-State and China's Modernity Problem: Reflections on Liang Shuming's Rural Reconstruction Theory and Its Practice" (trans. Zhu Ping and Adrian Thieret), 235-56 in Tianyu Cao, Xueping Zhong, and Kebin Liao, eds. *Culture and Social Transformations in Reform Era China*. Leiden: Brill.

Malone, C.B. and J. B. Tagler. 1924. *The Study of Chinese Rural Economy*. Peking: China International Famine Relief Commission.

Maurer, David W. 1981. *Language of the Underworld*. Collected and edited by Allan W. Futrell & Charles B. Wordell. Lexington: University Press of Kentucky.

McIsaac, Lee. 2000. " 'Righteous Fraternities'and Honorable Men: Sworn Brotherhoods in Wartime Chongqing." *American Historical Review* 105.5: 1641-55.

Mühlhahn, Klaus. 2007. "Visions of Order and Modernity: Crime, Punishment, and Justice in Urban China during the Republican period," 182-215 in David Strand, Sherman Cochran, and Wen-hsinYeh, eds. *Cities in Motion: Interior, Coast, and Diaspora in Transnational China*. Berkeley: Center for Chinese Studies, Institute of East Asian Studies, University of California.

Neighbors, Jennifer M. 2009. "The Long Arm of Qing Law? Qing Dynasty Homicide Rulings in Republican Courts." *Modern China* 35.1 (Jan.): 3-37.

Ng, Kenny K. K. 2009. "Temporality and polyphony in Li Jieren's The Great Wave," 197-224 in Dongfeng Tao, et al., eds. *Chinese Revolution and Chinese Literature*. Newcastle, England: Cambridge Scholars Publishing.

Oldstone-Moore, Jennifer Lee. 2000. "The New Life Movement of Nationalist China: Confucianism, State Authority and Moral Formation." Unpublished dissertation,

Divinity School, University of Chicago.

Owenby, David. 1996. *Brotherhoods and Secret Societies in Early and Mid-Qing China: The Formation of a Tradition*. Stanford: Stanford University Press.

Ownby, David. 2001. "Recent Chinese Scholarship on the History of Chinese Secret Societies." *Late Imperial China* 22.1 (June): 139-58.

Ownby, David and Mary Somers Heidhues eds. 1993. *"Secret Societies" Reconsidered: Perspectives on the Social History of Early Modern South China and Southeast Asia*. Armonk, N.Y.: M.E. Sharpe.

Pan, Naigu. 1992. "Vitality of Community Study in China: Professor Fei Xiaotong and Community Study," 33-43 in Chie Nakane and Chien Chiao, eds. *Home Bound: Studies in East Asian Society: Papers Presented at the Symposium in Honor of the Eightieth Birthday of Professor Fei Xiaotong*. Tokyo: Centre for East Asian Cultural Studies.

Park, Robert Ezra. 1921. *Introduction to the Science of Sociology* (with Ernest Burgess). Chicago: University of Chicago Press.

——. 1925. *The City: Suggestions for the Study of Human Nature in the Urban Environment* (with R. D. McKenzie & Ernest Burgess). Chicago: University of Chicago Press.

Perry, Elizabeth J. 2013. "Managing Student Protest in Republican China: Yenching and St. John's Compared." *Frontiers of History in China* 8.1 (Mar.): 3-31.

Radcliffe-Brown, A. R. 1922, *The Andaman Islanders: A Study in Social Anthropology*. Cambridge: The University Press.

Radcliffe-Brown, A. R. 1931. *Social Organization of Australian Tribes*. Melbourne: Macmillan &Co., limited.

——. 1933. *The Andaman Islanders*. Cambridge: Cambridge University Press.

Rowe, William T. 1984. *Hankow: Commerce and Society in a Chinese City, 1796-1889*. Stanford: Stanford University Press.

——. 2007. *Crimson Rain: Seven Centruries of Violence in a Chinese County*. Stanford: Stanford University Press.

Schlegel, Gustaaf. 1866. *Thian Ti Hwui: The Hung-League or Heaven-Earth-League: A Secret Society with the Chinese in China and India*. Batavia: Lange & Co., 1866. Reprinted by AMS Press (New York) in 1974.

Schoppa, R. Keith. 1973. "The Composition and Functions of the Local Elite in Szechwan, 1851-1874." *Late Imperial China* 10 (Nov.): 7-23.

Scott, James C. 1985. *Weapons of the Weak: Everyday Forms of Peasant Resistance*. New Haven: Yale University Press.

——. 1990. *Domination and the Arts of Resistance: Hidden Transcripts*. New Haven: Yale University Press.

Skinner, G. William. 1964-65. "Marketing and Social Structure in Rural China." *The Journal of Asian Studies*. 24.1: 3-43; 24.2: 195-228; 24.3: 363-99.

Sommer, Mathew H. 2000. *Sex, Law, and Society in Late Imperial China*. Stanford: Stanford University Press.

Spence, Jonathan. 1978. *Death of Woman Wang*. New York: Viking Press.

Spivak, Gayatri Chakravorty. 1988. "Can the Subaltern Speak?" 271-313 in Cary Nelson and Lawrence Grossberg, eds., *Marxism and the Interpretation of Culture*. Urbana and Chicago: University of Illinois Press.

Stanton, William. 1900. *The Triad Society or Heaven and Earth Association*. Shanghai: Kelly & Walsh, Ltd.

Stapleton, Kristin. 1996. "Urban Politics in an Age of 'Secret Societies': The Cases of Shanghai and Chengdu." *Republican China, 22.1 (Nov.):* 23-64.

——. 2016. *Fact in Fiction: 1920s China and Ba Jin's Family*. Stanford: Stanford University Press.

Stuart, J. Leighton. 1946. *Fifty Years in China*. New York: Random House.

Ter Haar, Barend J. 1998. *Ritual and Mythology of the Chinese Triads: Creating an Identity*. Leiden: E.J. Brill.

Thøgersen, Stig. 2009. "Revisiting a Dramatic Triangle: The State, Villagers, and Social Activists in Chinese Rural Reconstruction Projects." *Journal of Current Chinese Affairs* 38.4: 9-33.

Vale, J. 1906. "The Small Trader of Szechuan," West China Missionary News 10: 237-38; 11: 255-62.

Wang, Di. 2003. *Street Culture in Chengdu: Public Space, Urban Commoners, and Local Politics in Chengdu, 1870-1930*. Stanford: Stanford University Press.

——. 2008a. *The Teahouse: Small Business, Everyday Culture, and Public Politics in*

Chengdu, 1900-1950. Stanford: Stanford University Press.

——. 2008b. "Mysterious Communication: The Secret Language of the Gowned Brotherhood in Nineteenth-Century Sichuan." *Late Imperial China* 29.1 (June: special issue in honor of William T. Rowe): 77-103.

——. Forthcoming. *The Teahouse Under Socialism: The Decline And Renewal of Public Life in Chengdu, 1950-2000*. Ithaca: Cornell University Press.

West China Missionary News, 1905.

West, Philip. 1976. *Yenching University and Sino-Western Relations, 1916-1952*. Cambridge, MA: Harvard University Press.

Wu, Shugang and BinchangTong. 2009. "Liang Shuming's Rural Reconstruction Experiment and Its Relevance for Building the New Socialist Countryside." *Contemporary Chinese Thought* 40.3 (Spring 2009): 39-51.

Yan, Yunxiang. 1996. *The Flow of Gifts: Reciprocity and Social Networks in a Chinese Village*. Stanford: Stanford University Press.

Yang, C. K. 1961. *Religion in Chinese Society*. Berkeley and Los Angles: University of California Press.

Yen-ching ta hsüeh, Shê hui hsüeh hsi. 1930. *Ching Ho: A Sociological Analysis: The Report of a Preliminary Survey of the Town of Ching Ho, Hopei, North China 1930*. Beijing: Department of Sociology & Social Work, Yenching University.

后 记

2018年1月，我刚刚读完本书的初校清样，2月1日便从沈宝媛的女儿张维萍女士那里，得知沈老太太已于1月31日去世（1924—2018），享年95岁。可惜，她不能看到本书的出版了。

我向张女士询问，能否提供几张沈老太太的照片。第二天，张女士便通过微信发来十几张，既有沈宝媛年轻时的，也有去世前几年的。我选了两张收入书中，作为对这个老人的纪念。

讲故事的人走了，她的故事留了下来。没有沈宝媛在1945年那个夏天的调查，就没有这本书。她的这个调查，哪怕是在70多年后的今天，还是值得认真研读和品味。

王 笛

2018年2月3日

于澳门大学